PRO**F**ILE

DIE ARBEITGEBER DER REGION

WWW.PROFFILE.DE

ONLINEBUCH

IM INTERNET ZU LESEN

WWW.PROFFILE.DE

JOBS-STUTTGART.COM

LIEBE SCHÜLERINNEN UND SCHÜLER, LIEBE STUDIERENDE,

engagierte und gut ausgebildete Fachkräfte sind der Schlüssel für wirtschaftlichen Wohlstand in unserem Land. Der Bedarf an guten Fachkräften ist hoch. Zugleich eröffnet der demografische Wandel jungen Menschen vielfältige berufliche Chancen. Die Aussichten auf einen erfolgreichen Berufseinstieg sind zurzeit so günstig wie selten zuvor.

Angesichts der künftig steigenden Fachkräftenachfrage haben Schülerinnen und Schülern wie auch Hochschulabsolventinnen und Hochschulabsolventen eine Vielzahl von Möglichkeiten für einen guten Einstieg in das Berufsleben. Um die richtige Berufswahl zu treffen, gilt es im Rahmen der Berufsorientierung die eigenen individuellen Fähigkeiten und Neigungen herauszufinden und sich über die verschiedenen Aus- und Weiterbildungsangebote von Unternehmen zu informieren.

Im Arbeitgeberhandbuch PROFFILE können Sie viel über Arbeitgeber, Beschäftigungswege und Karrieremöglichkeiten in Ihrer Region erfahren. Nutzen Sie diese Möglichkeiten für einen erfolgreichen Start in das Berufsleben!

Ich wünsche Ihnen für Ihre Berufswahl und die berufliche Zukunft alles Gute und viel Erfolg.

Johanna Wanka

Prof. Dr. Johanna Wanka
Bundesministerin für Bildung und Forschung

Bundesministerium
für Bildung
und Forschung

„DIE WIRTSCHAFT DER METROPOLREGION STUTTGART IST BESTENS AUFGESTELLT"

Die Wirtschaft der Metropolregion Stuttgart ist bestens aufgestellt und bietet hervorragende Jobperspektiven in Zukunftsbranchen wie Automotive, Maschinenbau, Medizin- und Umwelttechnik sowie Informationstechnologie, Telekommunikation und Kreativwirtschaft. Namen und Produkte von Daimler, Porsche und Bosch, haben die Metropolregion Stuttgart und den Südwesten Deutschlands weltweit bekannt gemacht. Aber auch die Innovationsfähigkeit der kleinen und mittleren Unternehmen, der Hidden Champions, hat dazu beigetragen, dass Baden-Württemberg weltweit so erfolgreich ist.

Eine große Herausforderung der kommenden Jahre ist die Sicherstellung des Fachkräftebedarfs, dem die Landesregierung mit gezielten Initiativen offensiv begegnet. Die verantwortlichen Akteure in Baden-Württemberg haben sich zu einer Allianz zur Sicherung des Fachkräfteangebots in der mittelständischen Wirtschaft zusammengeschlossen. Wir müssen Potenziale und Talente von Frauen, Migranten und Älteren künftig besser ausschöpfen, um die Wettbewerbs- und Zukunftsfähigkeit der Metropolregion Stuttgart und Baden-Württembergs zu sichern!

In den MINT-Berufen, den Arbeitsbereichen rund um Mathematik, Informatik, Naturwissenschaft und Technik, besteht schon heute ein erheblicher Fachkräftebedarf. Das ist gerade für Baden-Württemberg als Innovationsstandort und Ingenieurland Nr. 1 eine besondere Herausforderung. Die Karriere- und Zukunftsaussichten sind für gut qualifizierte Fachkräfte aus diesen Bereichen besser als je zuvor. Wir möchten besonders Frauen motivieren, diese hervorragenden beruflichen Möglichkeiten zu nutzen. Denn zu einer modernen Wirtschaftspolitik gehören auch mehr Frauen in Fach- und Führungspositionen.

Mit der Landesinitiative und dem Bündnis „Frauen in MINT-Berufen" verfolgt das Ministerium für Finanzen und Wirtschaft Baden-Württemberg das Ziel, mehr Frauen dauerhaft für MINT-Berufe zu gewinnen und die Wiedereinstiegs- und Karrierechancen für Frauen nachhaltig zu erhöhen.

Außerdem müssen wir Fachkräften attraktive Rahmenbedingungen bieten, um die Wettbewerbs- und Zukunftsfähigkeit Baden-Württembergs zu sichern. Vereinbarkeit von Beruf und Familie und Chancengleichheit werden dabei immer mehr zum Standortfaktor.

Mit dem „Pakt für Familie" haben sich Landesregierung und kommunale Landesverbände darauf verständigt, den Ausbau der Kleinkindbetreuung zu forcieren. Der Pakt wird entscheidend dazu beitragen, die Vereinbarkeit von Beruf und Familie zu verbessern.

Dr. Nils Schmid MdL
Stellvertretender Ministerpräsident und Minister für Finanzen und
Wirtschaft des Landes Baden-Württemberg

WARUM GIBT ES PROFFILE?

Die vorliegende 3. Ausgabe von PROFFILE Stuttgart zeigt wieder, dass es viele Unternehmen gibt, deren Produkte und Leistungen wir direkt oder indirekt in Anspruch nehmen, wir die Firmen, die dafür stehen, aber nicht kennen. Es sind Unternehmen, die hoch innovativ sind, kontinuierlich wachsen und ein attraktives Arbeitsumfeld bieten. Entdecken Sie mit PROFFILE Stuttgart, was die Region zu bieten hat. Und wenn Sie Anregungen für uns in der PROFFILE-Redaktion haben, dann rufen Sie uns gerne an.

Ingrid Marold
Herausgeberin PROFFILE
Inhaberin der Personalberatung MAROLD

Ulrich Guntram Palm
Herausgeber PROFFILE
Geschäftsführer SMK Süddeutsche Online KG

STUTTGART

Staatsgalerie Stuttgart

Herr Kuhn, was ist für Sie persönlich das Besondere an Stuttgart? Stuttgart ist eine weltoffene, tolerante und internationale Stadt. Menschen aus über 170 Nationen leben hier friedlich zusammen. Die Stadt bietet eine hohe Lebensqualität, ihre kulturelle Vielfalt hat Weltruf. Stuttgart ist Wirtschaftsmotor für ganz Baden-Württemberg. Und: Wir leben in der grünsten Großstadt Deutschlands. Rund die Hälfte des gesamten Stadtgebiets entfällt auf Weinberge,

„ Mein Ziel ist es, Stuttgart **noch attraktiver** zu gestalten."

Wälder, Parks, Streuobstwiesen beziehungsweise Felder und Gärten. Selbst im Stadtzentrum bilden Parkanlagen eine durchgehend grüne Erlebnis- und Erholungslandschaft.

Was glauben Sie, welche Erwartungen haben das Stuttgarter Stadtbürgertum und ihre grüne Basis an Sie?
Weil ich Tag für Tag mit vielen Stuttgartern spreche, habe ich ein ganz gutes Gespür dafür, was sie von mir erwarten und wo ihnen der Schuh drückt. Mein Ziel ist es, Stuttgart noch attraktiver

zu gestalten, das unverwechselbare Gesicht der Stadt zu pflegen sowie für eine ausgezeichnete Ökobilanz zu sorgen. Wir haben die Chance, neue Stadtquartiere für urbanes Leben und Arbeiten zu entwickeln; Stadtquartiere, die mehr Energie produzieren als sie verbrauchen. Wenn mir das gelingt, erfülle ich gewiss einen Großteil der an mich gestellten Erwartungen.

Mit dem Anspruch eines grünen Oberbürgermeisters verbindet sich unwillkürlich der Wille zur Veränderung. Können Sie dazu in wenigen Sätzen schon etwas sagen?
Die Leitvision für die Entwicklung Stuttgarts ist die der ökologischen Modernisierung. Es gilt, Stuttgart als den international führenden Standort für grüne Technologien zu gestalten und zu positionieren. Stadt und die Region zählen seit je her zu den bedeutendsten Mobilitätsstandorten. Wir müssen den Wandel beschleunigen hin zu einer Stadt, in der neue Formen nachhaltiger Mobilität entwickelt und angewendet werden. In 15 Jahren soll Stuttgart nicht nur Autos exportieren, sondern auch praxisprobte Modelle für die Verkehrssysteme der Zukunft.

Schlossplatz Stuttgart

FOTO: GREATBUILDINGS.COM

Weissenhofmuseum im Haus Le Corbussier

„ Stuttgart ist eine **weltoffene, tolerante und internationale** Stadt."

SÜDWESTMETALL

HERBERT HILGER,
GESCHÄFTSFÜHRER DER SÜDWESTMETALL-BEZIRKSGRUPPE STUTTGART

Südwestmetall hat für seine Mitgliedsfirmen eine Imagekampagne gestartet. Mit welchem Ziel?
Wir wollen deutlich machen, dass die Metall- und Elektroindustrie hochattraktiv und von immenser Bedeutung, also das „Herz der Wirtschaft" in unserem Land ist. So lautet auch der Titel der Kampagne. Unsere Industrie bringt allein in Baden-Württemberg rund 900.000 Menschen in Beschäftigung. Rund eine halbe Million davon vertreten wir als Arbeitgeberverband. Vier von fünf Produkten, die ins Ausland verkauft werden, kommen aus unseren Betrieben. Unsere Unternehmen geben jährlich gut zehn Milliarden Euro für Forschung und Entwicklung aus: Wir sind also der Garant für Fortschritt und Wohlstand.

Profitieren auch die Beschäftigten davon?
Natürlich. Mehr als 90 Prozent unserer Mitarbeiter sind unbefristet und in Vollzeit beschäftigt. Die Durchschnittsverdienste liegen deutlich über 50.000 Euro im Jahr. Allein seit der Krise 2008/09 wurden rund 60.000 zusätzliche Jobs geschaffen. Die Metall- und Elektroindustrie bietet zahllose Karrieremöglichkeiten und attraktive Chancen zur Aus- und Weiterbildung. Als Verband unterstützen wir unsere Mitglieder bei der Nachwuchsgewinnung und Fachkräftesicherung nach Kräften: Allein in den letzten 15 Jahren haben wir für verschiedenste Bildungsprojekte rund 200 Millionen Euro zur Verfügung gestellt. Die Bandbreite reicht dabei von Technikprojekten in Kindergärten bis hin zur Nachqualifizierung älterer Beschäftigter.
Die Situation ist gut. Die Perspektiven auch?
Unsere Unternehmen sind hochinnovativ und international wettbewerbsfähig, unsere Produkte weltweit gefragt. Diese Spitzenposition gilt es zu verteidigen. Ausruhen können wir uns dabei auf

Azubimesse

keinen Fall. Im Gegenteil: Wir müssen ständig alles auf den Prüfstand stellen, ob es zeitgemäß ist, ob die Rahmenbedingungen noch stimmen. Das gilt zum Beispiel auch für die Tarifverträge. Hier sind manche Regelungen 40 Jahre und älter. Und einiges, was damals sinnvoll gewesen sein mag, engt die Betriebe in ihrer Flexibilität mittlerweile ein. Hier wollen wir als Arbeitgeberverband unseren Teil dazu beitragen, die Wettbewerbsfähigkeit unserer Mitglieder weiter zu erhalten.

Stoßen Sie dabei bei der Gewerkschaft auf offene Ohren?

Gemeinsam mit unserem Sozialpartner, der IG Metall, ist es uns in den letzten Jahren immer wieder gelungen, innovative Lösungen zu finden, die zu einer besseren Wettbewerbsfähigkeit unserer Betriebe entscheidend beigetragen haben. Dazu zählen das neue Entgeltsystem ERA, das Pforzheimer Abkommen, das für Not leidende Betriebe Abweichungen vom Flächentarif ermöglicht, aber auch die Regelungen zur Kurzarbeit in der letzten Krise, die geholfen haben, Hunderttausende von Arbeitsplätzen zu erhalten. Diesen Weg sollten wir weiter beschreiten. Leider aber beobachten wir in den letzten beiden Jahren den Trend, dass Gewerkschaften und Teile der Politik anfangen, unsere Erfolge klein zu reden und stattdessen vermeintliche Missstände anzuprangern und zu skandalisieren. Dabei werden Zerrbilder gezeichnet, die der Realität unserer Arbeitswelt nicht gerecht werden.

Wie lautet Ihr Appell?

Unser künftiger Erfolg hängt entscheidend davon ab, ob es uns gelingt, die besten und kreativsten Köpfe für unsere Branche zu gewinnen. Deshalb sollten wir gemeinsam aufzeigen, wie spannend und attraktiv die Arbeit im „Herz der Wirtschaft" ist. Dabei muss allen auch klar sein: Nur wenn es den Betrieben gut geht, geht es auch den Beschäftigten gut. Wer aber unsere Industrie schlechtredet, erweist ihr damit einen Bärendienst.

HANDWERKSKAMMER STUTTGART

CLAUS MUNKWITZ, HAUPTGESCHÄFTSFÜHRER
DER HANDWERKSKAMMER REGION STUTTGART

Als Zweiradmechaniker das Hobby zum Beruf machen

Wo steht das Handwerk in der Gesellschaft?
Mittendrin! Mehr als jeder andere Wirtschaftsbereich Handwerksbetriebe sind familiengeführt. Die Handwerksunternehmer – in der Regel Handwerksmeister – sind im Gemeinwesen tief verwurzelt. Sie wirtschaften nachhaltig und sind mit ihrer Region eng verbunden. Sie engagieren sich ehrenamtlich, unterstützen lokale Vereine und soziale Einrichtungen. Die freiwillige Feuerwehr könnte vielerorts Brände nicht mehr löschen, wären da nicht die vielen Handwerker, die ihr Engagement und Know-how einbringen. Mag der einzelne Handwerksbetrieb auch klein sein – in der Gesamtheit ist das Handwerk eine ganz schön große Nummer und ist ein unverzichtbarer Akteur für den gesellschaftlichen Zusammenhalt.

Was bedeutet Ausbildung im Handwerk heute?
Die eigene Zukunft in die Hand zu nehmen - das gilt für den ausbildenden Betrieb genauso wie für den Lehrling. Mit der Ausbildung in Betrieb und Berufsschule bekommen junge Menschen sowohl das theoretische als auch das praktische Rüstzeug für eine erfolgreiche Berufslaufbahn. Schnell werden sie dabei an eigenverantwortliches Arbeiten herangeführt. So sichern die Betriebe ihren Nachwuchs und die jungen Menschen haben beste Beschäftigungsmöglichkeiten.

In welchen Handwerksbereichen sehen Sie den größten Bedarf an Nachwuchs?
In allen Branchen ist der Bedarf groß. Zwar bewerben sich derzeit für Lehrstellen als KfZ-Mechatroniker mehr junge Menschen als für die im Nahrungsmittelhandwerk. Aktuell gibt es aber über alle Handwerksbereiche hinweg deutlich mehr Angebote an freien Lehrstellen als qualifizierte Bewerber. Jugendlichen, die auf der Suche sind, kann ich nur empfehlen, auch über den Tellerrand hinauszuschauen. Viele konzentrieren sich bei der Lehrstellensuche zu sehr auf ihren Wunschberuf und lassen andere attraktive Berufe links liegen. Hier bauen wir auf die Bereitschaft, sich zu informieren, auf Flexibilität und Mobilität.

Das Maßschneiderhandwerk: *Eintauchen in die Modewelt*

„ In der Gesamtheit ist das Handwerk eine **ganz schön große Nummer.**"

In der Raumausstattung ist Kreativität gefragt

Welche Perspektiven bietet das Handwerk jungen Menschen?

Deutlich mehr als gemeinhin bekannt ist. Mit einer handwerklichen Ausbildung kann jeder so weit kommen, wie es seinen Zielen und seinem Leistungswillen entspricht. Die Weiterbildung zum Meister steht ebenso offen wie die zum Gebäudeenergieberater, Restaurator oder Gestalter im Handwerk, nicht zu vergessen die Weiterbildung zum Betriebswirt des Handwerks. Dank der Durchlässigkeit der beruflichen Bildung ist – vom Studium bis zur eigenen Betriebsgründung – kein Ziel unerreichbar.

In welchen Branchen bietet das Handwerk ganz besondere Perspektiven?

Nehmen wir als Beispiel die technisch anspruchsvollen Berufe: Im Bereich der Elektronik und Mechatronik gibt es viele hoch innovative Betriebe, die direkt am Puls der Zeit arbeiten. Das gleiche gilt für den Bereich der Gebäudetechnik, wo hochkomplexe Technik installiert und vernetzt wird. Sehr spannend ist dort auch der Bereich der erneuerbaren Energien. Und im Kraftfahrzeugbereich bieten Bordtechnik und Elektromobilität völlig neue Perspektiven. Aber auch die Gesundheitsberufe bieten angesichts des demografischen Wandels beste Zukunftsaussichten.

AGENTUR FÜR ARBEIT STUTTGART

PETRA CRAVAACK, VORSITZENDE DER GESCHÄFTSFÜHRUNG DER AGENTUR FÜR ARBEIT STUTTGART, ZU AKTUELLEN THEMEN AUF DEM ARBEITSMARKT

Eindrücke: *Ausbildungsmesse 2013*

Jugend und Beruf – die Qual der Wahl

Jeder Mensch hat sein ganz persönliches Spektrum an Neigungen und Fähigkeiten. Sich darüber klar zu werden, ist ein wichtiger Schritt in Richtung einer gezielten Entscheidung, welchen Beruf man ergreifen möchte. Kompetente Unterstützung bei der Vorbereitung auf die Studien- und Berufswahl erhalten junge Menschen von den Berufs- und Studienberatern der Agentur für Arbeit. Diese bieten individuelle und differenzierte Beratungsmöglichkeiten aus einer Hand, denn wer früh sein berufliches Ziel kennt, kann die richtigen Weichen stellen. Umfassende Informationen sind wichtig: Berufe und Studiengänge kennenlernen, aber auch etwas über die Chancen innerhalb der Arbeitswelt und die Zukunftsfähigkeit verschiedener Ausbildungen zu erfahren, ist notwendig. Über alle diese Punkte sollte sich ein junger Mensch Klarheit verschaffen, wenn er sich beruflich orientieren will. Ein Studium zu wählen ist nicht per se der Königsweg, um sich auf dem Arbeitsmarkt erfolgreich zu positionieren und langfristig zu behaupten. Auch viele Ausbildungsberufe bieten ausgezeichnete Perspektiven für die Zukunft. Eine Ausbildung führt schneller in die Arbeitswelt und in der Folge stehen die Karriere- und Verdienstmöglichkeiten in der Bilanz denen eines Akademikers oft nicht nach.

Keine Fachkräfte – was tun?

Gerade ein so wirtschaftsstarker Raum wie Stuttgart braucht eine umfassende Strategie, um der Herausforderung zu begegnen, die der demografische Wandel und der daraus resultierende Fachkräftemangel mit sich bringen. Dazu hat die Fachkräfteallianz der Region Stuttgart die Bildungsinitiative „Quali-Lift" ins Leben gerufen. Die Agentur für Arbeit Stuttgart stellt dafür einen Teil der Finanzierung zur Verfügung. Mit dem Geld werden An- und Ungelernte in kleinen und mittleren Unternehmen sowie Arbeitslose ohne Berufsabschluss zu Fachkräften qualifiziert. Ein zweiter Schritt sieht vor, Fachkräfte zu Meistern sowie Meister und Techniker mit Hochschulberechtigung zu Ingenieuren weiterzubilden. „Bereits jetzt ist deutlich zu spüren, dass das Thema Fachkräftemangel nicht nur die Ebene der Ingenieure betrifft. Genauso wichtig ist es für Unternehmen in der Region, dass sie erfahrene und innovative Meister und Techniker sowie qualifizierte Facharbeiter in ihren Reihen haben. Deshalb hält der „Quali-Lift" an jedem Stockwerk –

Frauen informieren sich über ihre Berufschancen

100 Gäste der Aktion „Nikolaus" zur Anwerbung von Fachkräften

also auf jeder Qualifikationsstufe – und bringt die Betreffenden jeweils eine Qualifikationsstufe höher", so Petra Cravaack. Doch die verstärkte Ausschöpfung des inländischen Fachkräftepotenzials durch berufliche Aus- und Weiterbildung ist nur ein Teil der Strategie. Gleichzeitig will die Agentur für Arbeit Stuttgart mit ihren Allianzpartnern eine Willkommenskultur in der Region etablieren, mit dem Ziel, Arbeitgeber vor Ort und Fachkräfte aus dem Ausland besser zueinander zu bringen.

Arbeit und Familie – geht das?

Berufstätigkeit ist für viele Frauen selbstverständlich und trotzdem sind Frauen immer noch unterdurchschnittlich am Erwerbsleben beteiligt. Oft bedeutet eine Familienpause zur Kinderbetreuung oder Pflege von Angehörigen einen Karriereknick, unflexible Arbeitsmodelle erschweren

den Wiedereinstieg. Dem Arbeitsmarkt gehen so qualifizierte Fachkräfte verloren und vorhandene Potentiale werden nicht voll genutzt.

Die Förderung der Chancengleichheit von Frauen und Männern am Arbeitsmarkt sowie die Förderung der Vereinbarkeit von Familie und Beruf gehört zu den Aufgaben der Agentur für Arbeit Stuttgart. Ziel ist es die Beteiligung von Frauen am Arbeitsmarkt zu steigern und den beruflichen Wiedereinstieg bildungsadäquat zu erleichtern. Um Job und Familie zu meistern, braucht es flexible Arbeitszeiten und Möglichkeiten der Teilzeitbeschäftigung. „Eine familienfreundliche Personalpolitik wird durch den Fachkräftemangel in den nächsten Jahren weiter an Bedeutung gewinnen", erklärt Petra Cravaack. „Ein Beispiel für einen ganz konkreten Ansatz ist das Angebot einer Ausbildung in Teilzeit."

PERSÖNLICHKEITSBILDUNG DURCH KULTUR

EIN GESPRÄCH MIT **ANN-KATRIN BAUKNECHT,**
VORSITZENDE DES FÖRDERVEREINS DER STAATSTHEATER STUTTGART

Lerchenrainschule: *Projekt zu The Lady and the Fool*

Der Förderverein der Staatstheater Stutt-gart e. V. ist für Spit-zenkunst in Stuttgart ein wichtiger Partner. „Wir sind stolz auf un-sere Zusammenarbeit mit den Staatstheatern Stuttgart als Deutsch-lands bestem Theater in allen drei Sparten nach Meinung der Kritiker-umfrage der ‚Deutschen Bühne'."

Besondere Bedeutung kommt dabei der Koope-ration in der Schul- und Nachwuchsförderung zu, denn der Förderverein der Staatstheater Stuttgart, dem größten 3-Spartenhaus Europas, nimmt sich mit mehreren wichtigen Förderinitiativen der Sa-che „Kultur" an:
Im Jahr 2005 hat er das Schulprojekt IMPULS als Pilotprojekt mit den Staatstheatern Stuttgart ins Leben gerufen. Mit Theater-, Musik- und Tanz-workshops verschaffen Theaterpädagogen aller drei Sparten Schüler/innen aus unteren Klassen an Grund- und Hauptschulen in Problemgegen-den Zugang zu ihrer eigenen Kreativität. Die Kin-der gewinnen so spielerisch Ausdruckskraft und Selbstbewusstsein. Die innere Freiheit, die sie so erfahren, kommt den Leistungen in anderen Fä-chern nachhaltig zu gute. Aus den wertvollen Er-fahrungen, die über acht Projektjahre gesammelt wurden, hat der Förderverein den Schluss gezogen, dass mit dem Fach „Theater" als Unterrichtsfach und „Musik" zurück als Pflichtfach an den Schu-len wichtige Bausteine in der Persönlichkeitsbil-dung von Kindern aus bildungsfernen Familien geschaffen würden.
Dies wäre auch die Wunschvorstellung von Ann-Katrin Bauknecht, denn kulturelle Bildung fördert die Phantasie und Kreativität, sinnvolle Wahrneh-

Lehenbachschule: *Projekt zu Krabat*

mung, Ausdrucksfähigkeit und die Entwicklung ei-nes kritischen Verständnisses von Kunst und Kul-tur. Das IMPULS-Projekt muss in jeder Spielzeit über Drittmittel neu finanziert werden, und hier fungiert die regionale Wirtschaft als wichtiger Sponsor. Denn die Mitgliederbeiträge des Vereins fließen ausschließlich an die drei Sparten zu ihrer eigenen Verwendung.
Ein weiteres wichtiges Projekt, das der Förderver-ein der Staatstheater unterstützt, ist der Neubau der John Cranko Schule mit seiner „Bausteine-In-itiative", unterstützt durch die „Freunde der John Cranko Schule" mit eigenen Spendenaktivitäten. Die räumlichen Bedingungen, unter denen die Schüler leben und arbeiten, entsprechen längst

FOTO: SSTUTTGARTER BALLETT

FOTO: SSTUTTGARTER BALLETT

John Cranko Schule: *Ryu (links), Ausschnitt aus der Walpurgisnacht aus der Oper Faust (rechts)*

dem Initiativkreis „junge Sängerinnen und Sänger" unterstützt hier der Förderverein den Nachwuchs am OPERNSTUDIO mit Stipendien. Auch mit dieser Initiative ist der Verein auf Unterstützung durch die regionale Wirtschaft angewiesen.

FOTO: MARTIN SIGMUND

OPERNSTUDIO

nicht mehr einer Institution von internationalem Rang. Sie zieht begabte junge Talente aus allen Kontinenten an und dient als Kaderschmiede für das berühmte Stuttgarter BALLETT. Ein ebenso wichtiges Engagement des Vereins zu Gunsten der John Cranko Schule bilden Stipendien für Elevinnen und Eleven aus aller Welt, die ohne diese Unterstützung ihre Ausbildung in Stuttgart nicht absolvieren könnten.

Die Stuttgarter OPER zählt zu den bedeutendsten Opernhäusern Europas. Hier werden am OPERNSTUDIO junge Sängerinnen und Sänger intensiv ausgebildet, lernen das Leben und Arbeiten am renommierten Stuttgarter Opernhaus kennen und erste Schritte auf der großen Bühne zu machen. Mit

INFORMATION UND KONTAKTE

Haben Sie Fragen zu einer der vorgestellten Initiativen:
- IMPULS-Projekt an Grund- und Hauptschulen in Brennpunktlagen
- BAUSTEINE-Initiative für den Neubau John Cranko Schule
- Initiativkreis Freunde der JCS
- Stipendien für Schüler/innen der JCS
- „Patenschaften" und Stipendien für Sänger/innen am Opernstudio
- Einzel-, Ehepaar- und Firmenmitgliedschaften im Förderverein der Staatstheater Stuttgart

dann wenden Sie sich zwecks weiterer Auskünfte bitte an den:

Förderverein der Staatstheater Stuttgart e. V.
Geschäftsstelle
Am Hauptbahnhof 2
70173 Stuttgart
Tel. 0711-12 43 41 35
Fax: 0711-12 74 60 93
email: info@foerderverein-staatstheater-stgt.de
www.foerderverein-staatstheater-stgt.de

Vorstand
Ann-Katrin Bauknecht
Stefan Schütz
Anja Arends
Prof. Dr. Mark Binz

LEONBERG PFERDEMARKT

Die Attraktion des Pferdemarktes

Einmal im Jahr steht Leonberg ganz im Zeichen des Pferdes. Fünf Tage lang dauert der Pferdemarkt alljährlich im Februar, oder ist er eher ein Volksfest?
Der Pferdemarkt ist heute eine Mischung aus Volksfest und Pferdefachveranstaltungen mit Sport, Seminaren und Fachtagungen. Während zu den Pferdefachveranstaltungen überwiegend Pferdebesitzer und Reiter kommen, sind der Vergnügungspark, die Ausstellungen, die Live-Band-Events und Discos sowie die besonderen Bewirtungsformen ein Angebot für alle, die den Pferdemarkt als die „Fünfte Jahreszeit in Leonberg" erleben. Die Angebotspalette reicht vom Theater und Kunst bis zu Kellerbewirtungen und Modelleisenbahn. Der traditionelle Pferdehandel auf dem Marktplatz ist dabei genauso beliebt, wie die Pferdeprämierungen im Reiterstadion und das „Schaureiten" beim Reit- und Fahrverein. Hierbei ist der Gespannwettbewerb mit besonders attraktiven Kutschen der unbestrittene Höhepunkt.

„ Für die Stadt Leonberg ist die Hunderasse „Leonberger" einer der **besten Werbeträger"**

Ursprünglich war der Pferdemarkt auch ein Schweine-und Hundemarkt. Welche Rolle spielte der Leonberger Hund damals und heute?
Zu Zeiten des Begründers der neuen Rasse, Herrn Stadtrat Heinrich Essig, der sich auch in anderen Bereichen, wie zum Beispiel der Wiederbelebung des Kinderfestes verdient gemacht hat, war der Verkauf von Leonberger Hunden und anderen Rassen ein wichtiger Wirtschaftsfaktor und der Markt war ein wichtiger Treffpunkt für Händler, Züchter und Hundeliebhaber. Heute geht es nicht um die kommerziellen Aspekte, sondern um die Darstellung der Marke Leonberger Hund für den Verein und für die Stadt. Für die Stadt Leonberg ist die Hunderasse „Leonberger" einer der besten Werbeträger, der den Namen der Stadt in der Welt der Hundeliebhaber bekannt gemacht hat. Der Hund hat einen festen Platz im jährlichen Programm.

Der Marktplatz: *Drehscheibe der Pferde*

Im Reiterzentrum: *Nostalgische Gespanne*

Pferde sind heute nicht mehr vor allem Nutztiere für die Landwirtschaft, sondern dienen vornehmlich dem Sport und der Therapie. Wer wird mit diesen Pferdetherapien besonders angesprochen? Wem helfen Sie?

Die Bandbreite der Themen für die angesprochenen Personengruppen ist groß und reicht von Querschnittgelähmten, über Blinde, Spastiker bis zu verhaltensgestörten Kindern. Über 20 verschiedene Themen wurden bisher in den jährlichen Seminaren behandelt und ein Ende der Anwendungsmöglichkeiten zeichnet sich noch nicht ab.

Welche Höhepunkte gab es beim letzten Pferdemarkt 2013?

Der absolute Höhepunkt des Programms ist in jedem Jahr der große Festzug, an dem zahlreiche Pferde und Gespanne teilnehmen. Die Themenvielfalt ist groß und reicht von historischen Ereignissen bis zum Faschingstreiben und Festwagen mit aktuellen Themen aus der Region und der ganzen Welt. Beim Pferdemarkt 2014 wird den Praxisteil der Hippologischen Fachtagung eine sehr bekannte Persönlichkeit aus dem Bereich Springreiten leiten. Wer es ist, wird erst bei der Veröffentlichung des Programms verraten.

DIE SCHILLERSTADT MARBACH

FRAGEN AN HERRN **JAN TROST,** BÜRGERMEISTER DER SCHILLERSTADT MARBACH UND 1. VORSITZENDER DES SCHILLERVEREINS

Sie sind Bürgermeister der Schillerstadt Marbach und zugleich 1. Vorsitzender des Schillervereins. Wie verbinden Sie die beiden Aufgaben in Ihrer täglichen Arbeit?
Schillers Geburtshaus ist für die Anziehungs- und Strahlkraft Marbachs sehr wichtig. Deshalb nimmt die Position des 1. Vorsitzenden des Schillervereins einen bedeutenden Teil der täglichen Arbeit ein und bietet Schnittstellen zu anderen touristischen Bereichen in der Stadt.

Schillers Geburtshaus

„ Marbach verfügt ... über ein großes **Bildungsbürgertum.**"

Marbach ist Sitz des Schiller-Nationalmuseums, des Schiller Geburtshauses und des Deutschen Literaturarchivs. Inwiefern prägt und bestimmt diese geballte Ladung deutscher Literatur Ihre Stadt?
Marbach verfügt durch seine langjährige Tradition und die genannten herausgehobenen Einrichtungen über ein großes Bildungsbürgertum. Deshalb spielt Bildung, auch durch das Friedrich-Schiller-Gymnasium als das größte Gymnasium in Baden-Württemberg, in der Stadt eine sehr wichtige Rolle. Neben Bildung sind die Einrichtungen natürlich Anziehungspunkte für Gäste aus Nah und Fern, die den Flair der Stadt genießen.

Das Geburtshaus Friedrich Schillers wurde erst kürzlich renoviert. Auf wie viele Besucher sind Sie in Marbach in den Ferien-und Sommermonaten eingerichtet?
Die touristische Infrastruktur in Marbach ist sehr gut, so dass wir übers Jahr gesehen um die 100.000 Touristen in der Stadt erwarten können.
Marbach geht immer mit Schiller in die nächste Zukunft. Jedes Jahr versammelt sich die geistige Prominenz der Republik zu literarischen Veranstaltungen und Ausstellungen in Ihrer Stadt. Wird dieses Bildungsangebot auch von den Bürgern Marbachs angenommen? Nehmen z. B. die Schulen und Gymnasien daran teil?
Das Bildungsangebot wird auch von zahlreichen Marbachern wahrgenommen, denn viele Marbacher identifizieren sich sehr stark mit „ih-

Schillerhöhe mit Schillerdenkmal

Deutsches Literaturarchiv

rer" Stadt und auch mit deren einzigartiger Geschichte. Auch die Schulen nehmen an Veranstaltungen teil. In den Museen sind zahlreiche Kinder- und Jugendführungen möglich, die rege wahrgenommen werden.

Haben Sie persönlich einen Leitspruch des Klassikers Friedrich Schillers, an dem Sie sich auch in ihrer politischen Arbeit als Bürgermeister orientieren können?

Ein wichtiger Leitspruch Schillers ist für mich aus Don Carlos der Spruch „Geben Sie Gedankenfreiheit". Denn auch in heutiger Zeit ist die Freiheit wichtig, in weltanschaulicher und politischer Hinsicht zu denken, was man will, und diese Gedanken auch zu äußern.

„ … viele Marbacher identifizieren sich sehr stark mit „ihrer" Stadt und auch mit deren **einzigartiger** Geschichte."

PORSCHE MUSEUM

Blick in die Ausstellung

Das Porschemuseum erzählt nicht nur eine Ereignisgeschichte, sondern auch Träume. Was unterscheidet ihr Museum von anderen Museen?
Sportwagen der Marke Porsche waren zu jeder Zeit Traumwagen. Sportlicher, exklusiver und innovativer als die meisten anderen Fahrzeuge. Das Porsche Museum zeigt die Entwicklungsgeschichte dieser automobilen Träume in ihrer gesamten Bandbreite. Das Spektrum reicht vom Straßensportwagen über den Prototypen bis zum Rennwagen. Mehr Porsche pro Quadratmeter geht nicht.

„ **Mehr Porsche** pro Quadratmeter geht nicht.“

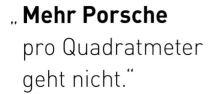

Welche Qualifikation braucht ein Museumswärter bei Ihnen?
Ein wichtiges Einstellungskriterium für unsere Museumsguides und -explainer ist die Begeisterung für die Marke Porsche und ihre Produkte. Wessen Augen bei Automobilikonen wie einem 911 oder einem 917 nicht funkeln, ist bei uns fehl

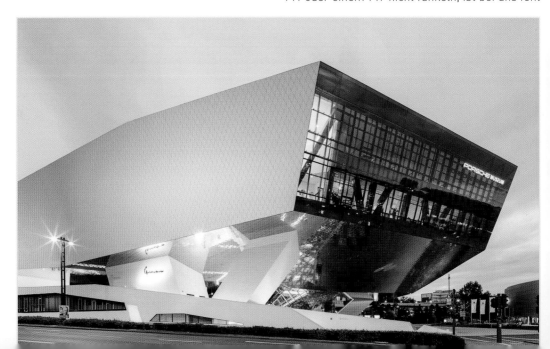

Erster Ausstellungsbereich: *Fahrzeuge von 1900 bis in die 1970er Jahre*

Der Porsche 356 Nr. 1

Auswahl verschiedener Porsche 911 Generationen

am Platz. Das Spezialwissen zur Unternehmensgeschichte erhalten unsere Mitarbeiterinnen und Mitarbeiter dann in einem umfangreichen Schulungsprogramm.

Welche Aufgaben hat der Kurator des Porsche Museums?

Weiterentwicklung und Pflege der Dauerausstellung, Konzeption und Umsetzung der Sonderausstellung, Ideenfindung, Zusammenarbeit/Kooperation/Kooperationspflege mit anderen Museen und Konzeption didaktischer Angebote.

Die Porscheästhetik beeinflusst Geschmack und ästhetisches Gefühl der ganzen Welt-Gesellschaft. Das schnelle Auto schreibt Geschichte. Wie stellen sie das Tempo in ihrer Sammlung dar?

Porsche und Geschwindigkeit – das sind beinahe Synonyme. Rund die Hälfte unserer Exponate sind Rennfahrzeuge, bei denen es naturgemäß auf hohes Tempo ankommt. Aber der Besucher erfährt bei uns darüber hinaus noch viel mehr: Erst die Kombination aus intelligentem Leichtbau und aerodynamischen Design ergibt die für alle Porsche-Sportwagen so typische Effizienz.

Welcher Botschaft bleibt man bei Porsche treu?

Ferry Porsche hat einmal gesagt: „Diejenigen, die das Glück haben, aus einem Traum ein Geschäft zu machen, schulden es der Welt, Hüter dieser Träume zu sein." Dieses Zitat ist für das Unternehmen, aber insbesondere für das Porsche-Museum, ein wichtiges Leitmotiv.

DAS LEUZE

Raum für Ruhe und Entspannung

Das LEUZE ist im Stuttgarter Raum eine Institution. Was ist das ganz besondere am „innovativen" LEUZE?
2006 wurde das Kinderland eröffnet und war damals der erste, nach einem pädagogischen Konzept konzipierte Wasserbereich innerhalb eines Bades. Es ist gedacht für die Nutzergruppe von 0 bis ca. 8 Jahren und hat rund 4 Mio. Euro gekostet. Zudem wurde mit Inbetriebnahme der ersten Saunalandschaft in 1984 erstmalig in einem Bad in Deutschland ein integrierter Eintrittspreis für Schwimmen einschließlich Sauna angeboten. Dieses „All-inclusive" Angebot gibt es nur im Mineralbad LEUZE in Stuttgart. Ansonsten ist natürlich die Speisung der meisten Becken mit Mineralwasser eine Besonderheit, da Stuttgart mit 40 Mio. Liter Mineralwasser täglich das größte Mineralwasservorkommen auf nur 1 km² in Deutschland besitzt. Lediglich in Budapest sprudeln täglich rund 60 Mio. Liter Mineralwasser. Im LEUZE speisen drei unterschiedliche Mineralheilwasserquellen die Wasserbecken.

Wie viele Mitarbeiter sind bei Ihnen beschäftigt?
Circa 35 Personen durch alle Personalgruppen (Kasse, Aufsicht, Reinigungskräfte, Technik) sorgen täglich für das Wohl der Badegäste im Leuze.

Welche Qualifikationen und besondere Fähigkeiten müssen Ihre Mitarbeiter mitbringen?
Neben den fachlichen Qualifikationen wie z. B. Rettungsfähigkeit im Falle eines Badeunfalls, Kassenkenntnissen und handwerklicher Ausbildung, gehört Kundenfreundlichkeit und Fingerspitzengefühl für eventuelle Krisensituationen zum Handwerkszeug der Mitarbeiterinnen und Mitarbeiter.

„ Das bedeutet **steigende Besucherzahlen** durch **Innovationen.**"

Ihr Leuze ist mit 4 und 5 Sternen unter die Wellness Stars aufgenommen worden? Was bedeuten Ihnen diese Auszeichnungen?
Das verliehene Gütesigel dokumentiert eine hohe Qualität. Es ist der Hotelqualifikation angelehnt. Die Hotelqualifikationen haben sich bei Gästen etabliert und sind somit auch ein gutes Maß für unsere Badegäste. Da viele Gäste aufgrund der Arbeitsverdichtung Wert auf Wellness legen, ist das Gütesiegel für die zusätzliche Gewinnung von Badegästen wichtig. Derzeit steht die Re-Zertifizierung an, da das Gütesiegel Wellness-Stars zeitlich begrenzt ist. Danach erfolgt eine erneute Qualitätsprüfung mit Verlängerung des Gütesiegels.

Ihre besondere Zielgruppe ist die Familie, Sie haben sogar ein eigenes Kinderland LEUZE. Welche Aufgaben haben Sie sich für die nächste Zukunft vorgenommen?

Eleganter Platz vor der Winzersauna

Angenehme Atmosphäre in der Warmbadhalle

Gerade das LEUZE ist ein gutes Beispiel dafür, dass die Badegäste den Investitionen folgen. Das bedeutet steigende Besucherzahlen durch Innovationen. Dies konnten wir im Kinderland, wie auch durch die neue Winzersauna und die Modernisierung der Gastronomie beobachten. Leider sind weitere zusätzliche Innovationen im LEUZE nunmehr durch die Fläche begrenzt. Es ist aber zu überlegen, noch vermehrt Wellnessanwendungen anzubieten. Hier kann man das Leistungspaket entsprechend den Markttrends anpassen.

DAS URWELTMUSEUM HAUFF

Die Fossilienfundstätte Holzmaden wurde 2006 von der Akademie der Geowissenschaften in Hannover zu einem der **bedeutendsten nationalen Geotope** Deutschlands erklärt.

Rolf Bernhard und Ute Hauff: *Leiten das Urweltmuseum in der dritte Hauffgeneration*

Vor 180 Millionen Jahren wogte dort, wo sich heute die Schwäbische Alb befindet, 50 Millionen Jahre lang das urzeitliche Jurameer. Der Meeresschlamm aus dieser Zeit bildet heute die Schichten und Felsformationen der Schwäbischen Alb. In den untersten Schichten, den Schiefern des Schwarzen Juras findet man - in seltenen Fällen – vollständig erhaltene Fossilien verstorbener Meerestiere – Zeugen einer faszinierenden Unterwasserwelt – in außergewöhnlich guter Erhaltung.

Das Urweltmuseum Hauff in Holzmaden, Deutschlands größtes privates Naturkundemuseum, besitzt eine Sammlung der besterhaltenen Funde aus diesen Schichten – riesige Saurier unterschiedlichster Art, Seelilien in großen Kolonien, Fische, Ammoniten und Belemniten. Es bietet einen unvergleichlichen Einblick in die Geheimnisse dieser urzeitlichen Meereswelt. Das Hauptausstellungsstück des Museums stellt die weltweit größte Kolonie versteinerter Seelilien dar, deren Gesamtfläche mehr als 100 Quadratmeter beträgt.

Modelle lebensgroßer Dinosaurier, aufwendige Schaubilder sowie Computeranimationen und Lehrfilme lassen die Urzeit wieder erstehen und vielfältig erleben.

Versteinerungen gibt es auf der ganzen Welt, die im Urweltmuseum Hauff ausgestellten Exponate sind in ihrer Größe und Perfektion einzigartig. Jedes Fundstück ist ein außergewöhnliches Unikat, dessen Präparation nur von Hand und unter großem Zeitaufwand und Erfahrungsschatz möglich ist.

Jedes Fossil im Museum steht für eine einzigartige Momentaufnahme der Urzeit: gewaltig, unvergänglich und voller Schönheit.

Fossilien aus dem Hause Hauff sind weltweit in den großen Naturkundemuseen wie z. B. in Washington, Tokio, Venedig und London die Highlights der Ausstellungen; sie schmücken die Wände von Unternehmen in ganz Deutschland und des Landtags von Baden-Württemberg. Auch private Sammler sind von den Geheimnissen der Urwelt, die sich in den unfassbar alten Versteinerungen

Kinder im Museum: *Vor einem der größten bisher gefundenen Ichthyosaurier (8 m)*

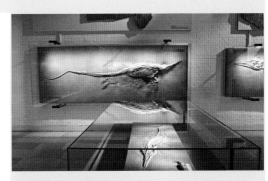

Ichthyosauriermuttertier: *Mit 5 Embryonen im Leib*

verbergen, begeistert; als „Urzeit für den Salon"
bezeichnete das Architektur-Magazin „Architec-
tural Digest" diesen Einrichtungsstil und würdigte
„Hauff Fossils" in der Ausgabe „Best of Germany" vom Oktober 2010 als eine der Stil-Adressen
in Deutschland.

Das Urweltmuseum feierte im vergangenen Jahr
sein 75-jähriges Bestehen und den 100. Geburts-
tag von Prof. Dr. Bernhard Hauff dem Sohn des
Museumsgründers. Die Familie Hauff verwal-
tet das Museum als Stiftung nunmehr in drit-
ter Generation und finanziert es ohne staatliche
Zuschüsse.

Umso mehr ist das Museum auf die Unterstützung durch private Förderer und Freunde der
Paläontologie angewiesen; denn auch künftige
Generationen von Schulkindern und Erwachsenen sollen die Möglichkeit haben, die im Urweltmuseum gezeigten, erstklassig präparierten Versteinerungen bewundern zu können.

INFORMATION

www.urweltmuseum.de

BLICKWECHSELN

Blickwechsel Team

Was ist Rechenschwäche? Etwas Angeborenes?
Das rechnerische Denken wird durch ein komplexes Zusammenspiel verschiedener Fähigkeitsbereiche entwickelt – von Geburt an. Dazu gehören die räumliche Vorstellungsfähigkeit und die Mengenerfassung, die mit der Sprachentwicklung vernetzt werden. Das rechnerische Denken an sich ist nicht angeboren, aber Basisfähigkeiten wie z. B. die Sehfähigkeit können genetisch beeinflusst sein. Die Rechenschwäche entsteht durch ein ungeeignetes Zusammenwirken dieser zugrunde liegenden Kompetenzen. Das führt zu dysfunktionalen gedanklichen Gewohnheiten, die automatisch ablaufen, wenn mit Zahlzeichen hantiert wird.

Wie beheben Sie diese Schwäche?
Schritt für Schritt werden funktionale abstrakte Vorstellungen aufgebaut. Das ist nicht einfach, weil in Konkurrenz zu bereits vorhandenen Fehlprägungen gearbeitet wird und in der Regel psychische Abwehrstrukturen vorhanden sind. Am Ende führt das zu einem echten Verständnis mathematischer Prozesse und zu einem selbstständigeren und souveräneren Umgang mit Mathematik.

Wer, welche Zielgruppe, ist besonders gut beraten, Ihre Dienste in Anspruch zu nehmen?
Durch unsere langjährige Erfahrung und die zusätzliche wissenschaftliche Arbeit haben wir therapeutisch erfolgreich mit Menschen im Altersbereich von 6 bis 40 Jahren gearbeitet.

Gibt es eine Faszination der Zahlen, die man anregen, lernen kann?
Ja – im existenziellen Bezug. Rechnen ist als Werkzeug zur Bewältigung lebensnotwendiger Abläufe entstanden. Als abstraktes Denkwerkzeug, um Vorräte einteilen zu können, Abstände einzuschätzen, Zeiträume zu bewältigen, um quantitative Zusammenhänge des Lebens zu erkennen. Wenn Kinder merken, dass sie alltägliche Aufgaben des Lebens durch Rechnen bewältigen können, fängt es für sie an Spaß zu machen.

> „ Am Ende führt das zu einem **echten Verständnis** mathematischer Prozesse ...“

Blickwechsel-Kinderbild

INFORMATION

BLICKWECHSELN – setzt sich ein für die gelingende Entwicklung von Kindern, Jugendlichen und Erwachsenen, die von Lernstörungen betroffen sind. Das Institut zur Therapie der Rechenschwäche (gegründet 1988) und das Legasthenie-Institut (gegründet 1992) wurden in den Verein integriert, der sich außerdem der Prävention und Frühen Bildung, sowie der Fortbildung von Lehrerinnen und Erzieherinnen widmet. So können 25 Jahre Erfahrung in der Therapie für die Prävention und die Fortbildung genutzt werden. Das Team wie auch der Ansatz sind interdisziplinär. Zurzeit werden über 200 Klienten von 14 Mitarbeitern an 7 Standorten betreut.

ADVANTEST®

Advantest
Innovation at its best!

Wir sind Advantest

Advantest ist Weltmarktführer von automatischen Testsystemen in der Halbleiterindustrie. Das Unternehmen wurde 1954 in Tokio gegründet. Mit rund 4.900 Mitarbeitern an Standorten rund um den Globus entwickelt und vertreibt Advantest innovative Testlösungen auf höchstem technologischem Niveau – flexibel, kundenorientiert und kompetent.

Unsere Produkte

Ob Unterhaltungselektronik, mobile Kommunikation oder ganze Computernetzwerke – hinter all diesen Errungenschaften stecken winzige Chips, sogenannte Halbleiter, die unzählige Aufgaben erledigen – und diese in einer atemberaubenden Geschwindigkeit.

Jeder Chip eines High-Tech Produktes durchläuft in jeder Phase des Entwicklungs- und Produktionsprozesses zahlreiche, komplexe Tests. Die Testsysteme stellen die einwandfreie Funktion von derartigen integrierten Schaltkreisen sicher.

KARRIERE

FACHKRÄFTE
- Entwicklungsingenieure (m/w) in den Bereichen Hardware und Software
- Entwicklungsingenieure (m/w) für hardwarenahe Softwareentwicklung

DUALES STUDIUM
- Bachelor of Engineering Elektrotechnik
- Bachelor of Engineering Informationstechnik

AUSBILDUNG
- Elektroniker/-in für Geräte und Systeme
- Fachinformatiker/-in mit Schwerpunkt Systemintegration
- Industriekaufmann/-frau

CAMPUS

Praktika	ja
Abschlussarbeiten	ja
Werkstudenten/innen	ja
Direkteinstieg	ja

ARBEIT UND FAMILIE

Flexible Arbeitszeiten	ja
Individuelle Arbeitszeitmodelle	ja
Betriebliche Altersvorsorge	ja
Weiterbildungsmöglichkeiten	ja
Betriebsrestaurant	ja

STELLENANGEBOTE
Aktuelle Stellenangebote unter:
www.advantest-jobs.de

Wir verändern die Welt von morgen

Für unser Unternehmen suchen wir kontinuierlich qualifizierte Ingenieure aus dem Hardware- und Softwarebereich.

Neben dem Hauptsitz in Tokio, Niederlassungen in Asien, USA und Europa, ist Böblingen ein wesentlicher Forschungs- und Entwicklungsstandort von Advantest. Hier entwickeln unsere Ingenieure neueste Technologien im Bereich Halbleitertest für namhafte Kunden weltweit.

Böblingen , Deutschland

München Deutschland

Tokyo, Japan

Gunma, Japan

Singapur

San Jose, USA

Peking, China

Seoul, Korea

+ JOBS-STUTTGART.COM

STECKBRIEF

BRANCHE
Halbleiterindustrie

GRÜNDUNG
1954

MITARBEITERZAHL
4.900 weltweit
600 in Deutschland

STANDORTE
Niederlassungen weltweit
In Deutschland: Böblingen, München,
Amerang

KONTAKT
Katarina Oroz
Email: katarina.oroz@advantest.com

ADRESSE
Advantest Europe GmbH
Zweigniederlassung Böblingen
Herrenberger Str. 130
71034 Böblingen
www.advantest.de

STANDORTE
Böblingen, Deutschland
München, Deutschland
Amerang, Deutschland
Tokyo, Japan
Sendai, Japan
Saitama, Japan
Gunma, Japan
San Jose, USA
Singapur
Penang, Malaysia
Seoul, Korea
Schanghai, China
Peking, China

Aldi GmbH & Co. KG

Effizient und verantwortungsvoll – einfach ALDI SÜD

Die Unternehmensgruppe ALDI SÜD hat insgesamt 31 Regionalgesellschaften in Süd- und Westdeutschland. Mit insgesamt mehr als 33 600 Mitarbeitern (davon alleine mehr als 4 700 Auszubildende) betreibt ALDI SÜD mehr als 1 810 Filialen. International ist die Unternehmensgruppe mit 77 Gesellschaften in neun Ländern vertreten und betreibt mehr als 4 730 Filialen. Dabei steht ALDI SÜD für gleichbleibend hohe Qualität und ein ausgezeichnetes Preis-Leistungs-Verhältnis bei Nahrungsmitteln und Konsumgütern.

Sortiment und Qualität

In den Filialen von ALDI SÜD findet der Kunde ca. 990 Basisartikel für den täglichen Bedarf. Außerdem bietet ALDI SÜD zwei Mal in der Woche zusätzlich ca. 35 Aktionsartikel an. Die Unternehmensgruppe hat eine faire Preis- und Sortimentspolitik entwickelt und sich das Ziel gesetzt, immer ein verlässlicher Partner für den Kunden zu sein. Daher bietet ALDI SÜD nur Produkte an, die den Verbrauchern einen größtmöglichen Nutzen bieten. Markenartikel gibt es nur vereinzelt, stattdessen baut ALDI SÜD auf hochwertige Eigenmarken. So kann die Qualität besser überschaut, kontrolliert und beeinflusst werden.

Verantwortlich handeln

Das Sortiment, die Umwelt und die Menschen – diese Komponenten stehen bei ALDI SÜD im Mittelpunkt des unternehmerischen Handelns. Das bedeutet eine verantwortungsbewusste und leistungsstarke Gestaltung des Angebotes in Bezug auf veränderte Verbraucheransprüche und Angebotserwartungen, den bewussten Umgang mit Inhaltsstoffen und den schonenden Umgang mit den natürlichen Ressourcen. Die Menschen in und um die Unternehmensgruppe herum stehen im Zentrum mit einem gemeinsamen Ziel: Kundinnen und Kunden sollen sich bei ALDI SÜD rundum wohlfühlen. Das erreicht die Unternehmensgruppe durch die verschiedenen Service-Angebote und durch das Produktangebot. Die engagierten und motivierten Mitarbeiterinnen und Mitarbeiter von ALDI SÜD sind Motor des Erfolgs.

KARRIERE

FACH- UND FÜHRUNGSKRÄFTE

- Regionalverkaufsleiter (m/w)
- Master of Arts (m/w)
- Filialleiter-Stellvertreter (m/w)
- Filialführungsnachwuchs (m/w)
- Verkäufer Teilzeit (m/w)

STELLENANGEBOTE

- www.aldi-sued.de
- karriere.aldi-sued.de

AUSBILDUNGSANGEBOTE

- Verkäufer (m/w)
- Kaufmann im Einzelhandel (m/w)
- Bürokaufmann (m/w)
- Fachkraft für Lagerlogistik (m/w)
- Bachelor of Arts (DHBW) (m/w)

STECKBRIEF + JOBS-STUTTGART.COM

Unternehmensgruppe ALDI SÜD

BRANCHE
Einzelhandel

STANDORTE – REGION STUTTGART
Regionalgesellschaft Aichtal

ADRESSE
ALDI GmbH & Co. KG
Riedstraße 8 - 12
72631 Aichtal
Tel. (07127) 958-0
Fax (07127) 958-240

Regionalgesellschaft Murr

ADRESSE
ALDI GmbH & Co. KG
Lehmgrube 5
71711 Murr
Tel. (07144) 87019-0
Fax (07144) 87019-55

Weniger Vorurteile. Mehr Vorteile.

Warum Sie auf Ihre innere Stimme hören sollten. Nicht auf die anderer.

Was wissen Sie eigentlich über ALDI SÜD? Nicht, was Sie glauben zu wissen, sondern: Was wissen Sie wirklich? Sie denken zu allererst an Kleinkrämerei und Samstagsarbeit? Wir denken an mehr als 33 600 Mitarbeiter, drei Kontinente, neun Länder und über 4 730 Filialen. Wir denken an Managementkarrieren und komplexe IT-Lösungen. Wir denken an überdurchschnittliche Einstiegsgehälter und konsequente Weiterentwicklung in der ALDI SÜD AKADEMIE. Wir denken an unsere Prinzipien Einfachheit, Konsequenz und Verantwortung und die daraus resultierenden Chancen für unsere Mitarbeiter. Wir denken an weniger Einschränkung und mehr Selbstständigkeit. Für weniger Reagieren und mehr Agieren. Kurz: weniger Vorurteile und mehr Vorteile.

Mehr unter **karriere.aldi-sued.de**

Einfach. Erfolgreich.
karriere.aldi-sued.de

KÄRCHER®
makes a difference

Alfred Kärcher GmbH & Co. KG
Spitzenleistungen für Sauberkeit und
Werterhaltung

REINIGUNGSTECHNIK

iF product design award 2013

Erfindergeist und Selbstvertrauen – mit diesen entscheidenden Erfolgsfaktoren gründete Alfred Kärcher vor mehr als 75 Jahren das Unternehmen. Mit über 10.000 Mitarbeitern in 100 Gesellschaften in 60 Ländern und mit rund 50.000 Servicestützpunkten weltweit steht Kärcher heute für Spitzenleistungen, Innovation und Qualität. Hinter diesem Erfolg stehen Menschen, die über den Tellerrand schauen, die neugierig sind und eigene Ideen entwickeln. Echte Kärcher-Typen, die sich hoch hinauswagen und Zeichen setzen, wenn es um saubere Lösungen und Werterhaltung geht. Über 460 aktive Patente sowie mehr als 100 nationale und internationale Design-Preise zeigen ihre Kreativität und Innovationsstärke. Bei Kärcher erwarten Sie individuelle Entwicklungsmöglichkeiten und faszinierende Perspektiven. Als Familienunternehmen sind wir geprägt von einer offenen Kommunikationskultur und einer kollegialen Atmosphäre gegenseitiger Wertschätzung. Gemeinsam erschaffen wir das, was Kärcher ausmacht. Dabei vertrauen wir auf die exzellenten Fähigkeiten jedes einzelnen Mitarbeiters, ganz nach dem Motto: **the difference is you**.

„Bei Kärcher haben wir uns ganz bewusst darauf verständigt, eine internationale, offene und gemeinsame Unternehmenskultur zu leben."

Hartmut Jenner, Vorsitzender der Geschäftsführung

STECKBRIEF ⁺ JOBS-STUTTGART.COM

BRANCHE
Entwicklung, Herstellung
und Vertrieb von Reinigungstechnik

GRÜNDUNG
1935

MITARBEITERZAHL
über 10.000

STAMMSITZ
Winnenden

STANDORTE NATIONAL
Winnenden, Obersontheim,
Bühlertann, Illingen, Gissigheim,
Duisburg, Schwaikheim und
Waldstetten

STANDORTE INTERNATIONAL
100 Gesellschaften weltweit,
Werke in Deutschland, Italien,
Rumänien, USA, Mexiko,
Brasilien und China

ADRESSE
Alfred Kärcher GmbH & Co. KG
Postfach 160
71349 Winnenden
www.kaercher-karriere.de

KARRIERE

FACH- UND FÜHRUNGSKRÄFTE
für die Bereiche Forschung und Entwicklung • Vertrieb • Projektmanagement • Produktmanagement • IT • Einkauf • Service • Assistenz/Sekretariat • Werbung/Marketing • Finanzen, Controlling, Accounting • Logistik • Fertigungsplanung • Personal • Produktion • Unternehmensentwicklung • Qualitätssicherung • Öffentlichkeitsarbeit

STUDIEN-/AUSBILDUNGSANGEBOTE
Bachelor of Arts, BWL-Industrie und BWL-International Business • Bachelor of Engineering, Studiengänge Maschinenbau, Elektrotechnik und Wirtschaftsingenieurwesen • Bachelor of Science, Studiengänge Wirtschaftsinformatik und Angewandte Informatik • Ulmer Modell Kooperationsstudiengang

Industriemechaniker und Bachelor of Engineering, Studiengang Maschinenbau

• Industriekaufmann/-frau mit/ohne Zusatzqualifikation Internationales Wirtschaftsmanagement • Kaufmann/-frau für Bürokommunikation • Kaufmann/-frau für Spedition und Logistikdienstleistung • Technische/-r Produktdesigner/-in • Industriemechaniker/-in • Elektroniker/-in für Betriebstechnik • Mechatroniker/-in • Maschinen- und Anlagenführer/-in • Fachkraft für Lagerlogistik • Koch/Köchin • Verfahrensmechaniker/-in für Kunststoff- und Kautschuktechnik oder Beschichtungstechnik • Informatikkaufmann/-frau

CAMPUS
Praktika, Auslandspraktika, Studienabschlussarbeiten, Traineeprogramme

Sind Sie ein echter Kärcher-Typ?

☐ Ich wage mich nur in großen Gruppen aufs Eis

☐ Ich gehe mit Selbstvertrauen meinen Weg

altmayerBTD GmbH & Co. KG

METALLINDUSTRIE/ANLAGENBAU

altmayerBTD steht für Tradition und Innovation gleichermaßen. Wir sind ein historisch gewachsenes Unternehmen, das sich den Herausforderungen der Zeit stellt und sein Produktportfolio kontinuierlich erweitert und verbessert. Heute sind wir einer der Marktführer im Bereich Speicher- und Behältertechnik und gehören zur weltweit agierenden M.A.X. Automation AG.

Neben der Herstellung von effizienten und umweltfreundlichen Behälter- und Speichersystemen für die unterschiedlichsten Anforderungen und Einsatzgebiete sind wir die Spezialisten im Bereich moderner Trinkwasserhygienesysteme. Zu unseren Kunden zählen führende Industrieunternehmen aus allen Branchen.

Der langjährige Erfolg unseres Unternehmens wird durch eine hoch qualifizierte Belegschaft getragen. Rund 100 Mitarbeiter arbeiten am Standort Dettenhausen. Anspruchsvolle Produkte, Kreativität und Teamarbeit prägen die Arbeit in unserem Hause.

Bei altmayerBTD legen wir großen Wert auf qualifizierte Mitarbeiter: Weiterbildung ist für uns ebenso selbstverständlich wie persönliche Entwicklungsmöglichkeiten. Um unseren erfolgreichen Weg fortzuführen, setzen wir auf eine fachmännische Ausbildung. In den letzten Jahren konnte allen Auszubildenden eine Festanstellung angeboten werden.

STECKBRIEF + JOBS-STUTTGART.COM

BRANCHE
Metallindustrie/Anlagenbau
GESCHÄFTSFELDER
Behältertechnik
Pufferspeichertechnik
Hygienische Trinkwassersysteme
STANDORT
Dettenhausen
GRÜNDUNG
1951
MITARBEITER
ca. 100
ADRESSE
altmayerBTD GmbH & Co. KG
Brückenstr. 1
72135 Dettenhausen
Telefon: 0 71 57/5 62 - 0
Telefax: 0 71 57/6 10 00
info@altmayerbtd.de
www.altmayerbtd.de
ANSPRECHPARTNER FÜR PERSONAL
Theresia Tumele, Personalleiterin
Telefon: 0 71 57/5 62 - 2 05
t.tumele@altmayerbtd.de

KARRIERE

AUSBILDUNG UND STUDIUM
Wir suchen motivierte Menschen, die wir zu hoch qualifizierten Mitarbeiter/-innen im technischen und kaufmännischen Bereich ausbilden:
- Industriekaufmann/-frau
- Technische/r Produktdesigner/in
- Anlagenmechaniker für Maschinen- und Apparatebau
- Duales Studium Technik - Maschinenbau

ANGEBOTE FÜR SCHÜLER UND STUDENTEN
- Schulkooperationen
- Praktika/Ferienjobs
- Praxissemester
- Werkstudententätigkeit

FACH- UND FÜHRUNGSKRÄFTE
- Ingenieur im Bereich Konstruktion/ Entwicklung und Vertrieb
- Techniker mit Fachrichtung Maschinenbau oder Versorgungstechnik
- Betriebswirt
- Gewerblicher und kaufmännischer Bereich: Controlling, Personal, Marketing, Qualitätssicherung, IT

ARBEIT UND FAMILIE
Vielfältige Teilzeitmöglichkeiten	ja
Flexible Arbeitszeiten	ja
Unterstützung beim Wiedereinstieg	ja
Weiterbildungsmöglichkeiten	ja

AMK Arnold Müller GmbH & Co. KG

 Die AMK Gruppe mit Hauptsitz in Kirchheim/Teck zählt als Familienunternehmen seit nunmehr fünf Jahrzehnten zu den Markt- und Technologieführern in den Bereichen Antriebs- und Steuerungstechnik und Automotive. Ob Servomotoren, intelligente Servoumrichter, Steuerungen für den Maschinenbau oder E-Powertrain Lösungen für die Automobilindustrie – an den Innovationen aus Kirchheim/Teck kommt man weltweit nicht mehr vorbei. Über 800 Mitarbeiter rund um den Globus sorgen dafür, dass unsere Kunden – von der Idee bis zur Serienfertigung – alles aus einer Hand erhalten.

Unser Erfolg beruht im Wesentlichen auf der Leistungsbereitschaft der Mitarbeiter. Es gilt das Prinzip der Verantwortung, das Leistung fordert, aber gleichermaßen auch honoriert. Flache Hierarchien bieten Nachwuchskräften ideale Möglichkeiten, schnell Verantwortung zu übernehmen. Ausbildung spielt dabei eine große Rolle: Die Bundesagentur für Arbeit zeichnete AMK im Jahr 2008 mit dem Zertifikat für Nachwuchsförderung aus. Im Jahr 2011 würdigte die Handwerkskammer Esslingen unsere Aktivitäten mit der Bildungspyramide für Spitzenleistungen.

STECKBRIEF + JOBS-STUTTGART.COM

BRANCHE
Automatisierungstechnik

GESCHÄFTSFELDER
Elektrische Antriebs- und Steuerungstechnik, Automotive

GRÜNDUNG
1963

MITARBEITERZAHL
800

ANSPRECHPARTNER PERSONAL
Kathrin Fuchs

ADRESSE
AMK Arnold Müller
GmbH & Co. KG
Gaußstraße 37-39
73230 Kirchheim/Teck
Tel.: 07021/5005-0
Fax: 07021/5005-176
personal@amk-antriebe.de
www.amk-antriebe.de

KARRIERE

FACH- UND FÜHRUNGSKRÄFTE
v. a. Ingenieure mit der Fachrichtung Antriebstechnik, Automatisierungstechnik, Elektronik, Elektrotechnik, Mechatronik und Maschinenbau

STELLENANGEBOTE
Tagesaktuelle Stellenangebote finden sie auf unserer Homepage unter www.amk-antriebe.de

CAMPUS
Praktika   ja
Master- und Bachelorarbeiten   ja

AUSBILDUNGSBERUFE
- Industriekauffrau/-mann
- Technische/r Produktdesigner/in
- Elektroniker/in für Geräte und Systeme sowie Fachrichtung Maschinen- und Antriebstechnik
- Zerspanungsmechaniker/- in Fachrichtung Dreh- und Frästechnik
- Mechatroniker/-in
- Industriemechaniker/-in

STUDIUM
- Duales Hochschulstudium Wirtschaftsingenieurwesen Fachrichtung Elektrotechnik oder Maschinenbau

German Aerospace Academy ASA
Ein Institut der Steinbeis-Hochschule Berlin SHB

HOCHSCHULE

Hochqualifizierte Mitarbeiterinnen und Mitarbeiter sind die Basis für Innovation und Wettbewerbsfähigkeit. Daher unterstützt die ASA mit einem breiten Portfolio gezielter Aus- und Weiterbildungsprogramme die Unternehmen darin, die Kompetenzen ihrer Beschäftigten langfristig zu erhalten und auszubauen. Expertinnen und Experten vermitteln neueste Forschungsergebnisse und Technologien. Die ASA bietet berufsbegleitende Kompetenzstudiengänge, Zertifikatslehrgänge und Seminare für unterschiedliche Qualifikationsstufen und Vorbildungen an. Neben technischer Weiterbildung beinhaltet das Schulungsprogramm Themen des Managements, der Chancengleichheit und der Diversität. Durch den Praxisbezug aller Angebote wird eine deutliche Steigerung der Kompetenzen erreicht.

Die internationale Vernetzung der Unternehmen hat in den letzten Jahren deutlich zugenommen. Mitarbeiterinnen und Mitarbeiter mit Erfahrungen in unterschiedlichen Ländern und Kulturen sind stark gefragt. Dem trägt die ASA durch die Entwicklung von Dual Degree Studiengängen Rechnung. Der Fachkräftemangel behindert derzeit bereits spürbar die Entwicklung innovativer KMUs. Daher entwickelt und erprobt die ASA neuartige Modelle zur Gewinnung sowie zum Wiedereinstieg von Ingenieurinnen und Ingenieuren und zur gezielten Weiterbildung älterer Mitarbeiterinnen und Mitarbeiter.

„Der Schlüssel zu Innovation und Wettbewerbsfähigkeit ist die Kompetenz der Mitarbeiterschaft.“

Prof. Dr.-Ing. habil. Monika Auweter-Kurtz, Direktorin der ASA

STECKBRIEF   +JOBS-STUTTGART.COM

BRANCHEN
Luft- und Raumfahrt
Leichtbau
Automotive, Maschinenbau

AUS- UND WEITERBILDUNG
Berufsbegleitende Master- und Bachelorstudiengänge
Zertifikatslehrgänge mit Hochschulabschluss und ECTS-Punkten
Seminare, Workshops und Tagungen

PARTNER IN DER AUS- UND WEITERBILDUNG:
Universitäten und Hochschulen
Forschungseinrichtungen
Cluster und Allianzen
Industrieunternehmen
Industrie- und Fachverbände

PROJEKTE
Wiedereinstieg in den Beruf
Kompetenzerweiterung älterer Mitarbeiterinnen und Mitarbeiter
Nachwuchsförderung
Transinternationales Luft- und Raumfahrtnetzwerk

DIREKTORIN
Prof. Dr.-Ing. Monika Auweter-Kurtz

ADRESSE
German Aerospace Academy ASA
Forum 1 am Konrad-Zuse-Platz 1
71034 Böblingen
Telefon +49 7031 306975-0
Fax +49 7031 306975-79
E-Mail info@german-asa.de
www.german-asa.de

KARRIERE

BERUFSINTEGRIERTES STUDIEREN AN DER ASA
Die ASA bietet berufsbegleitende Kompetenzstudiengänge und Zertifikatslehrgänge an, die alle mit ECTS-Punkten kreditiert werden und zu staatlich anerkannten Abschlüssen führen.

- Masterstudiengänge
- Aerospace Engineering and Lightweight Technologies
- Für Berufserfahrene und Berufseinsteiger
- Als Double-Degree Studiengang mit dem Tecnológico de Monterrey in Mexiko

- Zertifikatslehrgänge

REICHHALTIGES ANGEBOT AUS TECHNIK UND MANAGEMENT Z.B.: AUSBILDUNG ZUM
- Anwendungsexperte/in für PLM
- Virtual Engineer
- Propulsion Systems Engineer
- Space Systems Professional
- Projektmanager/in im Ingenieurbereich
- Lean Management Tool Expert
- Innovation Professional

APCOA PARKING Holdings GmbH

PARKRAUM-MANAGEMENT

Die APCOA PARKING Group ist der führende europäische Parkraum-Manager. Über 40 Jahre Erfahrung,
Know-how aus 12 europäischen Ländern und ein breit
gestreutes Kunden-Portfolio zeichnen den Konzern aus.
Die APCOA PARKING Group bewirtschaftet insgesamt über 1,3 Mil-
lionen Einzelstellplätze und erzielte in 2012 einen Umsatz von über
700 Millionen Euro. Mehr als 30 europäische Flughäfen haben APCOA
PARKING mit dem Management ihrer Parkierungsanlagen betraut.
Im Mittelpunkt der Unternehmenstätigkeit stehen Kundenservice, der
intelligente Betrieb von Park-Garagen und -Plätzen sowie die aktive
Vermarktung von Parkräumen.
Dabei garantiert APCOAs internationaler Erfahrungshintergrund
Kunden und Immobilieneignern zukunftsweisende und innovative
Parkservices an über 7.500 Standorten. Zu den Vertragspartnern
zählen u. a. Einkaufszentren, Flughäfen, Messegesellschaften, inter-
nationale Spitzenhotels, Sportstätten und kommunale Institutionen.
Die Konzernzentrale und die deutsche Niederlassung haben ihren
Sitz am Stuttgarter Flughafen.

KARRIERE

EINSTIEGSMÖGLICHKEITEN
- Praktikum
- Abschluss-/Projektarbeit (Bachelor/ Master/ Diplom)
- Ausbildung/ Duales Studium
- Direkteinstieg

STELLENANGEBOTE
http://www.apcoa.de/unternehmen/
karriere/arbeitgeber-apcoa.html

AUSBILDUNGSANGEBOTE
- Kaufmann/-frau für Bürokommunikation
- Bürokaufmann/-frau
- Automatenfachmann/-frau

FACH- UND FÜHRUNGSKRÄFTE
- Expansion
- Vertrieb
- Portfolio Management
- Regional-/Gebietsleiter

STECKBRIEF + JOBS-STUTTGART.COM

BRANCHE
Parkraum-Management

GRÜNDUNG
1947 in Cleveland, Ohio,
als „Airport Parking Corporation of
America" (APCOA)

STANDORTE
Über 300 in Deutschland,
über 7.500 in Europa

MITARBEITERZAHL
Ca. 900 in Deutschland,
ca. 4.800 in Europa

KONTAKT FÜR BEWERBER
bewerbung@apcoa.de

ADRESSE
APCOA PARKING Holdings GmbH
Flughafenstr. 34
70629 Stuttgart-Flughafen

INTERNET
www.apcoa.de
www.apcoa.com

audius GmbH
Ideen, Innovationen, Lösungen!

IT-DIENSTLEISTUNG

Die audius GmbH zählt zu den führenden mittelständischen IT- und Softwareunternehmen in Deutschland. Mit technologischem Know-how, langjähriger Erfahrung und der Kompetenz von rund 250 Mitarbeitern bieten wir Ihnen ein umfassendes Portfolio.

Dieses umfasst zum einen exakt auf die Unternehmensanforderungen zugeschnittene IT-Services als auch die Entwicklung innovativer Software für mobile Business-Lösungen, die die nahtlose Anbindung an Ihren Außendienst steuern und zur Optimierung eines einheitlichen Prozessmanagements beitragen.

Sowohl internationale Konzerne und mittelständische Unternehmen als auch Städte und Kommunen in ganz Deutschland vertrauen seit der Gründung im Jahr 1991 immer wieder der partnerschaftlichen Zusammenarbeit, der zertifizierten Qualität und dem mehrfach ausgezeichneten Innovationsgeist von audius. Neben der fachlichen Kompetenz und dem Engagement unserer Mitarbeiter/innen ist ein gutes Arbeitsklima Grundlage für den Erfolg unseres expandierenden Unternehmens.

„Als Inhabergeführtes mittelständisches Unternehmen stehen wir für wahres, sinnvolles und nachhaltiges Unternehmertum. Vertrauen und Glaubwürdigkeit sind die Grundlage unseres wirtschaftlichen Handelns."

Franz Honner, Geschäftsführung

STECKBRIEF + JOBS-STUTTGART.COM

BRANCHE:
IT -Dienstleistung

GESCHÄFTSFELDER
IT- und Organisationsberatung, Umfassende Beratung und Lösungen zu IT-Sicherheitsfragen, Einrichtung und Betrieb von IT-Infrastrukturen, Konzeption und Entwicklung von Softwarelösungen

STANDORTE
Weinstadt, Stuttgart, München, Frankfurt, Budapest

MITARBEITERZAHL
250

PARTNERSCHAFTEN
Microsoft Gold Certified Partner, VM Ware Enterprise Partner, SAP Partner

ANSPRECHPARTNER
Mathias Diwo – Skill & Ressourcenmanagement

ADRESSE
audius GmbH
Mercedesstraße 31
71384 Weinstadt
Telefon: +49 (0)7151-369 00-0
Telefax: +49 (0)7151-369 00-10
karriere@audius.de
www.audius.de

KARRIERE

FACH- UND FÜHRUNGSKRÄFTE
- Anwendungsentwicklung
- Systemengineering
- Informatik
- Wirtschaftsinformatik
- Systemtechnik
- IT-Infrastruktur
- Verifikation und Validierung
- Vertrieb
- Dienstleistungscenter

AUSBILDUNGSANGEBOTE
- Fachinformatiker/in
- Bürokaufmann/frau
- Wirtschaftsinformatiker/in
- Studiengänge in Zusammenarbeit mit der Dualen Hochschule Baden-Württemberg (DHBW)

ARBEIT UND FAMILIE
Teilzeit — ja
Flexible Arbeitszeiten — ja

CAMPUS
Praktika — ja
Traineeprogramme — ja
Werkstudenten — ja
Bachelorarbeiten — ja
Diplom-/Masterarbeiten — ja

AKTUELLE STELLENANGEBOTE
finden sie unter:
http://www.audius.de/karriere

AVL Deutschland GmbH
PASSION AND RESULTS

AUTOMOTIVE

 AVL ist das weltweit größte private Unternehmen für die Entwicklung und das Prüfen von Antriebssystemen. Neben den herkömmlichen Verbrennungsmotoren werden insbesondere neue Technologien wir Hybridmotoren, Batterien und Elektromotoren perfektioniert. Wir verwandeln unsere Visionen in Wirklichkeit und setzen neue Standards, indem wir täglich spitzentechnologische Lösungen für unsere Kunden entwickeln. Mit unseren 6.200 Mitarbeitern erzielten wir im Jahr 2012 weltweit einen Umsatz von 1 Milliarde Euro. Unsere Kunden sind die führenden Automobilhersteller, zählen zu den besten Adressen des Motorsports oder gehören Branchen an, für die der optimierte Einsatz von Verbrennungsmotoren sowie elektrifizierten Antrieben von Bedeutung ist. Zudem bietet AVL für die Entwicklungsarbeiten notwendigen Simulationsmethoden sowie alle Geräte und Anlagen, die für das Testen von Motoren und Fahrzeugen erforderlich sind, an.

Am Standort Stuttgart finden Sie interessante Betätigungsfelder in der Entwicklung von Otto- und Dieselmotoren, Getrieben und elektrifizierten Antrieben, sowie im technischen Vertrieb.

KARRIERE

GESUCHTE FACHRICHTUNGEN
- Fahrzeugtechnik
- Maschinenbau
- Mechatronik
- Elektrotechnik
- Softwareentwicklung
- Informatik
- Wirtschaftsingenieurwesen

ARBEIT UND FAMILIE
Teilzeit	ja
Betriebliche Altersvorsorge	ja
Homeoffice	teilweise

CAMPUS
Praktika
Interessierten Bewerbern bieten wir gerne Praktika an. Nur selten schreiben wir konkrete Praktikumsstellen aus und freuen uns daher über Ihre Initiativbewerbung.

Werkstudenten
Wir bieten Werkstudentenplätze an. Bitte beachten Sie die Stellenausschreibungen auf unseren Karriereseiten oder bewerben Sie sich initiativ.

Abschlussarbeiten
Gerne! Bitte informieren Sie sich über aktuelle Angebote auf unseren Karriereseiten oder bewerben Sie sich initiativ.

EINSTIEG
Traineeprogramme	ja
Direkteinstieg	ja

Aktuelle Stellenangebote finden Sie unter www.jobs-bei-avl.de

STECKBRIEF + JOBS-STUTTGART.COM

BRANCHE
Automobil

UNTERNEHMENSBEREICHE
Entwicklung Antriebssysteme PKW/ NFZ (Motor, Getriebe, Hybrid, Software), Mess- und Prüftechnik, Simulation

STANDORTE
Stuttgart
Konzernzentrale in Graz
45 Niederlassungen weltweit

VORSITZENDER DER GESCHÄFTSFÜHRUNG
Prof. Dr. h.c. Helmut List

GRÜNDUNG
1948

MITARBEITER
140 in Stuttgart, 6.200 weltweit

UMSATZ
1.015 Mio. in 2012 weltweit

ADRESSE
AVL Deutschland GmbH
Zettachring 4
70567 Stuttgart
Tel.: +49 711 440 890 0
www.jobs-bei-avl.de
www.avl.com

Gustav Baehr GmbH
Großhandel für Podologie, Fußpflege,
Kosmetik, Wellness und Nageldesign

GROSSHANDEL

Der Großhandel Gustav Baehr GmbH hat sich in den letzten Jahren zu einem der führenden Anbieter auf dem Markt der Podologie, Fußpflege, Kosmetik sowie im Bereich Wellness und Nageldesign entwickelt. Nicht nur deutschlandweit, sondern auch in zahlreichen Auslandspartnerschaften erfolgreich vertreten, profitieren die Kunden von hochwertigen Produkten und umfangreichem Service und helfen dabei Menschen in der Erhaltung und Pflege ihrer Gesundheit und Schönheit zu unterstützen. Das vom Hamburger Kaufmann Gustav Baehr gegründete Familienunternehmen schreibt seit über 60 Jahren Erfolgsgeschichte und bringt Tradition und Innovation in Produkten, Qualität, Service und Fachkompetenz zum Ausdruck. Seit nunmehr sieben Jahren ist Michael Ladwig der Geschäftsführer des Unternehmens und führt dieses erfolgreich weiter in die Zukunft.

Das Unternehmen bietet zusätzlich zu dem vielseitigen und innovativen Produktprogramm von medizinischen Geräten und Einrichtungen im Bereich Fußpflege und Kosmetik, zahlreiche Seminare und Fachfortbildungen in der Zentrale Waiblingen und der Niederlassung Hamburg an.

BAEHR ist auf allen großen nationalen Fachmessen vertreten und ist unter den Podologen, Fußpflegern und Kosmetikern eine geschätzte und anerkannte Marke mit Qualitätsprodukten. Hochwertige Eigenmarken runden das Produktportfolio ab. Die Gustav Baehr GmbH (Standort Waiblingen) ist zertifiziert nach DIN EN ISO 9001:2008 für ein Qualitätsmanagementsystem und nach DIN ISO 13485:2010 für Medizinprodukte. Als Arbeitgeber bietet BAEHR ein interessantes und abwechslungsreiches Arbeitsumfeld in einem modernen und wachsenden Großhandelsunternehmen mit werteorientierter Unternehmenskultur sowie verantwortungsvollen Aufgabenfeldern und attraktiven Gestaltungsmöglichkeiten in einer sicheren Branche. Das Ziel ist Fachkräfte selbst auszubilden und Auszubildende langfristig in den Betrieb einzubinden.

STECKBRIEF + JOBS-STUTTGART.COM

BRANCHE
Großhandel Medizin- und Kosmetikbedarf
GRÜNDUNG
1949 in Waiblingen
GESCHÄFTSFÜHRER
Michael Ladwig
ZENTRALE
Waiblingen
Niederlassung
Hamburg
Mitarbeiteranzahl
ca. 80
ANSPRECHPARTNER FÜR PERSONAL
Marcel Dompert
Leiter Personal und Organisation
Telefon 07151 95902-33
marcel.dompert@gustav-baehr.de
ADRESSE
Gustav Baehr GmbH
Max-Eyth-Str. 39
71332 Waiblingen
Tel.: 07151 95902-0
Fax: 07151 18444
www.fusspflege.com
www.baehrshop.de

KARRIERE

FACH- UND FÜHRUNGSKRÄFTE
Aktuelle Stellenangebote der Zentrale finden Sie unter:
http://www.fusspflege.com/stellenangebote

DUALES STUDIUM
an der Dualen Hochschule Baden-Württemberg, Studienrichtung: BWL Handel

AUSBILDUNGSBERUFE
- Kaufmann/-frau im Groß- und Außenhandel
- Bürokaufmann/-frau
- Fachkraft für Lagerlogistik (m/w)

AKTUELLE STELLENANGEBOTE
http://www.fusspflege.com/stellenangebote
http://www.fusspflege.com/ausbildung

BALLUFF
sensors worldwide

Balluff
sensors worldwide

Balluff – Technik mit Mehrwert, innovative Technik mit handfesten Kosten- und Nutzenvorteilen ist unsere Profession: Als ein führender, global tätiger Sensorspezialist mit mehr als 2.450 Mitarbeitern bietet Balluff ein Full-Range-Angebot an hochwertigen Sensoren, Wegmess- und Industrial Identification-Systemen sowie Industrial Networking- und Connectivity-Lösungen für alle Bereiche der Fabrikautomation. Das Unternehmen Balluff ist seit vier Generationen familiengeführt und investiert einen hohen Anteil des Umsatzes in Forschung und Entwicklung, was sich auch im verliehenen „Kompetenzpreis für Innovation und Qualität Baden-Württemberg" widerspiegelt.

Der Name Balluff steht aber nicht nur für eine über 50-jährige Erfahrung mit hochwertigen und innovativen Produkten. Er steht auch für eine ausgeprägte Kundenorientierung, schnellen weltweiten Service, exzellente Beratungsqualität und kompetente Mitarbeiter.

Produktions- und Entwicklungsstandorte sowie Niederlassungen und Repräsentanzen sind um den ganzen Globus verteilt. Vertriebsmitarbeiter sorgen zusammen mit dem Balluff Logistic Center für eine rasche weltweite Verfügbarkeit der Produkte und einen maßgeschneiderten, am Kundenprozess orientierten Service. Gefertigt wird nicht nur im Stammhaus in Neuhausen a.d.F. in der Nähe von Stuttgart, sondern auch in sechs weiteren modernen Produktionsstätten in Ungarn, der Schweiz, den USA, Brasilien, Japan und China. Und was wir Ihnen auch nicht verschweigen sollten: Das Unternehmen bildet selbst aus und kooperiert bei der Nachwuchsgewinnung unter anderem mit der Dualen Hochschule Stuttgart und der Hochschule Esslingen. Dabei gelten wir nicht ohne Grund als einer der attraktivsten Arbeitgeber der Region, denn wir sorgen neben einem interessanten Arbeitsplatz auch für bestmögliche Arbeitsbedingungen, etwa durch flexible, familienfreundliche Arbeitszeiten und umfangreiche Sozialleistungen.

KARRIERE

AUSBILDUNGSANGEBOTE
- Industriekaufmann m/w
- Elektroniker für Geräte und Systeme m/w
- Mechatroniker m/w
- Industriemechaniker m/w
- Fachinformatiker Systemintegration m/w

DUALES HOCHSCHULANGEBOT
- Bachelor of Engineering
  Fachrichtung Mechatronik (DH), Elektrotechnik (DH), Wirtschaftsingenieurwesen (DH), MechatronikPlus (FH)
- Bachelor of Arts Fachrichtung BWL-Industrie (DH)
- Bachelor of Science
  Fachrichtung Angewandte Informatik (DH)

CAMPUS
Praktika	ja
Abschlussarbeiten	ja
Werkstudenten	ja
Direkteinstieg	ja

ANGEBOTE FÜR SCHÜLER
Schnupperpraktika	ja
Schulkooperationen	ja

ARBEIT UND FAMILIE
Flexible Arbeitszeiten	ja
Telearbeit	ja
Kleinkindbetreuung von 0–3 Jahre	ja
Betriebliche Altersvorsorge	ja
Betriebliche Gesundheitsvorsorge	ja
Weiterbildungsmöglichkeiten	ja
Betriebsrestaurant	ja

EINSTIEGSPROGRAMME
- Individuelle Einarbeitungsprogramme
- Patenmodell

STELLENANGEBOTE
www.balluff.de

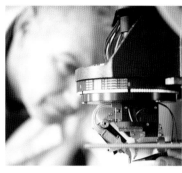

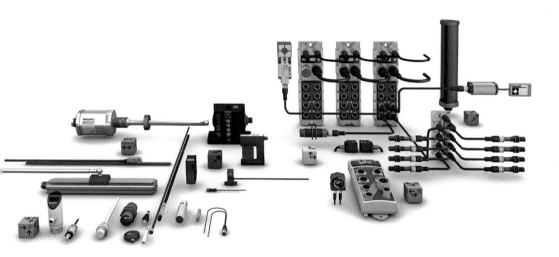

STECKBRIEF

BRANCHE	**MITARBEITERZAHL**	**KONTAKT**
Elektroindustrie	2.450	Caroline Rank
GESCHÄFTSFELDER	**STANDORTE**	Tel. +49 7158 173-650
Sensortechnik für die industrielle	54 Niederlassungen und	
Automatisierung	Repräsentanzen weltweit	Balluff GmbH
Connectivity- und Networking-Lösungen	7 Produktionsstandorte:	Schurwaldstraße 9
GRÜNDUNG	Deutschland, Brasilien, China, Ungarn,	73765 Neuhausen a.d.F.
1921	der Schweiz und in den USA	Tel.: +49 7158 173-0
GESCHÄFTSFÜHRER		Fax: +49 7158 5010
Michael Unger		balluff@balluff.de
Katrin Stegmaier-Hermle		www.balluff.de
Florian Hermle		

bertrandt

Bertrandt

AUTOMOBIL-/LUFTFAHRTTECHNIK

Bertrandt ist weltweit eines der führenden Unternehmen für Entwicklungsdienstleistungen rund um das Thema „Mobilität". In der internationalen Automobil- und Luftfahrtindustrie deckt unser Leistungsspektrum die gesamte Wertschöpfungskette der Produktentstehung ab. Die insgesamt über 10.000 Mitarbeiter/innen des Konzerns stehen dabei für tiefes Know-how, zukunftsfähige Projektlösungen und hohe Kundenorientierung.

„Faszinierende Ideen wecken hohe Erwartungen. Faszinierende Leistungen übertreffen sie. Für die Menschen bei Bertrandt sind diese Leistungen Herausforderung und tägliches Arbeiten zugleich. Mit hohem Engagement schlagen wir bereits heute Brücken in die Mobilität von morgen."

KARRIERE

EINSATZGEBIETE
- Design Services
- Interieur
- Karosserie
- Powertrain
- Fahrwerk
- Berechnung/Simulation
- Elektronik
- Modellbau
- Versuch/Erprobung
- Entwicklungsbegleitende Dienstleistungen

GESUCHTE FACHRICHTUNGEN
- Fahrzeugtechnik
- Luft- und Raumfahrttechnik
- Maschinenbau
- Elektrotechnik
- Mechatronik
- Technische Informatik
- Wirtschaftsingenieurwesen und vergleichbare Fachrichtungen

EINSTIEGSMÖGLICHKEITEN
- Direkteinstieg
- Praktika
- Werkstudententätigkeiten
- Abschlussarbeiten

SONSTIGES
- flexible Arbeitszeiten
- Weiterbildungsangebote
- Patenmodell
- betriebliches Gesundheitsmanagement
- soziale Events (z. B. Weihnachtsfeier, Sommerfest, Fußballturnier)

BEWERBUNG UND STELLENANGEBOTE
Alle aktuellen Ausschreibungen finden Sie unter www.bertrandt-karriere.com. Senden Sie uns Ihre vollständigen Bewerbungsunterlagen mit Anschreiben, Lebenslauf sowie den relevanten Zeugnissen und Zertifikaten per E-Mail an: career-technikum@de.bertrandt.com oder nutzen Sie unseren Bewerbungsassistenten, der Sie auf www.bertrandt-karriere.com durch unser Onlinebewerbungssystem führt.

STECKBRIEF + JOBS-STUTTGART.COM

BRANCHE
Automobil- und Luftfahrtindustrie

DIENSTLEISTUNGEN
Entwicklungsleistungen für die Automobil- und Luftfahrtindustrie

GRÜNDUNG
1974

STANDORTE
Der Bertrandt-Konzern ist an 48 Standorten in Europa, China und den USA vertreten. Der Hauptsitz des Unternehmens befindet sich in Ehningen bei Stuttgart.

MITARBEITERZAHL
weltweit: über 10.000
Deutschland: rund 9.200
Ausland: rund 800

ANSPRECHPARTNERIN
Sonja Hippich
sonja.hippich@de.bertrandt.com
Adresse
Bertrandt Technikum GmbH
Birkensee 1
71139 Ehningen

Weitere Informationen erhalten Sie auf www.bertrandt.com.

brainOn
know-how in time

BrainOn GmbH
aktiv, flexibel, partnerschaftlich

PLANUNGSDIENSTLEISTUNGEN

Schnelle und gezielte Unterstützung bei Ihren Projekten

BrainOn steht für die beiden klassischen Planungsthemen Produktion und Logistik. Als Premiumanbieter technischer Planungsdienstleistungen mit dem Schwerpunkt Produktion und Logistik bietet BrainOn Top-Arbeitsplätze bei namhaften Unternehmen. Zu unseren Kunden gehören vor allem mittelständische und große Unternehmen aus der Automobilindustrie, dem Maschinenbau und der Luftfahrt. Der Schwerpunkt liegt auf hochkomplexen Serienfertigungen – ein optimales Arbeitsumfeld für den effizienten Einsatz unserer Fachkräfte. Bei BrainOn werden Sie viel fürs Leben lernen. Darüber hinaus bekommen Sie die große Chance, in verschiedenste Projekte bei namhaften, international agierenden Unternehmen einzusteigen und sich dort aktiv einzubringen. Wenn Sie gerne flexibel sind, vielfältige Sachgebiete nicht scheuen und von Anfang an breit gefächerte Erfahrung in der Praxis sammeln wollen, sind Sie bei uns genau richtig!

Sie passen gut zu uns, wenn Sie geistig und räumlich flexibel sind und sich gerne in neue Prozesse und Abläufe eindenken. Sie passen perfekt zu uns, wenn Sie zudem aktiv Initiative ergreifen und dennoch ein sympathischer Teamplayer bleiben.

„Sie sehen sich als Young Professional auf dem Weg nach oben und wollen schon zu Beginn Ihrer Karriere möglichst viele Eindrücke gewinnen, ohne sich festlegen zu müssen? Wir bieten attraktive Aufgaben für Absolventen und für Profis mit Erfahrung."

STECKBRIEF + JOBS-STUTTGART.COM

BRANCHE
Planungsdienstleistungen

GESCHÄFTSFELDER
Produktionsplanung
Logistikplanung
Zeitwirtschaftsanalysen
Projektleitungsunterstützung

GRÜNDUNG
2008

GESCHÄFTSFÜHRER
Oliver Herkommer, Carsten Buschmann

STANDORTE
Ulm, Stuttgart, München, Hamburg

MITARBEITERZAHL
80

UNSER ANSPRECHPARTNER FÜR PERSONAL
Michael Bauer

ADRESSE
BrainOn GmbH
Esslinger Str. 7
70771 Leinfelden-Echterdingen
Telefon +49 711 252 576 0
Telefax +49 711 252 576 40
career@brainon.de
www.brainon.de

KARRIERE

FACH- UND FÜHRUNGSKRÄFTE

- Wirtschaftsingenieurwesen (Logistik, Produktion, Projektmanagement)
- Ingenieurwissenschaften (Luft- und Raumfahrttechnik, Fahrzeugbau, Maschinenbau o. ä.)
- Layout- und Einrichtungsplaner
- Konstrukteure bzw. Techniker
- Zeitwirtschaftsanalysen (MTM u. REFA)

ARBEIT UND FAMILIE

individuell auf die Bedürfnisse abgestimmt	
Teilzeit	ja
Homeoffice	nein
Weitere Angebote:	
Zuschüsse für Kinderbetreuung	
individuell möglich	

CAMPUS

Praktika	ja
Studienabschlussarbeit	ja
Werkstudenten	ja

E. Breuninger GmbH & Co.

EINZELHANDEL

Das Fashion- und Lifestyle-Unternehmen Breuninger setzt seit über 130 Jahren höchste Maßstäbe in Sachen exklusive Markenauswahl, Shoppingerlebnis, Trendsicherheit und Service. Hier wird Exklusivität, Stil und Geschmack exakt auf den Punkt gebracht und eine harmonische Verbindung von Tradition und Innovation geschaffen.

Über 5.000 Mitarbeiter setzen sich täglich dafür ein, den Kunden die schönen Dinge des Lebens zu präsentieren. Im Breuninger Flagship-Store Stuttgart vereinen sich Fashion, Accessoires, Lingerie, Schuhe, Sport und Wohnen auf über 42.000 Quadratmetern. Die Breuninger-Welt ist auch online unter www.breuninger.com erleb- und erwerbbar. Mit der Eröffnung des 11. Hauses im Herbst 2013 in dem neu entstandenen Kö-Bogen in Düsseldorf setzt das Unternehmen seinen Erfolgskurs fort.

Arbeiten bei Breuninger ist selten einfach, aber immer ganz besonders. Echter Stil ist für uns eine Frage der inneren Haltung. Es braucht Selbstbewusstsein und Achtung vor anderen, trotz Tempo und Erfolg die Bodenhaftung nicht zu verlieren. Werden Sie Teil eines Teams, das jeden Tag nach seinen Idealen lebt.

KARRIERE

FACH- UND FÜHRUNGSKRÄFTE

Einstiegs- und Karrieremöglichkeiten in allen Bereichen eines dynamischen Einzelhandelsunternehmens wie z.B. Verkauf, Einkauf, Merchandise Planning, IT, Logistik, Gastronomie, Friseure, sowie sämtlichen Supportbereichen.

AUSBILDUNGSANGEBOTE:

- Kaufleute im Einzelhandel
- Verkäufer
- Managementassistenten
- Bürokaufleute
- Personaldienstleistungskaufleute
- Fachinformatiker
- Friseure
- Maßschneider
- Änderungsschneider
- Gestalter für visuelles Marketing
- Konditoren
- Restaurantfachleute
- Köche
- Kaufleute für Marketing-kommunikation

DUALES HOCHSCHULSTUDIUM IN DEN FACHRICHTUNGEN:

- Handel
- Textilmanagement
- Wirtschaftsinformatik

CAMPUS

Praktika	ja
Werkstudententätigkeit	ja
Nachwuchsentwicklungsprogramm e.b. advanced	ja

STELLENANGEBOTE

Aktuelle Stellenagebote finden Sie unter: www.e-breuninger.de/jobs

STECKBRIEF

BRANCHE
Einzelhandel

UNTERNEHMENSBEREICHE
Verkauf, Einkauf, Merchandise Planning, IT, Logistik, Gastronomie, Friseure, sämtliche Supportbereiche

STANDORTE
Stuttgart, Ludwigsburg, Sindelfingen, Erfurt, Leipzig, Reutlingen, Karlsruhe, Freiburg, Main-Taunus-Zentrum, Nürnberg, Düsseldorf, E-Shop

UNTERNEHMENSLEITUNG
Willy Oergel

GRÜNDUNG
1881

MITARBEITERZAHL
über 5.000

ADRESSE:
E. Breuninger GmbH & Co.
Marktstraße 1-3
70173 Stuttgart
Telefon: +49 711 211 0
www.e-breuninger.de/karriere

Bundesagentur für Arbeit
Agentur für Arbeit Stuttgart

ÖFFENTLICHE VERWALTUNG

„Aktiv für Arbeit in einer Welt im Wandel"

„Unsere Aufgabe ist es, Menschen und Arbeit zusammen zu bringen", betont Petra Cravaack, Leiterin der Agentur für Arbeit Stuttgart und fasst damit das gesamte Leistungsspektrum ihrer Organisation zusammen. Die Agentur für Arbeit Stuttgart ist erster Dienstleister am Arbeitsmarkt.

Zum Dienstleistungskatalog der Bundeseinrichtung gehört viel mehr als die Vermittlung und die Auszahlung des Arbeitslosengeldes. Besonders der beruflichen Weiterbildung kommt in der heutigen Arbeitswelt eine zentrale Rolle zu: Die Wenigsten bleiben heute 40 Jahre in einem Betrieb. Das Berufsleben ist von Neuorientierung und lebenslangem Lernen geprägt. „Wir bieten den Menschen dabei Hilfe aus einer Hand. Unsere Mitarbeiter kennen den regionalen Arbeitsmarkt, verfügen über breit gespannte Netzwerke und bringen das Wissen und die Erfahrung mit, um gut beraten zu können und Stellen nachhaltig zu vermitteln", so die Agenturchefin. „Die demografische Entwicklung und der daraus resultierende Fachkräftemangel muss uns alle beschäftigen. Niemand soll als Arbeitskraft verloren gehen. Arbeitgeber können dazu beitragen, indem sie mehr auf die Lebensplanung ihrer Mitarbeiter eingehen. Für Arbeitnehmer lohnt es sich, ihre Lebensplanung langfristig zu bedenken."

Im Dezember 2012 wurde das Berufsinformationszentrum (BiZ) wieder eröffnet. Es bietet jetzt ein vollständig neues Konzept aus Selbstinformationsmöglichkeiten und Unterstützung durch unsere Experten. Und das nicht nur für Jugendliche in der Berufsorientierung sondern für alle, sie sich mit dem Thema berufliche Weiterbildung befassen oder ihre Bewerbungsunterlagen erstellen wollen.

Auch für Arbeitgeber hält die Agentur für Arbeit Stuttgart ein breites Leistungsspektrum vor – angefangen von der Hilfe bei Firmengründungen über die Personalsuche und -beratung bis hin zur Unterstützung in schwierigen Zeiten, z. B. mit Leistungen wie Kurzarbeitergeld. „Besonders unser Angebot der Qualifizierungsberatung für kleine und mittlere Unternehmen werden wir in den nächsten Monaten weiter ausbauen und damit einen wichtigen Beitrag zur Sicherung von Fachkräften für unsere innovativen Stuttgarter Unternehmen leisten", erklärt Petra Cravaack.

„Wir unterstützen die Menschen aber nicht nur in Zeiten der Arbeitslosigkeit. Von der Frage der Jugendlichen ‚Was will ich werden?' an, sind wir kompetente Begleiter und Berater in allen Fragen der Ausbildung, des Berufes und der Karriere."

Petra Cravaack, Vorsitzende der Geschäftsführung der Agentur für Arbeit Stuttgart

Fachkräftesicherung für die Region Stuttgart

Um dem sich abzeichnenden Mangel an Fachkräften vor allem in den Bereichen High-Tech und Pflege entgegenzusteuern, hat die Agentur für Arbeit Stuttgart mit der „Fachkräfteallianz Region Stuttgart" ein erfolgreiches Netzwerk der Akteure am Arbeitsmarkt aufgebaut, das die Aktivitäten zur Fachkräftesicherung in der Region bündelt und gemeinsame Projekte auf den Weg bringt.

ICH KANN ASIATISCH KOCHEN, DEUTSCH TRÄUMEN UND ENGLISCH SINGEN.

MEIN TEAM HILFT MIR, DIE RICHTIGE SPRACHE FÜR BEWERBUNGSGESPRÄCHE ZU FINDEN.

KOMM INS **TEAM ZUKUNFT** ICH-BIN-GUT.DE

Glaube an dich und an das, was du kannst. Wir zeigen dir als Teampartner Ausbildungswege, die zu deinen Stärken passen. Gemeinsam mit dir sind wir das Team Zukunft und unterstützen dich von der Bewerbung bis zur Abschlussprüfung.

DIE BERUFSBERATUNG

 **Bundesagentur für Arbeit**

KARRIERE

AUSBILDUNGSANGEBOTE
- Fachangestellte/r für Arbeitsmarkt-
  dienstleistungen
- Fachinformatiker/in

DUALES HOCHSCHULANGEBOT
- Beschäftigungsorientierte Beratung
  und Fallmanagement (Bachelor of Arts)
- Arbeitsmarktmanagement
  (Bachelor of Arts)

TRAINEEPROGRAMM
für Hochschulabsolventen anderer
Fachrichtungen, vorzugsweise mit wirt-
schaftswissenschaftlichem, naturwissen-
schaftlichem oder sozial-/ gesellschafts-
wissenschaftlichen Schwerpunkt.

ARBEIT UND FAMILIE	
Flexible Arbeitszeiten	ja
Telearbeit	ja
Betriebliche Gesundheitsvorsorge	ja
Weiterbildungsmöglichkeiten	ja
Betriebsrestaurant	ja

STELLENANGEBOTE
www.arbeitsagentur.de

cellent.
...more than just IT

cellent AG

IT-DIENSTLEISTUNG

cellent – das sind Menschen mit Know-how, individuellen Fähigkeiten und einer gemeinsamen Mission: durch Engagement Menschen, Prozesse und Technologien weiter zu entwickeln.

„IT beschränkt sich bei uns nicht auf die pure Technologie. Wir sind Ihr IT-Partner für ein erfolgreicheres Business."

Die cellent AG ist eines der Top 20 IT-Beratungs- und Systemintegrationsunternehmen in Deutschland und zählt zu den führenden IT-Unternehmen in Süddeutschland. Mit Sitz in Stuttgart und weiteren zehn Standorten in der Region DACH, bietet cellent seit 30 Jahren Premium-Qualität bei der Realisierung ganzheitlicher, innovativer IT- und Organisationslösungen. Dafür engagieren sich mehr als 750 Experten und Fachkräfte. Zu unseren Kunden zählen große und mittelständische Unternehmen unterschiedlicher Branchen.

Gemäß unserem ganzheitlichen Ansatz und davon inspiriert einen nachweislichen Nutzen für die Kunden unserer Kunden zu liefern, sind wir in allen wesentlichen Geschäftsprozessen und marktführenden Technologien zu Hause. Wir orientieren uns an den Anforderungen und Bedürfnissen unserer Kunden in ihren jeweiligen Märkten und unterstützen bei der Analyse, Beratung, Konzeption, Realisierung und Betrieb.

Die Kombination unseres Know-Hows und die enge Zusammenarbeit mit unseren Kunden macht uns zu einem Partner der mehr bietet – **„more than just IT".**

STECKBRIEF + JOBS-STUTTGART.COM

BRANCHE
IT-Dienstleistung

KOMPETENZFELDER
- Anforderungsmanagement
- Konzeption – fachlich, technisch, prozessorientiert
- Realisierung
- Software Development
- Infrastructure Solutions
- SAP Consulting
- Managed Services – IT as a service

STANDORTE
Deutschland: Aalen, Böblingen, Essen, Karlsruhe, München, Neu-Ulm, Stuttgart HQ
Österreich: Graz, Linz, Wien
Schweiz: Neuhausen

FACHKRÄFTE
ca. 750

ADRESSE
cellent AG
Ringstraße 70
70736 Fellbach
www.cellent.de

ANSPRECHPARTNER FÜR PERSONAL
Human Resources-Team
Tel: +49 (0)711 52030-0
job@cellent.de

KARRIERE

FACH- UND FÜHRUNGSKRÄFTE
- SAP Consultant/Developer (m/w)
- IT-Consultant (m/w)
- Java/.NET Consultant/Softwareentwickler (m/w)
- Microsoft SharePoint Consultant/Developer (m/w)
- Mobility Consultant (m/w)

STELLENANGEBOTE
Aktuelle Stellenangebote finden Sie unter www.cellent.de/karriere

DUALES HOCHSCHULSTUDIUM
In Kooperation mit DHBW in Heidenheim und Ravensburg:
- Informationstechnik
- Wirtschaftsinformatik

AUSBILDUNGSANGEBOTE STANDORT AALEN
- Fachinformatiker (m/w) Anwendungsentwicklung
- Fachinformatiker (m/w) Systemintegration

CENIT AG
IT-Beratung und Softwareentwicklung

cenit

Die CENIT AG ist als führender Beratungs- und Softwarespezialist für die Optimierung von Geschäftsprozessen im Product Lifecycle Management (PLM), Enterprise Information Management (EIM), Business Optimization & Analytics (BOA) und Application Management Services (AMS) seit 25 Jahren erfolgreich aktiv. Das Unternehmen ist im Prime Standard der Deutschen Börse notiert und beschäftigt heute rund 700 Mitarbeiter. Diese arbeiten für weltweit bekannte Unternehmen unter anderem aus den Branchen Automobil, Luft- und Raumfahrt, Maschinenbau, Werkzeug- und Formenbau, Finanzdienstleistungen, Handel und Konsumgüter.

CENIT hat sich im Verbund mit seinen Kooperationspartnern Dassault Systèmes, SAP und IBM zu einem der führenden Beratungs- und Softwareunternehmen im Product Lifecycle Management (PLM) und Enterprise Information Management (EIM) entwickelt.

Das Portfolio setzt sich aus Softwareprodukten, individueller Beratung sowie Projektunterstützung, den dazugehörigen Services und kundenspezifischen Softwareentwicklungen zusammen. Damit realisiert CENIT Kundenprojekte maßgeschneidert und effizient.

STECKBRIEF JOBS-STUTTGART.COM

BRANCHE
Informationstechnologie

GRÜNDUNGSJAHR
1988

STANDORTE NATIONAL
Stuttgart (Hauptsitz), Frankfurt, Berlin, Hamburg, Hannover, München, Saarbrücken, Oelsnitz, Ratingen.

STANDORTE INTERNATIONAL
Schweiz, Rumänien, Frankreich, USA, Japan

GESCHÄFTSFÜHRER
Kurt Bengel, Matthias Schmidt

MITARBEITERZAHL
700

UNSERE ANSPRECHPARTNER FÜR PERSONAL
Anne-Katrin Wiebigke, Stefanie Weihrauch

ADRESSE
CENIT AG
Industriestraße 52-54
70565 Stuttgart
Telefon: +49 (0)711 7825 30
Fax: +49 (0)711 7825 4000
E-Mail: jobs@cenit.de
www.cenit.com/karriere

KARRIERE

FACH-UND FÜHRUNGSKRÄFTE
- Softwareentwickler
- Vertrieb
- Consultant
- Service und Support
- Trainer

AUSBILDUNGSANGEBOTE
- Fachinformatiker Anwendungsentwicklung
- Fachinformatiker Systemintegration
- Technischer Produktdesigner
- DH-Studium Bachelor of Science Informatik
- DH-Studium Bachelor of Science Wirtschaftsinformatik
- DH-Studium Bachelor of Engineering Wirtschaftsingenieurwesen

EINSTIEG BEI DER CENIT
- Direkteinstieg
- Praktika
- Abschlussarbeiten
- Werkstudenten

GESUCHTE FACHRICHTUNGEN
- Informatik
- Wirtschaftsinformatik
- Maschinenbau
- Mathematik/Wirtschaftsmathematik
- Wirtschaftsingenieurwesen
- vergleichbare Ingenieurstudiengänge

ARBEIT UND FAMILIE
- Vertrauensarbeitszeit/Flexible Arbeitszeiten
- Betriebliche Altersvorsorge
- Versicherungspakete
- Fort- und Weiterbildungsmaßnahmen
- Kostenloser Zugang zu Getränken wie Kaffee, Tee, Mineralwasser und Milch
- Prämienprogramme wie Mitarbeiter werben Mitarbeiter und Sales Tipps
- Mitarbeiterveranstaltungen wie Sommerfest, Weihnachtsfeiern, Gettogether, Gesundheitstage

Hochschule Aalen
Regional fest verankert – international weit vernetzt

HOCHSCHULE

Die Hochschule Aalen ist mit rund 5.000 Studierenden eine der größeren Hochschulen für angewandte Wissenschaften Baden-Württembergs. Sie belegt landesweit Spitzenpositionen in der Forschung. Die Hochschule Aalen baut auf zwei starke Säulen: Technik und Wirtschaft. Die ehemalige Ingenieurschule ist heute eine global ausgerichtete und praxisorientierte Hochschule in Ostwürttemberg mit fünf Fakultäten. Bachelor- und Master-Studiengänge, auch berufsbegleitend, u. a. für Meister und Techniker, sowie Weiterbildungsangebote garantieren eine wissenschaftlich fundierte und praxisorientierte Ausbildung. Sehr gute Bildung für hohe Employability, starke Praxisorientierung, ein umfassendes Beratungsnetz, Begeisterung für Naturwissenschaft und Technik von Kindesbeinen an, führende Innovationskraft und Forschungsstärke sind wichtige Profilelemente, auf die die Hochschule ausgerichtet ist. Das Umfeld an der Hochschule Aalen ist familiär, die Vorlesungen finden in kleinen Gruppen statt. Eine rundum persönliche Hochschule.

KARRIERE

BACHELOR-STUDIENANGEBOTE

- Augenoptik/Augenoptik und Hörakustik – Studienschwerpunkt Augenoptik und Hörakustik
- Betriebswirtschaft für kleine und mittlere Unternehmen
- Chemie
- Elektronik/Erneuerbare Energien
- Informationstechnik
- Mechatronik
- Technische Redaktion
- Ingenieurpädagogik
- Gesundheitsmanagement
- Internationale Betriebswirtschaft
- Informatik – Studienschwerpunkt IT-Sicherheit
- Informatik – Studienschwerpunkt Medieninformatik

- Informatik – Studienschwerpunkt Software Engineering
- Informatik – Studienschwerpunkt Wirtschaftsinformatik
- Kunststofftechnik
- Allgemeiner Maschinenbau
- Maschinenbau/Energie- und Ressourcenmanagement
- Maschinenbau/Produktion und Management
- Maschinenbau/Wirtschaft und Management
- Materialographie/Neue Materialien
- Optoelektronik/Lasertechnik
- Maschinenbau/Produktentwicklung und Simulation
- International Sales Management and Technologie
- Oberflächentechnologie/Neue Materialien
- Wirtschaftsingenieurwesen

STECKBRIEF +

FAKULTÄTEN
Chemie
Elektronik und Informatik
Maschinenbau und Werkstofftechnik
Optik und Mechatronik
Wirtschaftswissenschaften

MITARBEITER
250

PROFESSOREN
150

STANDORT
Aalen, Region Ostwürttemberg
Ansprechpartner
STUDIO –
Studienberatung und Orientierung
Miriam Bischoff und Susanne Reuter
studienberatung@htw-aalen.de
Telefon 07361/576-1000

ADRESSE
Beethovenstraße 1
73430 Aalen
Telefon 07361 576-0
info@htw-aalen.de
www.htw-aalen.de
www.hochschule-aalen-feiert.de

CeramTec GmbH
Die Spezialisten für Hochleistungskeramik

HOCHLEISTUNGSKERAMIK

Willkommen im Team bei CeramTec – dem technologisch führenden Unternehmen für Hochleistungskeramik. Weltweit sind über 3.600 Mitarbeiter bei CeramTec aktiv. Wir suchen engagierte Persönlichkeiten, die mehr können und den Willen haben, ganz vorne dabei zu sein. Menschen mit Charakter, die querdenken und vernetzt im Team arbeiten. Die durch hohe Fachkompetenz überzeugen, ohne überheblich zu sein, und Ziele mit Engagement und Ausdauer verfolgen. Sie leisten Herausragendes, gestalten mit Leidenschaft und Teamgeist gemeinsame Erfolge. Aus einem der faszinierendsten Werkstoffe unserer Zeit: Hochleistungskeramik. Tagtäglich, rund um die Uhr, ist CeramTec-Hochleistungskeramik als Teil eines Gerätes, einer Anlage oder im menschlichen Körper im Einsatz. Ihre besonderen mechanischen, elektrischen, thermischen oder biologisch-chemischen Eigenschaften üben keramische Produkte oft unsichtbar für das Auge eines Anwenders aus, doch spielen sie meist eine wichtige oder sogar entscheidende Rolle. Durch ihre spezifischen Qualitäten wird Hochleistungskeramik in einer sehr weiten Bandbreite eingesetzt.

„Aufgrund unserer flachen Hierarchien, der kurzen Entscheidungswege und der abwechslungsreichen Aufgaben arbeite ich gerne bei CeramTec. Jeder trägt mit seinen Talenten zur Entwicklung des Unternehmens bei – das macht Freude und bringt allen mehr."

Claudia Frank, Leiterin Personalentwicklung

STECKBRIEF ✚ JOBS-STUTTGART.COM

BRANCHE
Hochleistungskeramik

GESCHÄFTSFELDER
Automobil, Elektronik, Industrie, Medizintechnik, Umwelt/Energie

STANDORTE DEUTSCHLAND
Plochingen, Marktredwitz, Lauf an der Pegnitz

STANDORTE AUSLAND
z. B. in USA, UK, China, Tschechien

MITARBEITER WELTWEIT
über 3.600

UMSATZ
420 Mio. €

ADRESSE
CeramTec GmbH
CeramTec-Platz 1-9
73207 Plochingen
Tel.: 07153/611-0
www.ceramtec.de
personal@ceramtec.de

KARRIERE

EINSTIEGSMÖGLICHKEITEN
- Direkteinstieg
- Praktikum
- Abschlussarbeit (Bachelor/Master/Diplom)
- Ausbildung/Duales Studium

FACH- UND FÜHRUNGSKRÄFTE
- Ingenieure der Werkstoffwissenschaften, Medizintechnik, Maschinenbau und Chemie
- Gewerblicher und kaufmännischer Bereich

ARBEIT UND FAMILIE

Flexible Arbeitszeit	ja
Betriebliche Altersvorsorge	ja
Betriebliches Gesundheitsmanagement	ja
Betriebsrestaurant	ja
Teilzeit	ja

AUSBILDUNGSANGEBOTE
- Industriekaufmann/-frau
- Industriemechaniker/-in
- Maschinen- und Anlagenführer/-in
- Fachinformatiker/-in
- Technische/-r Produktdesigner/-in
- Bachelor of Arts BWL - Industrie (DHBW Stuttgart)
- Bachelor of Engineering Maschinenbau (DHBW Stuttgart)

Haben wir Ihr Interesse geweckt? Mehr zu uns und unseren Erfolgsgeschichten erfahren Sie unter www.ceramtec.de/karriere

DAIMLER

Daimler AG
Neue Wege zur nachhaltigen Mobilität.
Mit Ihnen.

Neue Wege zur nachhaltigen Mobilität. Mit Ihnen.

AUTOMOBILINDUSTRIE

Die Firmengründer Gottlieb Daimler und Carl Benz haben mit der Erfindung des Automobils im Jahr 1886 Geschichte geschrieben. Als Pionier des Automobilbaus gestaltet Daimler auch heute die Zukunft der Mobilität: Das Unternehmen setzt dabei auf innovative und grüne Technologien sowie auf sichere und hochwertige Fahrzeuge, die ihre Kunden faszinieren und begeistern. Mit den Geschäftsfeldern Mercedes-Benz Cars, Daimler Trucks, Mercedes-Benz Vans, Daimler Buses und Daimler Financial Services gehört der Fahrzeughersteller zu den größten Anbietern von Premium-Pkw und ist der größte weltweit aufgestellte Nutzfahrzeug-Hersteller. Daimler Financial Services bietet Finanzierung, Leasing, Flottenmanagement, Versicherungen und innovative Mobilitätsdienstleistungen an. Daimler investiert seit Jahren konsequent in die Entwicklung alternativer Antriebe mit dem Ziel, langfristig das emissionsfreie Fahren zu ermöglichen. Neben Hybridfahrzeugen bietet Daimler dadurch die breiteste Palette an lokal emissionsfreien Elektrofahrzeugen mit Batterie und Brennstoffzelle. Denn Daimler betrachtet es als Anspruch und Verpflichtung, seiner Verantwortung für Gesellschaft und Umwelt gerecht zu werden.

KARRIERE

AUSBILDUNGSANGEBOTE

- Konzernweites Trainee-Programm ‚CAReer' mit begleitenden Personalentwicklungsmaßnahmen
- Direkteinstieg mit individuellem Informations- und Einarbeitungsprogramm
- Dissertationen mit persönlichem Betreuer
- Praktikum In-/und Ausland
- Studienförderprogramm Daimler Student Partnership (dsp)
- Seminar-/Abschlussarbeiten mit persönlichem Betreuer
- Studium an der Dualen Hochschule
- Werkstudententätigkeit/Ferienbeschäftigung
- Berufsausbildung
- Schülerpraktikum

FACH- UND FÜHRUNGSKRÄFTE

Maschinenbau, Elektrotechnik, Nachrichtentechnik, Fahrzeugtechnik, Wirtschaftsingenieurwesen, Informatik, Wirtschaftsinformatik, Luft- und Raumfahrttechnik, Verfahrenstechnik, Wirtschaftswissenschaften

ARBEIT UND FAMILIE

Flexible Arbeitszeiten	ja
Homeoffice	grundsätzlich möglich
Barrierefreiheit	ja
Kinderkrippen	an vielen Standorten

CAMPUS

Praktika	ja
Traineeprogramm	ja
Abschlussarbeiten	ja
Werkstudententätigkeit	ja

STECKBRIEF + JOBS-STUTTGART.COM

BRANCHE
Automobilindustrie

GESCHÄFTSFELDER
Mercedes-Benz Cars, Daimler Trucks, Mercedes-Benz Vans, Daimler Buses und Daimler Financial Services

GRÜNDUNG
1886

VORSTAND
Besteht aus 8 Mitgliedern, Vorstandsvorsitzender Dr. Dieter Zetsche

STANDORTE
Konzernzentrale in Stuttgart, Deutschland. Standorte und Geschäftsbereiche weltweit.

MITARBEITERZAHL (STAND 31.12.2012)
275.100 weltweit
(166.400 in Deutschland)

KONTAKTADRESSE
Daimler AG
Recruiting Services
Telefon +49 711 17-99544
E-Mail job.career@daimler.com

Weitere Informationen finden Sie auf unserer Karrierewebseite
www.career.daimler.com.

Jobsuche jetzt auch von unterwegs. Mit der „Daimler Jobs"-App zu Ihrem Traumjob.

Neue Wege zur nachhaltigen Mobilität.
Mit Ihnen.

Für den besten Weg in die Zukunft der Mobilität haben wir einen einzigartigen Kompass – die Ideen unserer Mitarbeiterinnen und Mitarbeiter. Durch die Fähigkeiten jedes Einzelnen und die Möglichkeit, sich ständig weiterzuentwickeln, entstehen in den Teams zukunftsfähige Produkte und unkonventionelle Lösungen. Nicht nur in der Forschung und Entwicklung, sondern z. B. auch in der Produktion, Logistik, im Vertrieb, Einkauf oder in der Informationstechnologie. Nur so überzeugen wir unsere Kunden auch weiterhin mit Automobilen, die in puncto Komfort, Sicherheit und Verbrauch die Richtung vorgeben. Ihr Weg in die Zukunft startet hier. In einem Konzern, in dem alles möglich ist, weil Sie es möglich machen.

Jetzt bewerben unter: www.career.daimler.com

DAIMLER

Deutsche Angestellten-Akademie
Bildung schafft Zukunft

An über 50 Standorten in Baden-Württemberg qualifiziert die Deutsche Angestellten-Akademie (DAA) seit über 60 Jahren Jugendliche und Erwachsene in der beruflichen Weiterbildung.

Bei der DAA finden Arbeitsuchende, Berufsrückkehrer/innen und Beschäftigte, Migranten/innen, Rehabilitanden, Schüler/innen, Auszubildende und Studierende ein breit gefächertes Angebot an zertifizierten Kursen und Weiterbildungsangeboten. Vom Deutschkurs über Schulen und Ausbildung bis zur technischen oder kaufmännischen Fortbildung/Umschulung bietet die DAA eine umfassende Betreuung in der Gestaltung ihrer beruflichen Zukunft, die auch eine Vermittlung in Ausbildung, Arbeit oder Praktika beinhalten kann. Moderne Bildungskonzepte wie z. B. das Modulare Weiterbildungssystem und Webinare ergänzen Einzel- und Gruppencoachings sowie klassischen Unterricht. Firmenkurse unterstützen Unternehmen darin, ihre Mitarbeiter/innen für ihre Aufgaben und Anforderungen zu qualifizieren.

Unsere bundesweite Präsenz und unser breit gefächertes Angebot sind Ausweis unserer engagierten, kundenorientierten und qualitativ hochwertigen Bildungsarbeit.

STECKBRIEF JOBS-STUTTGART.COM

BRANCHE
Bildung

GRÜNDUNG
1946

SITZ
Hamburg (Sitz der Geschäftsführung)

STANDORTE
über 50 in Baden-Württemberg
über 300 deutschlandweit

ANSPRECHPARTNER
Michael Kaiser
Beate Beck
Rolf Prause

ADRESSE
Deutsche Angestellten-Akademie
Hackstraße 77
70190 Stuttgart
Telefon +49 711 92371-0
Telefax +49 711 92371-99
info.stuttgart@daa.de
www.daa-stuttgart.de

KARRIERE

BILDUNGSANGEBOTE
- Berufskollegs
- Fachschulen

WEITERBILDUNGSANGEBOTE
- EDV/IT/Medien
- Technik/Handwerk
- Wirtschaft/Verwaltung
- Gesundheit/Pflege/Soziales
- Hotel/Gastronomie
- Sprachen (telc-lizenzierte Sprachprüfungen)

VERMITTLUNGSANGEBOTE
- Arbeit
- Ausbildung
- Praktika/EQ

KUNDENGRUPPEN
- Beschäftigte
- Firmen
- Arbeitsuchende
- Berufsrückkehrer/innen
- Migranten/-innen
- Rehabilitanden
- Schüler/Auszubildende/Studierende

STELLENANGEBOTE
- Dozenten/innen verschiedener Fachrichtungen
- Pädagogische Mitarbeiter/innen
- Sprachlehrer/innen
- Trainer/Coachs
- Verwaltungsmitarbeiter/innen

www.daa-stuttgart.de/ueber-die-daa/stellenangebote.html

DAT Deutsche Automobil Treuhand GmbH

Die Deutsche Automobil Treuhand GmbH (DAT) mit Sitz in Ostfildern ist ein im Jahr 1931 gegründetes Unternehmen der Automobilwirtschaft. Über Tochter- und Beteiligungsgesellschaften ist die DAT in 18 Ländern aktiv. Ihre Gründer und Gesellschafter sind der Verband der Automobilindustrie (VDA), der Verband der Internationalen Kraftfahrzeughersteller (VDIK) und der Zentralverband Deutsches Kraftfahrzeuggewerbe (ZDK).

Kerngeschäft der DAT ist die Erhebung und Aufbereitung umfangreicher Kraftfahrzeugdaten sowie Herstellung und Vertrieb von SilverDAT, einem Computer-Informationssystem zur Instandsetzungs-Kalkulation und Gebrauchtfahrzeug-Bewertung. Ferner verfügt die DAT über ein bundesweit tätiges Netz von Sachverständigen.

Als Grundlage für ihre Produkte betreibt die DAT intensive Marktforschung im Automobilsektor. Zudem dokumentiert sie die technischen Fahrzeugdaten aller Fabrikate. Somit können Informationen über nahezu den gesamten Lebenszyklus von Kraftfahrzeugen systematisch aufbereitet zur Verfügung gestellt werden. Über das Internet bietet die DAT zahlreiche Dienstleistungen für Endverbraucher und Unternehmen der Automobilbranche an.

Die DAT befindet sich in einer europaweit einzigartigen Verbindung zur Automobilbranche und beschäftigt am Standort Ostfildern Mitarbeiter aus 26 unterschiedlichen Nationen.

KARRIERE

Unsere langjährige Erfahrung, unser kontinuierliches Wachstum und die Leidenschaft, mit der wir seit über 80 Jahren unsere Kunden mit immer neuen Lösungen überraschen, haben uns eines gelehrt: Der Erfolg eines Unternehmens ist das Ergebnis des Engagements und der Qualifikation jedes einzelnen Mitarbeiters.

Unsere DAT-Mitarbeiter sind unsere wichtigste Ressource. Ihnen haben wir unser kontinuierliches Wachstum und unseren Erfolg zu verdanken. Menschen jeglichen Alters aus insgesamt 26 Nationen arbeiten leidenschaftlich und kompetent daran, die DAT noch erfolgreicher zu machen.

Wir suchen kontinuierlich neue Mitarbeiter aus dem technischen und kaufmännischen Bereich. Wenn Sie neugierig geworden sind, laden wir Sie ein, unsere Homepage zu besuchen:
http://www.dat.de/unternehmen/karriere-bei-der-dat.html

FACH- UND FÜHRUNGSKRÄFTE

- Software Entwickler
- Technische Sachbearbeiter
- Vertriebsmitarbeiter im Innen- und Außendienst
- Sowie weitere Spezialisten aus dem kaufmännischen Bereich

STECKBRIEF **JOBS-STUTTGART.COM**

BRANCHE
Automobil/ Kfz-Gewerbe
IT-Dienstleistungen

GESCHÄFTSFELDER
Daten- und Informationssysteme, Verlagsprodukte, Sachverständigenorganisation

GRÜNDUNG
1931

GESCHÄFTSFÜHRER
Helmut Eifert (Ausland)
Jens Nietzschmann (Inland & Sprecher)
Dr. Thilo Wagner (Produkte)

MITARBEITERZAHL
550 (inklusive Ausland)

INTERNATIONALE STANDORTE
Bulgarien, Deutschland, Frankreich, Griechenland, Italien, Niederlande, Österreich, Polen, Rumänien, Russland, Schweiz, Slowakei, Spanien, Tschechien, Türkei, Ungarn, Zypern

ADRESSE
Deutsche Automobil Treuhand GmbH
Hellmuth-Hirth-Straße 1
73760 Ostfildern
Tel.: +49 (0)711 4503 0
Fax: +49 (0)711 4586 340
www.dat.de
recruiting@dat.eu

EISENMANN

Eisenmann AG
www.eisenmann.com

ANLAGENBAU

ENGINEERING FOR EFFICIENT PRODUCTION

Wir sind Experten im Anlagenbau. Als süddeutsches Familienunternehmen entwickeln wir Anlagen der Oberflächen- und Lackiertechnik, Robotertechnik, Materialfluss-Automation, Prozess- und Hochtemperaturtechnik sowie Umwelttechnik.

Rund 3.700 Mitarbeiter, davon die Hälfte Ingenieure und Techniker, entwickeln weltweit neue Ideen für Fertigung, Lackiererei, Montage oder Distribution. Darunter Experten und Spezialisten mit fundiertem Know-how aus unterschiedlichen Fachdisziplinen und Branchen. Ein Plus, das sich widerspiegelt in maßgeschneiderten Konzepten mit modernster Technik, hoher Wirtschaftlichkeit und Innovationsvorsprung.

Unsere von Innovationen geprägte Firmenkultur ermöglicht die Entwicklung modernster Technologien, die seit mehr als 60 Jahren immer wieder den Stand der Technik neu definieren.

„Entwickeln Sie mit uns die Schlüsseltechnologien von morgen!"

STECKBRIEF ⁺ JOBS-STUTTGART.COM

BRANCHE
Anlagenbau

GESCHÄFTSFELDER
Oberflächentechnik
Umwelttechnik
Prozess- und Hochtemperaturtechnik
Materialfluss-Automation

GRÜNDUNG
1951

HAUPTSITZ
Böblingen

STANDORTE
über 20 weltweit

MITARBEITER
ca. 3.700 (2013) weltweit

UMSATZ
ca. 790 Mio € (2012) weltweit

HR ANSPRECHPARTNER
Kristin Spangenberg

ADRESSE
Eisenmann AG
Tübingerstr. 81
Postfach 1280
71032 Böblingen
Telefon +49 7031 78 4444
www.eisenmann.com

KARRIERE

FACH- UND FÜHRUNGSKRÄFTE

- Ingenieure (m/w) der Fachrichtungen: Maschinenbau, Konstruktion, Elektrotechnik, Steuerungstechnik, Umwelttechnik, Verfahrenstechnik, Chemie, Luft- und Raumfahrttechnik
- Chemiker (m/w)
- Wirtschaftsingenieure (m/w)
- Wirtschaftswissenschaftler (m/w)

CAMPUS

Praktika	ja
Werkstudententätigkeit	ja
Studienabschlüsse Bachelor, Master, Diplom. Promotion	ja
Direkteinstieg	ja

AUSBILDUNGSANGEBOTE

- Technischer Produktdesigner (m/w)
- Elektroniker für Automatisierungstechnik (m/w)
- Konstruktionsmechaniker (m/w)
- Mechatroniker (m/w)

STUDIENANGEBOTE DH (BACHELOR OF ENGINEERING)

- Elektrotechnik
- Maschinenbau
- Mechatronik
- Wirtschaftsingenieurwesen

BERUF UND FAMILIE

Teilzeit	ja
Vertrauensarbeitszeit	ja
Altersversorgung	ja
Weiterbildungsmöglichkeiten	ja

Was haben

Sportwagen,
Kaffeetassen,
Waschmaschinen,
Strom und Tulpen

gemeinsam?

Am Anfang steht Eisenmann.

Mit Ideenreichtum und Leidenschaft entwickeln und bauen unsere Mitarbeiter in der Verfahrenstechnik, Oberflächentechnik, Fördertechnik, Automatisierungstechnik und Umwelttechnik Großanlagen nach individuellen Kundenbedürfnissen.

Als international aufgestelltes Familienunternehmen im Großraum Stuttgart bieten wir Ihnen ein breites Aufgabenspektrum in einem dynamischen Umfeld.

Starten Sie Ihre Karriere bei Eisenmann als:

■ **Young Professional**
■ **Professional**

Wir freuen uns auf Ihre Bewerbung!

Emil Frey Gruppe Deutschland

AUTOMOBILBRANCHE

Die Emil Frey Gruppe Deutschland (EFGD) ist Teil der Emil Frey Gruppe mit Sitz in Zürich. Hinsichtlich Markenvielfalt, Vertriebswege, Finanzdienstleistung und regionale Abdeckung hat die Unternehmensgruppe eine Alleinstellung in Deutschland. Kerngeschäft der EFGD ist der Kfz-Einzelhandel, der Großhandel von Teilen und Zubehör, der Import von Fahrzeugen sowie die dazugehörigen Finanzdienstleistungen. Seit Anfang 2013 hat die EFGD die Service- und Teileversorgung für alle Daihatsu-Händler in Deutschland und Österreich übernommen. An bundesweit 56 Standorten vertreibt das Unternehmen 19 exklusiv geführte Marken. Die derzeit ca. 3.000 beschäftigten Mitarbeiter und Mitarbeiterinnen tragen mit ihrem Fachwissen, ihren Ideen und ihrem Engagement maßgeblich zum Unternehmenserfolg bei. Ein wesentlicher Bestandteil dieser nachhaltigen Unternehmenspolitik ist die Nachwuchsförderung. Die EFGD bildet jährlich mehrere hundert Auszubildende in unterschiedlichen technischen und kaufmännischen Berufen aus. Zudem besteht die Möglichkeit im Rahmen eines Studiums an der Dualen Hochschule Baden-Württemberg den Abschluss Bachelor of Arts zu erlangen. Für Absolventen von Universitäten und Fachhochschulen bietet die EFGD außerdem ein Traineeprogramm an.

„Kunden- und Mitarbeiterorientierung stehen im Mittelpunkt unseres Denkens und Handelns."

Rudolf F. Wohlfarth, Mitglied der Geschäftsleitung der Emil Frey Gruppe, CEO Deutschland

STECKBRIEF + JOBS-STUTTGART.COM

BRANCHE
Automobilbranche

GESCHÄFTSFÜHRUNG
Rudolf F. Wohlfarth
Mitglied der Geschäftsleitung
der Emil Frey Gruppe
CEO Deutschland

STANDORTE
72

MITARBEITERZAHL
ca. 3.000

ADRESSE
Emil Frey Gruppe Deutschland
Cannstatter Straße 46
70190 Stuttgart

KONTAKT
Sissy Schmid
Leitung Ausbildung und
Personalentwicklung
Telefon +49 711 2803-4913
Telefax +49 711 2803-54913

www.emilfrey.de

KARRIERE

AUSBILDUNGSANGEBOTE
- Kfz-Mechatroniker/-in Schwerpunkt Pkw-Technik
- Kfz-Mechatroniker/-in Schwerpunkt System- und Hochvolttechnik
- Kfz-Mechatroniker/-in Schwerpunkt Karosserietechnik
- Karosserie- und Fahrzeugbaumechaniker/-in Schwerpunkt Karosserieinstandhaltungstechnik
- Fahrzeuglackierer/-in
- Automobilkaufmann/-frau
- Bürokaufmann/-frau
- Fachkraft für Lagerlogistik
- Kaufmann/-frau im Groß- und Außenhandel
- Kaufmann/-frau im Einzelhandel
- Personaldienstleistungskaufmann/-frau

DUALES STUDIUM
- Bachelor of Arts, BWL-Handel
- Bachelor of Arts, BWL-Handel, Schwerpunkt Automobilhandel

WEITERBILDUNGSANGEBOTE
Traineeprogramm

STELLENANGEBOTE
Aktuelle Stellenangebote finden Sie unter http://www.emilfrey.de/beruf_karriere/bewerberportal/

Endress+Hauser Conducta

Endress+Hauser
People for Process Automation

FLÜSSIGKEITSANALYSE

Endress+Hauser Conducta zählt international zu den führenden Anbietern in der Flüssigkeitsanalyse. Intelligente Lösungen helfen den Kunden aus der Umwelt- und Prozessindustrie, ihre Anlagen sicher, zuverlässig, wirtschaftlich und umweltfreundlich zu betreiben. Zahlreiche internationale Auszeichnungen wie die Gesamtsiege im Manufacturing Excellence Award 2011 und Best Marketing Company Award 2011 sowie die Goldmedaille im Ludwig-Erhard-Preis 2011, belegen die Leistungsfähigkeit und Innovationskraft des Unternehmens. Diese stützen sich auf die Kompetenz von weltweit mehr als 650 Mitarbeitern. Ständig investiert Endress+Hauser Conducta in den Ausbau seiner Kapazitäten und Ressourcen.

Besonderes Augenmerk legt Geschäftsführer Dr. Manfred Jagiella dabei auf den Faktor Mensch: Motivierte und bestqualifizierte Mitarbeiter bilden die Grundlage der erfolgreichen Unternehmensentwicklung. Endress+Hauser Conducta setzt deshalb auch auf die enge Zusammenarbeit mit Hochschulen und Forschungseinrichtungen. Eine fundierte betriebliche Aus- und Weiterbildung sowie strukturierte Personalentwicklung befähigen die Mitarbeiter und fördern Motivation und Bindung.

„Wir setzen auf eine enge Zusammenarbeit mit Hochschulen und Forschungseinrichtungen sowie auf eine fundierte betriebliche Aus- und Weiterbildung."

Dr. Manfred Jagiella, Geschäftsführer

STECKBRIEF JOBS-STUTTGART.COM

BRANCHE
Flüssigkeitsanalyse

GESCHÄFTSFELDER
Messstellen und Komplettsysteme zur Bestimmung von pH/Redox, Leitfähigkeit, Trübung/Feststoffe, Gelöster Sauerstoff, Chlor, Ammonium, Nitrat, Phosphat, Aluminium, Eisen, Mangan, Nitrit, SAK und andere

GESCHÄFTSFÜHRER
Dr. Manfred Jagiella

STANDORTE
Stammsitz in Gerlingen bei Stuttgart, Betriebsstätten in Waldheim (bei Dresden), Groß-Umstadt (bei Darmstadt), Anaheim (USA), Suzhou (China)

MITARBEITERZAHL
> 650

ANSPRECHPARTNER PERSONALMANAGEMENT
Stephan-Christian Köhler

ADRESSE
Endress+Hauser Conducta
Dieselstraße 24
70839 Gerlingen
www.conducta.endress.com
www.karriere.endress.com

KARRIERE

GESUCHTE FACHRICHTUNGEN
- Ingenieur- und Wirtschaftsingenieurwesen
- Natur- und Wirtschaftswissenschaften

BETRIEBLICHE LEISTUNGEN
Flexible Arbeitszeiten	ja
Betriebliches Gesundheitsmanagement	ja
Betriebliche Altersvorsorge	ja
Vermögenswirksame Leistungen	ja
Modernste Arbeitsplätze	ja
Individuelle Einarbeitungsprogramme	ja

CAMPUS
Praktika	ja
Studienabschlussarbeiten	ja
Werkstudenten	ja
Ferienjobs	ja

AUSBILDUNGSANGEBOTE
- Industriekaufmann/-frau
- Fachinformatiker/in für Systemintegration
- Elektroniker/in für Geräte und Systeme
- Mechatroniker/in
- Glasapparatebauer/in

Unser internes Weiterbildungsprogramm „JobFit" mit einem umfangreichen Angebot an Seminaren und Informationsveranstaltungen fördert den fachlichen Austausch und die Entwicklung aller Mitarbeiter/innen.

Senden Sie uns Ihre vollständigen Bewerbungsunterlagen mit Anschreiben, Lebenslauf sowie den relevanten Zeugnissen vorzugsweise über unser JobPortal auf www.karriere.endress.com. Wir freuen uns auf Sie!

engineering people group
supporting experts

engineering
people

INGENIEURGESELLSCHAFT

Die engineering people group unterstützt leistungsfähige Industrieunternehmen in sämtlichen Denk- und Realisierungsprozessen.

Wir bieten Beratung und kompetente Fachleute (Ingenieure, Informatiker, Techniker (m/w)) in Engineering, Software und Testing, Dokumentation und CE, Projektmanagement, IT.

Kundenspezifisch beste Lösungen bilden den Mittelpunkt unserer Leistung – von der Idee über Entwicklung und Konstruktion bis hin zur Serienreife.

Die ep Technikbereiche: Antrieb, Elektro, Elektronik, Energie, Fahrzeuge, Informatik, (Sonder-) Maschinen, Mechatronik, Medizin, Luft- und Raumfahrt, Optik, Produktion.

`Persönlich weiter kommen` ist das Motto der ep Weiterbildung: mit individuellen Entwicklungsmodellen, starken Bildungsangeboten und persönlichem Lernguthaben.

Unsere Mitarbeiter/innen verbinden mit ep spannende Aufgaben, gute Konditionen, Karrierebegleitung, ein starkes Team und einen sicheren Arbeitsplatz.

Interessiert? fon 0711-806093-0, online www.engineering-people.de, www.ep-career.de

„Unsere Mitarbeiter/innen überzeugen unsere Kunden durch Kompetenz, Flexibilität, Zuverlässigkeit – und tragen so zum Erfolg bei. Nicht jede/r passt zu uns. Aber wer zu uns passt, ist mit ep auf dem besten Kurs."

Winfried Keppler, Geschäftsführer

STECKBRIEF + JOBS-STUTTGART.COM

TÄTIGKEIT
Ingenieurgesellschaft

GESCHÄFTSFELDER
Engineering, Testing, Dokumentation und CE, Projektmanagement, IT

GRÜNDUNG
2003

GESCHÄFTSFÜHRER
Winfried Keppler

STANDORTE
Ulm, Stuttgart, Karlsruhe, Mannheim, Hamburg, Berlin, Nürnberg, München, Friedrichshafen, Augsburg

MITARBEITERZAHL
300

ANSPRECHPARTNER FÜR STELLENSUCHENDE
Julia Bauer

ADRESSE
engineering people GmbH
Rutesheimer Straße 24
70499 Stuttgart
Deutschland
Telefon: +49 711 806093-232
Telefax: +49 731 806093-220
julia.bauer@engineering-people.de
www.engineering-people.de

KARRIERE

FACH- UND FÜHRUNGSKRÄFTE M/W
- Ingenieure/Bachelor/Master der Fachrichtungen Antriebstechnik, Elektrotechnik, Energietechnik, Fahrzeugtechnik, Informatik, Informationstechnik, Maschinenbau, Mechatronik, Medizintechnik, Luft- und Raumfahrt, Optik, Produktionstechnik, Projektmanagement, Wirtschaftsingenieurwesen, Vertriebsingenieurwesen
- Vertriebsingenieure
- Techniker

ARBEIT UND FAMILIE
Teilzeit	ja
Gleitzeit	ja
Homeoffice	teilweise

CAMPUS
Praktika	ja
Studienabschlussarbeiten	ja
Traineeprogramme	nein
Werkstudenten	ja

EPR - Eschenbach & Palm GmbH
Unternehmensberatung

Die EPR GmbH berät und betreut eigentümergeführte Unternehmen in betriebswirtschaftlichen, finanztechnischen und immobilienspezifischen Fragestellungen. In der Verbindung von Projektentwicklung, Finanzierung und Projektmanagement liegt der besondere Reiz unserer Beratung. Das ermöglicht eine ganzheitliche Sichtweise, eine Optimierung des Gesamtergebnisses und eine effiziente Umsetzung komplexer Vorhaben auf hohem Niveau. Als unabhängiges Beratungsunternehmen sind wir ausschließlich dem Erfolg unserer Kunden verpflichtet. Der Unternehmer in seiner geschäftlichen und privaten Vermögenssphäre setzt den Rahmen unseres Handelns.

VERÄUSSERUNG UND ERWERB VON UNTERNEHMEN
Zahlreiche mittelständische Unternehmen haben uns das Vertrauen ausgesprochen, für sie im In- und Ausland einen Unternehmenskauf oder Unternehmensverkauf zu betreuen.

NACHFOLGEREGELUNGEN
Eine der wichtigsten Entscheidungen im Lebenszyklus eines mittelständischen Unternehmers betrifft die rechtzeitige Regelung seiner Nachfolge. Das Ziel dabei ist die Erhaltung und Fortführung seines Lebenswerkes.

FREMD- UND EIGENKAPITALFINANZIERUNGEN
Art, Struktur und Modalität der Finanzierung haben wesentlichen Einfluss auf Erfolg oder Misserfolg eines Unternehmens. Wir erarbeiten mit dem Unternehmen eine stabile und zukunftsfähige Finanzierungskonzeption, die Liquidität, Rentabilität und Kapitalbindung in ein ausgewogenes Verhältnis bringen.

RATING- UND STRATEGIEBERATUNG
Die Zukunftsfähigkeit einer Unternehmung und deren glaubwürdige Darstellung ist eine zentrale Voraussetzung für die Finanzierungsentscheidung von Kapitalgebern. Mit professionellem Unternehmensrating erschließen wir dem Management die Möglichkeit sich gemeinsam mit uns in einem strukturierten Prozess eine Meinung über die mittelfristige und langfristige Entwicklung Ihres Unternehmens zu bilden.

STECKBRIEF + JOBS-STUTTGART.COM

BRANCHE
Unternehmensberatung

STANDORTE
Stuttgart und Ulm

UNSERE ANSPRECHPARTNER
Geschäftsführer:
Diplom-Kaufmann Arthur Eschenbach
Diplom-Kaufmann Thomas Palm

ADRESSEN
Stuttgart:
Zettachring 8 A
D-70567 Stuttgart
Tel.: +49 (0)7 11/2 38 64-0
Ulm:
Römerstraße 21
D-89077 Ulm
Tel.: +49 731 175499-11
www.epr-consultants.de

KARRIERE

FACHKRÄFTE	EINSTIEG BEI EPR
▪ Projektarbeit	▪ Studienabschlussarbeiten
	▪ Praktika/Ferienjobs
ARBEIT UND FAMILIE	▪ Werkstudenten

ARBEIT UND FAMILIE	
Teilzeit	ja
Gleitzeit	ja
Homeoffice	ja

euro engineering AG
creating future

GEMEINSAM ZIELE ERREICHEN

Karrieren beginnen im Kopf: mit dem Wunsch, etwas zu leisten, Fähigkeiten konsequent weiterzuentwickeln, von anderen zu lernen, Erfahrungen zu teilen, gemeinsam Ziele zu erreichen. Wir fördern Ihre Stärken und bieten Ihnen als Projektingenieur Karriere- und Entwicklungsmöglichkeiten. Sie arbeiten innerhalb eines Projektteams an Lösungen für spezifische Aufgabenstellungen. Sammeln Sie Erfahrungen in Ihren Zielbranchen und vertiefen bzw. erweitern Sie Ihr Know-how. Wollen Sie darüber hinaus Verantwortung übernehmen? Dann können Sie Team- oder Projektleiter werden. Doch das hängt ganz von Ihnen ab – zeigen Sie uns, was Sie können!

Die euro engineering AG gehört zu den größten und wachstumsstärksten Engineering-Dienstleistern in Deutschland. Mit mehr als 2.100 Mitarbeitern in über 40 Niederlassungen unterstützen wir unsere Kunden branchenübergreifend entlang der gesamten Prozesskette der Produktentwicklung – von der Forschung, Entwicklung und Konzeption bis hin zu After Sales. Konkret bedeutet dies, dass wir unsere Services und Dienstleistungen immer an den Zielen des Kunden orientieren. Damit erreichen wir messbare Ergebnisse und nachhaltige Resultate. Die euro engineering AG bietet Ingenieuren die besten Startmöglichkeiten. Auch für erfahrene Ingenieure sind wir ein idealer Karrierebegleiter: mit spannenden Projekten und besten Entwicklungschancen. Absolvieren Sie Ihren Test als Praktikant, Ihr Qualifying über eine Abschlussarbeit oder starten Sie mit Vollgas durch.

„Die euro engineering AG ist in der Region Stuttgart der gefragte Engineering-Dienstleister. Dafür benötigen wir die besten Köpfe."

Beate Bretzger, Niederlassungsleiterin

STECKBRIEF + JOBS-STUTTGART.COM

BRANCHE
Engineering-Dienstleister
GESCHÄFTSFELDER
Engineering entlang der gesamten Prozesskette
GRÜNDUNG
1994
VORSTAND
Peter Blersch, Thomas Rinne
STANDORTE
40 Standorte deutschlandweit
MITARBEITERZAHL
2.100
UNSER ANSPRECHPARTNER FÜR PERSONAL
Nadine Goldschmidt
ADRESSE
euro engineering AG
Wankelstraße 5
70563 Stuttgart
Deutschland
Telefon +49 711 620088-0
Telefax +49 711 620088-88
stuttgart@ee-ag.com
www.ee-ag.com

KARRIERE

FACH- UND FÜHRUNGSKRÄFTE
- Ingenieurwissenschaften (Bachelor, Master, Diplom)
- Wirtschaftswissenschaften (Bachelor, Master, Diplom)
- Naturwissenschaften (Bachelor, Master, Diplom)

ARBEIT UND FAMILIE

Teilzeit	ja
Homeoffice	nein
Traineeprogramme	ja
Werkstudenten	ja

CAMPUS

Praktika	ja
Studienabschlussarbeiten	ja
Traineeprogramme	ja
Werkstudenten	ja

INGENIEURDIENSTLEISTER

Fahrlehrerversicherung VaG
Verein auf Gegenseitigkeit

SCHADEN-VERSICHERUNG

Die Fahrlehrerversicherung wurde von Fahrlehrern für Fahrlehrer 1952 in Stuttgart gegründet und ist seitdem in ganz Deutschland tätig. Sie hat ihre Direktion in Stuttgart und 18 Landesagenturen in allen 16 Bundesländern.

Die Fahrlehrerversicherung versichert Fahrlehrer, Kfz-Sachverständige und Berufskraftfahrer sowie deren Familienangehörige. Wir haben 80.000 Kunden, 300.000 Kfz-Versicherungen und 120 Mitarbeiter. Unsere Beitragseinnahmen betragen 55 Mio. Euro, unser Eigenkapital 22 Mio. Euro. Das Unternehmen ist solide aufgestellt.

Unsere Kunden werden von den 18 Landesagenturen sowie direkt von der Direktion in Stuttgart beraten, außerdem von unseren 12 übers Land verteilten Direktionsbeauftragten.

Das Gebäude der Fahrlehrerversicherung ist nur wenige Gehminuten von der S-Bahn-Station Stuttgart-Weilimdorf entfernt. Die Autobahn 81 (Abfahrt Feuerbach) ist nur 2 Minuten entfernt.

KARRIERE

AUSBILDUNGSANGEBOTE
- Kaufmann/-frau für Versicherungen und Finanzen
- Versicherungs-Fachmann
- BA-Studium Wirtschaftsinformatik

FACHKRÄFTE
- Sachbearbeiter Kfz-Versicherungen
- Sachbearbeiter Sach-Versicherungen
- Schaden-Sachbearbeiter
- Juristen
- IT-Fachleute

STECKBRIEF ⁺ JOBS-STUTTGART.COM

BRANCHE
Schaden-Versicherung

GESCHÄFTSFELDER
Kfz-Versicherungen, Sach-/Haftpflicht-/Unfall-Versicherungen
In Kooperation: Lebens-, Renten- und Krankenversicherungen, Rechtsschutzversicherungen

GRÜNDUNG
1952

VORSTAND
Diplom-Kaufmann Wolfram Klitzsch
Assessor jur. Andreas Anft
Dipl.-Verw. Wiss. Rolf Schrade

MITARBEITERZAHL
120

ANSPRECHPARTNER
Personalabteilung

ADRESSE
Fahrlehrerversicherung VaG
Mittlerer Pfad 5
70499 Stuttgart
Telefon +49 711 98 889 0
Telefax +49 711 98 889 860
personal@FvVaG.de
www.fahrlehrerversicherung.de

Dr. Fritz Faulhaber GmbH & Co. KG
Antriebssysteme

 **FAULHABER**

BEST INNOVATOR 2012/2013

ANTRIEBSSYSTEME

Die **FAULHABER**-Gruppe ist seit über 60 Jahren spezialisiert auf Entwicklung, Produktion und Einsatz von hochpräzisen Klein- und Kleinstantriebssystemen. Dazu zählt die Realisierung von kundenspezifischen Komplettlösungen ebenso, wie eine umfangreiche Auswahl an Standardprodukten. Diese gelten weltweit als Zeichen für hohe Qualität und Zuverlässigkeit in komplexen und anspruchsvollen Anwendungsgebieten. Die wesentliche Grundlage bilden die FAULHABER DC-Kleinstmotoren nach dem Prinzip des Glockenankermotors. Wichtigstes Element ist dabei die von Dr. Fritz Faulhaber entwickelte freitragende und patentierte eisenlose Schrägwicklung. Bereits mehrfach ausgezeichnet wurde die Dr. Fritz Faulhaber GmbH & Co. KG für innovative Entwicklungen und die Umsetzung technischer Detaillösungen.

FAULHABER Antriebssysteme sind in allen industrialisierten Ländern der Welt über ein dichtes Netz von professionellen Vertretungen präsent. Mehr als 1.450 Mitarbeiter entwickeln, fertigen und vertreiben FAULHABER Produkte weltweit.

„Wir bieten eine berufliche Zukunftsperspektive in einem innovativen Umfeld. Mit dem Engagement unserer Mitarbeiter realisieren wir zukunftsweisende Lösungen für nahezu alle Branchen, in denen Präzision und Zuverlässigkeit auf kleinstem Raum entscheidend sind."
Geschäftsführung

KARRIERE

GESUCHTE FACHRICHTUNGEN
- Mechatronik
- Feinwerktechnik
- Elektrotechnik
- Maschinenbau
- Wirtschaftsingenieurwesen
- Fertigungstechnik
- Konstruktionstechnik
- Produktionstechnik

CAMPUS

Praktika	ja
Studienabschlussarbeiten	ja
Traineeprogramm	ja
Werkstudenten	ja

AUSBILDUNGSANGEBOTE (m/w)
- Industriekaufmann
- Fachinformatiker Systemintegration
- Technischer Produktdesigner (vorm. Technischer Zeichner)
- Industriemechaniker
- Mechatroniker

DUALES STUDIUM
- Bachelor of Arts
  Fachrichtungen: Maschinenbau, Elektrotechnik, Mechatronik
- Kooperativer Studiengang MechatronikPLUS

STELLENANGEBOTE
Aktuelle Stellenangebote finden Sie unter www.faulhaber.com/jobs

STECKBRIEF + JOBS-STUTTGART.COM

BRANCHE
Antriebstechnik

GESCHÄFTSFELDER
Medizin und Labortechnik, Luft- und Raumfahrt, Produktionsautomation und Robotik, Optik, Video und Audio, Umwelt- und Personenschutz, Kommunikation, Sicherheitstechnik, Gerätetechnik, Industrie

GRÜNDUNG/MITARBEITERZAHL
1947/1.450

GESCHÄFTSFÜHRER
Dr. Fritz Faulhaber, Gert Frech-Walter, Dr. Thomas Bertolini

STANDORTE
3 Stammgesellschaften (D/CH/USA)
14 Tochtergesellschaften und
31 Vertretungen weltweit

ANSPRECHPARTNER FÜR PERSONAL
Jörg Maier; joerg.maier@faulhaber.de

ADRESSE HAUPTSITZ
DR. FRITZ FAULHABER GmbH & Co. KG
Daimlerstraße 23/25
71101 Schönaich, Deutschland
Telefon +49 7031 638-0
Telefax +49 7031 638-100
www.faulhaber.de

C. & E. Fein GmbH
Unverwüstliche Elektrowerkzeuge

ELEKTROWERKZEUGE

Unser Herz schlägt seit jeher für professionelle Elektrowerkzeuge für Industrie und Handwerk. Unsere Erfindung des weltweit ersten Elektrowerkzeuges ist Beweis dafür. Mit Stolz blicken wir auf eine über 140-jährige Tradition zurück. Wir verstehen uns als bodenständiges Familienunternehmen mit internationaler Ausrichtung und haben uns bewusst für den Produktionsstandort Deutschland entschieden.

FEIN ist ein familiäres Unternehmen in dem jeder Einzelne wahrgenommen und in unserer Mitte aufgenommen wird – von Anfang an.

Freuen Sie sich auf eine helle und freundliche Arbeitsumgebung, in der eine moderne Arbeitsausstattung auf Sie wartet. Zusammen mit Ihren hoch motivierten, internationalen Teamkollegen bearbeiten Sie spannende Aufgaben und können von attraktiven Weiterbildungsangeboten profitieren.

KARRIERE

IHRE CHANCE MIT PERSPEKTIVE
- Direkteinstieg
- Ausbildung/Duales Studium
- Praktikum
- Abschlussarbeiten

GESUCHTE FACHRICHTUNGEN
- Ingenieurwissenschaften
- Wirtschaftsingenieurwesen
- Wirtschaftswissenschaften

AUSBILDUNGSANGEBOT
- Mechatroniker (m/w)
- Industriekaufleute (m/w)
- Fachinformatiker Systemintegration (m/w)

DUALES STUDIUM
- Bachelor of Engineering (m/w) Mechatronik
- Bachelor of Science (m/w) Wirtschaftsinformatik

STECKBRIEF JOBS-STUTTGART.COM

BRANCHE
Elektrowerkzeuge

STANDORTE
Schwäbisch Gmünd,
23 Tochtergesellschaften weltweit

ADRESSE
C. & E. FEIN GmbH
Hans-Fein-Str. 81
73529 Schwäbisch Gmünd-Bargau
Tel.: +49 7173 183-0
Fax: +49 7173 183-800
www.fein.de

Festo AG & Co. KG
Impulsgeber für die Automatisierungstechnik

FESTO

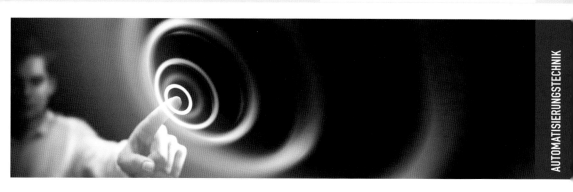

AUTOMATISIERUNGSTECHNIK

Festo ist ein weltweit führender Anbieter von Automatisierungstechnik und industrieller Aus- und Weiterbildung. Ob Direkteinstieg, Traineeprogramm, Ausbildung, Duales Studium, Praktikum oder Abschlussarbeit/Promotion – das unabhängige Familienunternehmen bietet als Innovationsführer seiner Branche anspruchsvolle Aufgaben in einem modernen Arbeitsumfeld.

Das belegen nicht nur die regelmäßigen Mitarbeiterbefragungen und guten Platzierungen in externen Arbeitgeberrankings. Festo ist seit vielen Jahren auf Wachstumskurs und erwirtschaftete 2012 einen Umsatz von 2,24 Mrd. EUR. Weltweit stellen 16.200 Mitarbeiter in 176 Ländern sicher, dass Beratung, Service und Lieferqualität in allen Industrieregionen der Welt rundum stimmen.

„Als Technologieführer unserer Branche bieten wir in unserem Unternehmen beste Perspektiven. Insbesondere in den Bereichen Forschung, Entwicklung und Konstruktion."

Alfred Goll, Vorstand Human and Intellectual Resources und Vorstand Information Systems and Processes

STECKBRIEF + JOBS-STUTTGART.COM

BRANCHE
Automatisierungstechnik

GESCHÄFTSFELDER
Automation
Fabrik- und Prozessautomatisierung
Didactic
Industrielle Aus- und Weiterbildung

STANDORTE NATIONAL
Esslingen (Stammsitz) und St. Ingbert sowie 19 Verkaufsbüros bundesweit

STANDORTE INTERNATIONAL
Festo Gesellschaften in 61 Ländern mit über 250 Niederlassungen und Werke in 9 Ländern

MITARBEITERANZAHL
16.200 (weltweit)

BEWERBERHOTLINES
0711 347-4130 (Esslingen)
06894 591-7416 (St. Ingbert)

KONTAKT

Festo AG & Co. KG
Human Resources
Ruiter Straße 82
73734 Esslingen
Mobile Stellensuche

DIREKTLINKS
www.festo.com/karriere
www.festo.com/studenten
www.festo.com/ausbildung

KARRIERE

EINSATZBEREICHE
- Forschung/Entwicklung/Konstruktion
- Vertrieb/Marketing
- Produktmanagement
- IT-Abteilung
- Controlling/Finanzen/Recht
- Einkauf/Materialwirtschaft/Logistik
- Public Relations/Medien
- Human Resources
- Aus- und Weiterbildung

FACHRICHTUNGEN
- Mechatronik
- Elektrotechnik
- Maschinenbau
- Informationstechnik
- (Wirtschafts-)Informatik
- (Wirtschafts-)Ingenieurwesen
- Wirtschafts-/Kommunikationswissenschaften/Jura

DUALES STUDIUM
- Wirtschaftsinformatik
- Wirtschaftsingenieurwesen
- Mechatronik
- Informatik
- Elektrotechnik
- Maschinenbau
- BWL-Industrie

AUSBILDUNGSANGEBOT
- Industriekaufleute (+ int. Wirt.Mgmt.)
- Kaufleute für Büromanagement
- Fachlageristen
- Zerspanungsmechaniker
- Elektroniker
- Industriemechaniker
- Technische Produktdesigner
- Mechatroniker
- Verfahrensmechaniker
- Werkzeugmechaniker

 **EBC Hochschule Stuttgart**
Unser Fokus: Ihr Erfolg!

HOCHSCHULE

Die EBC Hochschule ist eine private, staatlich aner-kannte Fachhochschule und bildet in kompakten, pra-xisnahen Studiengängen Führungsnachwuchs für die Wirtschaft aus. Sie ist an vier Standorten in Hamburg, Berlin, Düsseldorf und Stuttgart vertreten.

Das Studienangebot beinhaltet verschiedene spezialisierte Bache-lor-Studiengänge im wirtschaftswissenschaftlichen Bereich, die zum Abschluss des Bachelor of Arts führen.

Internationalität und Praxisbezug prägen das Studium an der EBC Hochschule. So sind in das dreijährige Vollzeitstudium eine intensi-ve Sprachausbildung, zwei betriebswirtschaftliche Praktika (In- und Ausland) von jeweils drei Monaten sowie ein obligatorisches Aus-landssemester an einer unserer Partnerhochschulen integriert. Die Kooperation der Hochschule mit zahlreichen weltweit angesiedelten Partnerhochschulen in Buenos Aires, Dublin, Durham, Honolulu, London, Madrid, Malaga, Dubai, Shanghai, New York, Phuket oder Paris ermöglicht es den Studierenden einen Einblick in ausländi-sche Märkte, Kulturen und Studienmethoden zu erhalten und ihre Fremdsprachenkenntnisse zu vertiefen.

Die Lernatmosphäre an der EBC Hochschule ist geprägt durch Se-minare mit wenigen Teilnehmern und dadurch sehr persönlich und intensiv. In Projekt- und Teamarbeit werden neben der fachüber-greifenden und handlungsorientierten Auseinandersetzung mit dem Lehrstoff gleichzeitig soziale Kompetenzen trainiert.

„Die Auseinandersetzung mit der praktischen Arbeitsweise auch auf fremdsprachlicher internationaler Ebene erleich-tert es den Studierenden, sich für ein späteres Betätigungs-feld zu entscheiden. Zudem ist sie unabdingbar für einen ständigen Austausch zwischen den Unternehmen und der Hochschule und damit für ein von der Wirtschaft verlangtes praxisnahes Studium."

Johann Stooß, Dipl.-Bw., Dipl.-Hdl., Kanzler EBC Hochschule

STECKBRIEF **JOBS-STUTTGART.COM**

BRANCHE
Hochschule
GRÜNDUNG
Staatliche Anerkennung seit 2008
STANDORTE
Hamburg, Berlin, Düsseldorf, Stuttgart
STUDIERENDE
ca. 1.000 (an allen Standorten)
STUDIENBERATUNG
0711 2271355
ADRESSE
EBC Hochschule
Campus Stuttgart
Königstraße 49
70173 Stuttgart
stuttgart@ebc-hochschule.de
www.ebc-hochschule.de

KARRIERE

STUDIENGÄNGE
- International Business Management B.A.
- Tourism & Event Management B.A.
- Business Psychology B.A.
- Fashion, Luxury & Retail Management B.A.
- International Business Communication B.A.

BEWERBUNGSTERMINE
Laufendes Bewerbungsverfahren, Start nur zum Wintersemester

Flughafen Stuttgart GmbH

FLUGHAFEN

Am Flughafen Stuttgart starten rund 55 Fluggesellschaften mit jährlich etwa 10 Millionen Passagieren zu 100 Zielen weltweit. Nahezu 1.000 Beschäftigte sorgen in zahlreichen Berufsfeldern im Bereich Aviation und Non-Aviation dafür, dass der Flughafen jedem Besucher ein sicherer Hafen und eine Erlebniswelt zugleich ist.

Unsere Unternehmensziele stehen unter dem Aspekt der Nachhaltigkeit, die sich in der unternehmerischen Verantwortung in den Feldern Ökonomie, Soziales und Umwelt widerspiegeln und im fairport-Kodex verankert sind.

Neben der Vereinbarkeit von Familie und Beruf bieten wir zahlreiche Aus- und Weiterbildungsmöglichkeiten für die persönliche Entwicklung. Durch das betriebliche Gesundheitsmanagement fördern wir die Leistungsfähigkeit sowie Arbeitszufriedenheit unserer Mitarbeiter. Werden Sie ein Teil unseres Teams und erleben Sie das kollegiale Miteinander an einem sicheren Arbeitsplatz in einem spannenden Umfeld. Erfahren Sie mehr über uns auf unserem Flughafen-Blog http://blog.stuttgart-airport.com/

Die Grundlage unseres Erfolgs sind kompetente und motivierte Mitarbeiter in einem Arbeitsumfeld, das persönliche und berufliche Perspektiven eröffnet.

Dennis Huber, Personalleiter

STECKBRIEF + JOBS-STUTTGART.COM

BRANCHE
Flughäfen

GESCHÄFTSFÜHRER
Prof. Georg Fundel und Walter Schoefer

MITARBEITER
ca. 1.000

UNSERE ANSPRECHPARTNER FÜR PERSONAL
Katja Heusel (Direkteinstieg)
Friedemann John (Ausbildung)

ADRESSE
Flughafen Stuttgart GmbH
Flughafenstraße 43
70629 Stuttgart
Telefon +49 711 948-0
Telefax +49 711 948-2611
heusel@stuttgart-airport.com
john@stuttgart-airport.com
www.stuttgart-airport.com

KARRIERE

FACH- UND FÜHRUNGSKRÄFTE
- Wirtschafts- und Sozialwissenschaften
- Ingenieurwissenschaften
- Informatik
- Immobilienwirtschaft
- Luft- und Raumfahrttechnik
- Gewerblicher und kaufmännischer Bereich

DUALES STUDIUM
- Bachelor of Arts (B.A.)
  Aviation Management

AUSBILDUNGSANGEBOTE
- Bürokaufmann/-frau
- Servicekaufmann/-frau im Luftverkehr
- Fachinformatiker/in Fachrichtung Systemintegration
- Kfz-Mechatroniker/in
- Mechatroniker/in

BERUF UND FAMILIE
Flexible Arbeitszeiten	ja
Homeoffice	ja
Betriebliche Altersvorsorge	ja
Betriebliches Gesundheitsmanagement	ja
Weiterbildungsmöglichkeit	ja

CAMPUS
Schülerpraktikum	ja
Praktikum	ja
Studienabschlussarbeiten	ja
Studienarbeiten	ja

STELLENANGEBOTE
Aktuelle Stellenangebote und die Möglichkeit der Initiativbewerbung finden Sie unter www.stuttgart-airport.com/karriere
Wir freuen uns auf Ihre Bewerbung!

FÖHL

ADOLF FÖHL GMBH + CO KG
SICHERE PROZESSE FÜR
ZINK- UND KUNSTSTOFF-BAUTEILE

ZINKDRUCKGUSS

Seit mehr als fünf Jahrzehnten sind **Zinkdruckguss und Kunststoffspritzguss** unsere Spezialdisziplinen, in denen wir eine führende Marktposition einnehmen. Heute fertigt die **Adolf Föhl GmbH + Co KG** an drei Standorten im Großraum Stuttgart sowie auch international mit seiner Tochtergesellschaft Foehl China Co., Ltd. am Standort Taicang, mehrere hundert Millionen Zinkdruckguss- und Kunststoffspritzgussteile im Jahr für die Bereiche Automobil, Industrie sowie Befestigung und beschäftigt derzeit insgesamt rund 600 Mitarbeiter.

Mit 60 modernsten Druckgussmaschinen liegt der Schwerpunkt in der Zinkdruckgussfertigung. Im Kunststoffbereich kommen 30 Spritzgussmaschinen zum Einsatz. Ständige Optimierungsmaßnahmen an Maschinen und Werkzeugen, fachliche Weiterbildungen sowie Synergieeffekte aus technischer Beratung, Entwicklung, Formenbau und jahrzehntelanger Fertigungserfahrung im Bereich Zinkdruckguss und Kunststoffspritzguss ermöglichen den Anspruch als Endprodukt, Kombiteil oder Baugruppe den gestiegenen wirtschaftlichen Anforderungen heutiger Zeit gerecht zu werden.

„Menschen, Umweltschutz und Produktionsprozesse sind für unser familiengeführtes mittelständisches Unternehmen mit einer werteorientierten Unternehmenskultur die wichtigsten Faktoren. Unseren Mitarbeitern bieten wir anspruchsvolle und sichere Arbeitsplätze mit Entwicklungsmöglichkeiten."

Dr. Frank Kirkorowicz, Geschäftsführender Gesellschafter

KARRIERE

AUSBILDUNGSANGEBOTE
- Werkzeugmechaniker/in
  Fachrichtung: Formentechnik
- Maschinen- und Anlagenführer/in
  Einsatzgebiet: Metall- und Kunststofftechnik
- Industrieelektriker/in
  Fachrichtung: Betriebstechnik
- Industriekaufmann/frau
  Einsatzgebiet: kaufmännische Abteilungen

DUALES HOCHSCHULSTUDIUM
- Bachelor of Engineering (DHBW)
  Fachrichtung: Maschinenbau und Kunststofftechnik

STELLENANGEBOTE
Aktuelle Stellenangebote unter
www.foehl.de

CAMPUS
Schülerpraktika	ja
Praxissemester	ja
Studienabschlussarbeiten	ja

ARBEIT UND FAMILIE
Flexible Arbeitszeiten	ja
Weiterbildungsmöglichkeiten	ja
Betriebliches Gesundheitsmanagement	ja
Schülerkooperationen	ja

STECKBRIEF +JOBS-STUTTGART.COM

BRANCHE
Zinkdruckguss/Kunststoffspritzguss

GRÜNDUNG
1958

STANDORTE
Rudersberg-Necklinsberg (Werk 1)
Schorndorf-Haubersbronn (Werk 2)
Rudersberg-Michelau (Werk 3)

NIEDERLASSUNG
Foehl China Co., Ltd. - Taicang (China)

GESCHÄFTSFÜHRUNG
Dr. Frank Kirkorowicz
(Geschäftsführender Gesellschafter)
Hans-Georg Keinath
(Kaufmännischer Geschäftsführer)
Ulrich Schwab
(Technischer Geschäftsführer)

MITARBEITER
rund 600

UNSERE ANSPRECHPARTNER FÜR PERSONAL
Reinhold.Luz@foehl.de
Sven.Bitzer@foehl.de

ADRESSE
Adolf Föhl GmbH & Co KG
Schönblick 17
73635 Rudersberg-Necklinsberg
Telefon +49 7183 306-0
Telefax +49 7183 306-113
info@foehl.de
www.foehl.de

Institut Dr. Foerster GmbH & Co. KG
Innovative Lösungen zur zerstörungsfreien Prüfung

FOERSTER

MASCHINEN- UND ANLAGENBAU

Wir sind ein mittelständisches Familienunternehmen mit Sitz in Reutlingen und rund 500 Mitarbeitern weltweit. Mit unseren Töchtern und Vertretungen agieren wir als „Hidden Champion" auf allen Kontinenten.

Unsere Produkte prüfen metallische Werkstoffe zerstörungsfrei auf Fehler, ermitteln Materialeigenschaften von Bauteilen oder detektieren Metalle. Anspruchsvolle Einsatzbedingungen stellen extreme Ansprüche an die Geräte – mit unseren Produkten setzen wir hier hohe Maßstäbe. Unsere Kunden sind sowohl Automobilzulieferer als auch die Luft- und Raumfahrtindustrie. Auch Metallhersteller und -verarbeiter prüfen mit Geräten made by FOERSTER.

Unsere Philosophie isl es, Lösungen in enger Zusammenarbeit mit unseren Kunden zu erarbeiten. Wir verstehen uns nicht als reiner Prüfgeräte-Hersteller sondern als Systemintegrator und Partner für unsere Kunden, für die wir komplette Prüfstrecken konzipieren.

Unsere Mitarbeiter arbeiten kontinuierlich daran, den Spitzenplatz des Unternehmens auf dem Weltmarkt langfristig zu sichern. Dafür entwickeln sie konsequent und kundennah ständig neue Technologien und kreative Lösungen.

„Wir schaffen Handlungsspielräume, setzen auf Eigeninitiative, Kreativität und Verantwortungsbewusstsein. Wir fordern und fördern die Fähigkeiten und Stärken unserer Mitarbeiter und eröffnen Perspektiven für motivierte Mitarbeiter."

Auszug aus den Leitlinien zur Führung und Zusammenarbeit des Unternehmens

STECKBRIEF + JOBS-STUTTGART.COM

BRANCHE
Zerstörungsfreie Werkstoffprüfung, Detektion und Magnetfeldsensorik
Maschinen- und Anlagenbau

STANDORTE
Stammsitz in Reutlingen, Tochtergesellschaften und Vertriebspartner weltweit

UNSER ANSPRECHPARTNER FÜR PERSONAL
Dirk Heimann
hr@foerstergroup.de

ADRESSE
Institut Dr. Foerster GmbH & Co. KG
In Laisen 70
72766 Reutlingen
Telefon +49 7121 140-0
www.foerstergroup.de

KARRIERE

FACH- UND FÜHRUNGSKRÄFTE
- Konstruktion
- Forschung und Entwicklung
- Projektmanagement
- Vertrieb
- Produktion/Logistik
- Kaufmännische Bereiche

AUSBILDUNGSANGEBOTE
- Fachinformatiker, Fachrichtung Systemintegration
- Elektroniker, Fachrichtung Gerätetechnik
- Industriemechaniker
- DH-Studium , Fachrichtung Informatik
- DH-Studium, Fachrichtung Automatisierungstechnik

EINSTIEG BEI FOERSTER
Direkteinstieg	ja
Studienabschlussarbeiten	ja
Praktika/Ferienjobs	ja
Werkstudenten	ja

GESUCHTE FACHRICHTUNGEN
- Physik
- Informatik
- Elektrotechnik
- Mechatronik
- Maschinenbau
- Wirtschaftsingenieurwesen

ARBEIT UND FAMILIE
Flexible Arbeitszeit	ja
Betriebliche Altersvorsorge	ja
Work-Life-Balance	ja

Frech
Zukunft aus einem Guss

MASCHINENBAU

Als Weltmarktführer setzt die Frech-Gruppe seit 60 Jahren erfolgreich Maßstäbe für Druckgießtechnologie. Der Erfolg des Familienunternehmens beruht auf der Leistung von mehr als 700 Mitarbeiterinnen und Mitarbeitern sowie unseren innovativen und technologisch auf höchstem Niveau produzierten Produkten.

Mit 18 internationalen Tochtergesellschaften und Partnerfirmen sind wir rund um den Globus präsent. Durch den gezielten Ausbau unserer Marktposition stellen wir uns den Herausforderungen des internationalen Wettbewerbs.

Ziel ist die konkrete Prozess-Unterstützung unserer Kunden zur Steigerung von Produktivität und Flexibilität, Reduzierung von Ausschussquoten und Erhöhung der Maschinennutzungszeiten.

„Unseren Erfolg verdanken wir unseren Mitarbeiterinnen und Mitarbeitern, die sich täglich mit Herzblut und Leidenschaft für unser Unternehmen engagieren."

Dr. Ioannis Ioannidis
Sprecher der Geschäftsführung

KARRIERE

AUSBILDUNGSANGEBOTE
- Industriemechaniker/in
- Werkzeugmechaniker/in
- Zerspanungsmechaniker/in
- Elektroniker/in für Betriebstechnik
- Technische/r Produktdesigner/in
- Industriekauffrau/-kaufmann
- Mechatronik Plus FH Esslingen

CAMPUS
Schülerpraktika	ja
Praktika	ja
Abschlussarbeiten	ja
Werkstudenten	ja

ARBEIT UND FAMILIE
Flexible Arbeitszeiten	ja
Teilzeit	ja
Traineeprogramme	ja
Betriebl. Gesundheitsförderung	ja

STELLENANGEBOTE
Aktuelle Stellenangebote finden Sie unter www.frech.com.

STECKBRIEF + JOBS-STUTTGART.COM

BRANCHE
Maschinenbau

GRÜNDUNG
1949

STANDORTE
USA, China, Taiwan, Indien, Russland, Brasilien, Großbritannien, Frankreich, Spanien, Italien, Türkei, Polen, Tschechien, Skandinavien, Singapur

GESCHÄFTSFÜHRER
Dr. Ioannis Ioannidis,
Dr. Norbert Erhard

MITARBEITERZAHL
750

UNSERE ANSPRECHPARTNER FÜR PERSONAL
Monika Hauger

ADRESSE
Oskar Frech GmbH + Co. KG
Schorndorfer Str. 32
73614 Schorndorf
Telefon +49 7181 702-0
Telefax +49 7181 754 30
E-Mail info@frech.com
www.frech.com

Weltweit tätig. Im Remstal zuhause

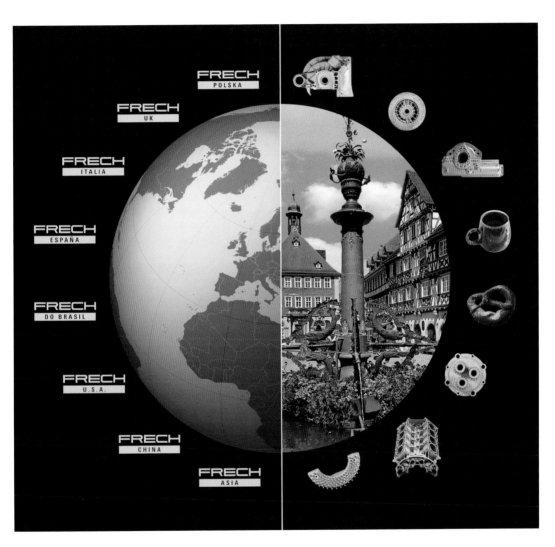

Wir sind stolz auf unsere Tradition und unsere Herkunft aus dem Herzen Baden-Württembergs. Unseren Erfolg verdanken wir dieser Region und seinen ebenso fleißigen wie findigen Menschen. Werden Sie ein Teil unseres Teams an den Standorten Schorndorf und Plüderhausen und gestalten Sie die Zukunft der Druckgießtechnologie mit.

FRITZ & MACZIOL group
Software, Systeme und Dienstleistungen
aus einer Hand

Software, Systeme und Dienstleistungen
FRITZ & MACZIOL group

IT - INFORMATIONSTECHNIK

1987 in Ulm gegründet, ist die FRITZ & MACZIOL group mittlerweile einer der größten herstellerunabhängigen IT-Dienstleister und Softwareanbieter in Deutschland und betreut Kunden annähernd jeder Branche. Vom mittelständischen Unternehmen bis hin zu Großkonzernen und öffentlichen Auftraggebern: Die Unternehmen der FRITZ & MACZIOL group sind erste Ansprechpartner in Sachen IT. Neben unseren Mitarbeitern, die den zentralen Baustein unseres Erfolges darstellen, garantieren langjährige vertrauensvolle Partnerschaften mit Weltmarktführern wie IBM, Microsoft, SAP, Cisco oder EMC individuelle Lösungen auf Basis neuester Technologien.

Wer leistet, muss auch leben.

Für unsere Mitarbeiter bedeutet das: Spaß bei der Arbeit, flexible Arbeitszeitmodelle und die Möglichkeit, sich im In- und Ausland weiterzuentwickeln. Wir bieten ein breites Weiterentwicklungsangebot im Rahmen unseres Programmes „befuture" und eine Erfolgsbeteiligung für alle Mitarbeiter – denn Erfolg soll jeder spüren.
Werden auch Sie Teil unserer Erfolgsgeschichte. Wir freuen uns auf Sie!

„Wir stellen den Menschen in den Mittelpunkt. Mit Professionalität, Einsatzbereitschaft und Kreativität führen wir unser Unternehmen zum Erfolg mit langfristiger Perspektive und Spaß bei der Arbeit."

Heribert Fritz, CEO FRITZ & MACZIOL group

STECKBRIEF + JOBS-STUTTGART.COM

BRANCHE
IT

GESCHÄFTSFELDER
IT-Lösungen von Weltmarktführern aus einer Hand

GRÜNDUNG
1987

GESCHÄFTSFÜHRER
Heribert Fritz & Eberhard Macziol

STANDORT
Über 20 Standorte weltweit mit Hauptsitz in Ulm

MITARBEITERZAHL
rund 1000

BEWERBUNG
www.its-love.de

ADRESSE
FRITZ & MACZIOL GmbH
Gropiusplatz 10
70563 Stuttgart
Phone: +49 711 782 609 60
Fax: +49 711 782 609 77
info@fumgroup.com
www.fumgroup.com

KARRIERE

FACH- UND FÜHRUNGSKRÄFTE
- Technical Consultants
  (IBM, Microsoft, SAP ...)
- Software Engineers
  (IBM, Microsoft, SAP ...)
- Software-Entwickler
- Projektleiter
- IT Service Management Consultants
- Vertrieb national und international
- Kaufmännischer Bereich

AUSBILDUNGSANGEBOTE
- Bachelor of Arts (BA),
  Consulting und Controlling
- Bachelor of Science (BA),
  Wirtschaftsinformatik
- Bachelor of Engineering (BA),
  Informationstechnik
- Fachinformatiker/in, Systemintegration
- Fachinformatiker/in,
  Anwendungsentwicklung
- Kauffrau/-mann für Bürokommunikation
- IT-Systemkauffrau/-mann

ARBEIT UND FAMILIE
Teilzeit	ja
Homeoffice	ja
Gesundheitsprogramme	ja
Modernste Arbeitsmittel	ja

CAMPUS
Praktika	ja
Studienabschlussarbeiten	ja
Traineeprogramme	ja
Werkstudenten	ja

JW**FROEHLICH**
Test and Assembly Solutions for Powertrain

JW FROEHLICH Maschinenfabrik GmbH
Test and Assembly Solutions for Powertrain

MASCHINENBAU

Vor fast 50 Jahren gegründet, sind wir spezialisiert auf die Entwicklung, Konstruktion und Montage komplexer Prüfsysteme und Anlagen für die Automobilindustrie. Wir sind ein global agierendes, mittelständisches Unternehmen mit Standorten in Deutschland, England, den USA und in China.

Technologischer Vorsprung ist die Basis unseres Erfolgs. Unser Produktspektrum umfasst Kalt- und Heißteststände für Verbrennungsmotoren, Prüfstände und -systeme für Getriebe, flexible Montage- und Lecktestmaschinen für Zylinderköpfe und Zylinderblöcke, hochpräzise Lecktesteinrichtungen mit Luft und Testgas sowie Prüfsysteme für Abgasturbolader. Unser Know-how und unsere Leistungsfähigkeit werden weltweit von allen namhaften Automobilfirmen geschätzt.

Wir sind ein inhabergeführtes, wirtschaftlich gesundes und zukunftsorientiertes Unternehmen mit derzeit 330 Beschäftigten, die sich motiviert und eigenverantwortlich einbringen. Wir bieten individuelle Qualifizierungs- und Entwicklungsmöglichkeiten, denn wir legen Wert auf eine langfristige und erfolgreiche Zusammenarbeit mit unseren Mitarbeitern.

JW**FROEHLICH**
Test and Assembly Solutions for Powertrain

Leinfelden + Plochingen
Germany

Laindon Essex
England

Detroit Michigan
USA

Shanghai + Dalian
China

STECKBRIEF

BRANCHE
Maschinenbau

STANDORTE
Leinfelden-Echterdingen und Plochingen

AUSLANDSSTANDORTE
England, USA und China

MITARBEITER
Deutschland: 240
Weltweit: 330

ADRESSE
JW Froehlich Maschinenfabrik GmbH
Kohlhammerstraße 18-24
70771 Leinfelden-Echterdingen

ANSPRECHPARTNER
Stefan Rothe, Leiter Personal
+49 711 79766 0
info@jwf.com

KARRIERE

AUSBILDUNGSANGEBOTE
- Industriemechaniker/in
- Mechatroniker/in
- Industriekaufleute

DUALES HOCHSCHULSTUDIUM IN DEN FACHRICHTUNGEN
- Maschinenbau
- Elektrotechnik

DUALE STUDIENMODELLE AN DER HOCHSCHULE ESSLINGEN
- MechatronikCom
- MechatronikPlus

CAMPUS

Schülerpraktika	ja
Vorpraktika	ja
Technikerarbeiten	ja
Studienabschlussarbeiten	ja
Werkstudenten	ja

ARBEIT UND FAMILIE

Betriebliche Altersvorsorge	ja
Mitarbeiterbeteiligung	ja
Weiterbildungsmöglichkeiten	ja
Gleitzeitmodell	ja

STELLENANGEBOTE
www.jwf.com/career

JW FROEHLICH Maschinenfabrik GmbH
Test and Assembly Solutions for Powertrain

JW FROEHLICH

Test and Assembly
Solutions for Powertrain

C.VITA GmbH

C.VITA
connecting business

C.VITA. Connecting Business.

C.VITA bietet Unternehmen alles, was Sie für wirtschaftliche und sichere Kommunikation brauchen: Günstige Tarife, hohe Netzqualität und Kompetenz bei der Beratung. Als innovativer Telekommunikations-Anbieter stellt C.VITA die ganze Palette moderner Kommunikations-Lösungen bereit – vom ISDN-Festnetzanschluss mit schnellem Internetzugang über hochperformante Standleitungen bis hin zu individuellen Konzepten für Service-Hotlines. Neben bundesweiten Telefon- und Internettarifen gibt es 24h-Support und flexiblen Vor-Ort-Installations-Service.

Hinter C.VITA stehen die Leistungsfähigkeit und Zuverlässigkeit eines seit Generationen tätigen Unternehmens mit mehr als 100 Jahren Erfahrung im Dienstleistungssektor. Als Teil eines mittelständischen Familienunternehmens ist C.VITA keinem Konzern, sondern nur dem eigenen Wort gegenüber den Kunden verpflichtet.

„Unser Ziel: Die beste Dienstleitung vom ersten Moment an. Das spüren unsere Kunden bei jedem Kontakt."

Manfred Neff, Geschäftsführer

STECKBRIEF ⁺ JOBS-STUTTGART.COM

BRANCHE
Telekommunikation

GESCHÄFTSFELDER
ISDN- und Internetlösungen, ITK-Dienste

STANDORT
Stuttgart

MITARBEITER
20

ANSPRECHPARTNER FÜR PERSONAL
Sandra Bergmann

ANSCHRIFT
C.VITA GmbH
Personalabteilung
Daimlerstraße 86
70372 Stuttgart
Telefon: 0711/9541-129
personalabteilung@c-vita.de
www.c-vita.de

KARRIERE

FACH- UND FÜHRUNGSKRÄFTE

Wir bieten Arbeitsplätze in den verschiedensten Bereichen. Unsere aktuellen Stellenangebote finden Sie jeweils auf unserer Homepage www.c-vita.de. Auch Initiativbewerbungen und Quereinsteiger sind uns willkommen. Interesse? Melden Sie sich in unserer Personalabteilung.

CAMPUS

Praktika	ja
Werkstudenten	ja
Abschlussarbeiten	ja

ARBEIT UND FAMILIE

Flexible Arbeitszeiten	ja
Individuelle Arbeitszeitmodelle	ja
Teilzeit	ja
Homeoffice	teilweise
Kinderbetreuungszuschuss	ja
Fahrtkostenzuschuss	ja
Betriebliche Altersvorsorge	ja

E.VITA GmbH

E.VITA
Energie, die Wort hält.

E.VITA – Energie, die Wort hält.

E.VITA versteht sich als Energie-Partner, der seinen Kunden langfristig beratend zur Seite steht und passgenaue Lösungen für eine zuverlässige Strom- und Gasversorgung bietet. Das partnerschaftliche Verhältnis findet seinen Ausdruck in dem Anspruch bestmöglichen Service, transparente Tarife und uneingeschränkte Versorgungssicherheit zu gewährleisten.

Nachhaltigkeit begreifen wir als Dreiklang, der Umwelt und Soziales mit ökonomischen Prinzipien verbindet. Dies schätzen unsere Kunden, denn der effiziente Umgang mit Energie spielt heute eine wichtige Rolle.

Hinter dem Energieversorger E.VITA stehen die Leistungsfähigkeit und Zuverlässigkeit eines seit Generationen tätigen Unternehmens, das auf umfassende Erfahrung aus mehr als 100 Jahren Dienst am Kunden zurückgreifen kann.

Als mittelständisches süddeutsches Familienunternehmen sind wir keinem Konzern, sondern nur dem eigenen Wort gegenüber unseren Kunden verpflichtet.

„E.VITA verzichtet auf aufwändige Werbung und hohen Verwaltungsaufwand und kauft Strom und Gas zu günstigsten Zeitpunkten ein. Das bedeutet: günstigere Tarife und besseren Service. Die steigenden Kundenzahlen zeigen uns, dass wir auf dem richtigen Weg sind.“

Stefan Harder, Geschäftsführer

STECKBRIEF + JOBS-STUTTGART.COM

BRANCHE
Energiewirtschaft

GESCHÄFTSFELDER
Strom, Gas, Energiedienstleistungen

STANDORTE
Stuttgart und Hamburg

MITARBEITER
50–60

ANSPRECHPARTNER FÜR PERSONAL
Sandra Bergmann

ANSCHRIFT
E.VITA GmbH
Personalabteilung
Elwertstraße 3
70372 Stuttgart
Telefon: 0711/9541-129
personalabteilung@evita-energie.de
www.evita-energie.de

KARRIERE

FACH- UND FÜHRUNGSKRÄFTE

Wir bieten Arbeitsplätze in den verschiedensten Bereichen. Unsere aktuellen Stellenangebote finden Sie jeweils auf unserer Homepage www.evita-energie.de. Auch Initiativbewerbungen und Quereinsteiger sind uns willkommen. Interesse? Melden Sie sich in unserer Personalabteilung.

AUSBILDUNGSANGEBOTE

- Kaufmann/frau für Bürokommunikation

CAMPUS

Praktika	ja
Werkstudenten	ja
Abschlussarbeiten	ja

ARBEIT UND FAMILIE

Flexible Arbeitszeiten	ja
Individuelle Arbeitszeitmodelle	ja
Teilzeit	ja
Homeoffice	teilweise
Kinderbetreuungszuschuss	ja
Fahrtkostenzuschuss	ja
Betriebliche Altersvorsorge	ja

Glöckle *direct* GmbH

Glöckle *direct* ist ein führender Dienstleister, in dessen Portfolio sich Angebote aus den Bereichen Energie und Telekommunikation finden. Im Mittelpunkt steht individueller Service, um optimale Ergebnisse zu erzielen. Kompetente und umfassende Kunden-Betreuung, IT und Organisation, Vertriebsmanagement, innovatives Marketing von der Konzeption bis zur Realisation, von der Beratung bis zur Abwicklung – es gibt vieles, was wir für unsere Partner aus verschiedensten Sparten tun. Die Glöckle *direct* GmbH geht hervor aus einem Familienunternehmen mit mehr als 100 Jahren Erfahrung im Dienstleistungssektor. Lange bevor der Begriff Direct Marketing geprägt wurde, war Glöckle in diesem Bereich tätig. Der Dialog mit den Kunden und der Verkauf per Post – unabhängig vom Ladengeschäft – machte früh einen Großteil des stetig wachsenden Erfolges aus.

Jede Generation der Familie baut auf der Erfahrung der vorhergehenden auf und ergänzt sie um aktuellstes Know-how. So schafft man Nachhaltigkeit – auch und gerade beim Erfolg.

„Wer seit mehr als 100 Jahren erfolgreich am Markt ist, denkt nicht nur an den nächsten Schritt – sondern auch schon an den übernächsten."

Axel Glöckle, Geschäftsführender Gesellschafter

STECKBRIEF + JOBS-STUTTGART.COM

BRANCHE
Dienstleistungen

GESCHÄFTSFELDER
Energie, Telekommunikation, Staatliche Lotterien

STANDORT
Stuttgart

MITARBEITER
180

ANSPRECHPARTNER FÜR PERSONAL
Sandra Bergmann

ANSCHRIFT
Glöckle *direct* GmbH
Personalabteilung
Daimlerstraße 86
70372 Stuttgart
Telefon: 0711/9541-129
personalabteilung@gloeckle-direct.de
www.gloeckle-direct.de

KARRIERE

FACH- UND FÜHRUNGSKRÄFTE

Wir bieten Arbeitsplätze in den verschiedensten Bereichen. Unsere aktuellen Stellenangebote finden Sie jeweils auf unserer Homepage www.gloeckle-direct.de.
Auch Initiativbewerbungen und Quereinsteiger sind uns willkommen. Interesse? Melden Sie sich in unserer Personalabteilung.

AUSBILDUNGSANGEBOTE

- Duales Studium zum Bachelor of Arts, DHBW Stuttgart Fachrichtung Handel
- Bürokaufmann/frau
- Kaufmann/frau für Bürokommunikation

CAMPUS

Praktika	ja
Werkstudenten	ja
Abschlussarbeiten	ja

ARBEIT UND FAMILIE

Flexible Arbeitszeiten	ja
Individuelle Arbeitszeitmodelle	ja
Teilzeit	ja
Homeoffice	teilweise
Kinderbetreuungszuschuss	ja
Fahrtkostenzuschuss	ja
Betriebliche Altersvorsorge	ja

Gretsch-Unitas
Fenstertechnik, Türtechnik, Automatische Eingangssysteme, Gebäudemanagementsysteme

 Mit etwa 3.700 Mitarbeitern und über 100 Jahren Tradition entwickelt die Unternehmensgruppe Gretsch-
Unitas nicht nur Einzelprodukte, sondern auch individuelle Gesamtlösungen für große Projekte. Gemeinsam
mit Architekten, Planern sowie Profilsystemherstellern werden harmonische Verbindungen von visionärer Architektur und innovativer
Technik erschaffen.

Seit mehr als einem Jahrhundert beschäftigt sich die GU-Gruppe mit
Produkten und Technologien, mit denen heute die meisten Menschen
ganz selbstverständlich und alltäglich umgehen und deren komplexe
Bedeutung sie in der Regel gar nicht mehr bewusst wahrnehmen.

Öffnen, Bewegen, Schließen, Sichern.

Im Einzelnen werden etwa 30.000 Artikel aus den Bereichen Fens-
ter- und Türtechnik, automatische Eingangssysteme sowie Gebäudemanagementsysteme, die sich problemlos miteinander kombinieren
lassen, gefertigt und vertrieben.

Die GU-Gruppe besteht aus über 50 Produktions- und Vertriebsgesellschaften in 35 Ländern. Unter den international führenden Marken GU (Baubeschläge), BKS (Schlösser, Schließsysteme) und FERCO
(Baubeschläge) bietet sie „Vorsprung mit System".

Vorsprung mit System

*„Wir brauchen junge Men-
schen, die unsere Entwicklung
engagiert mitgestalten und
vorantreiben. Wir bieten Ihnen
in unserem Unternehmen
attraktive Perspektiven für Ihre
berufliche Karriere. Wenn Sie
gerne selbstständig arbeiten,
eigenverantwortlich handeln
und Freude an neuen Aufgaben haben, sind Sie bei uns
goldrichtig"*

STECKBRIEF + JOBS-STUTTGART.COM

STAMMSITZ
Ditzingen

MITARBEITER
ca. 3.700

PRÄSENZ
über 50 Produktions- und Vertriebsgesellschaften in 35 Ländern

GEGRÜNDET
1907 von Viktor Gretsch

GESCHÄFTSFÜHRUNG
Julius und Michael von Resch

KONTAKT
Gretsch-Unitas GmbH
Baubeschläge
Johann-Maus-Straße 3
71254 Ditzingen
personalwesen@g-u.de
ausbildung@g-u.de
www.g-u.com

KARRIERE

FACH- UND FÜHRUNGSKRÄFTE
- Konstruktion/Entwicklung
- Vertrieb

Aktuelle Stellenangebote unter
www.g-u.com

AUSBILDUNGSANGEBOTE
- Industriemechaniker (w/m)
- Oberflächenbeschichter (w/m)
- Technischer Produktdesigner (w/m)
- Industriekaufmann /-frau
- Fachkraft für Lagerlogistik (w/m)

DUALES HOCHSCHULSTUDIUM
an der DHBW Stuttgart
- Bachelor of Arts –
  Studiengang BWL-Industrie
- Bachelor of Engineering –
  Studiengang Maschinenbau
- Bachelor of Science –
  Studiengang Wirtschaftsinformatik

CAMPUS
Praktika	ja
Studienabschlussarbeiten	ja
Praxissemester	ja

GROZ-BECKERT®

Groz-Beckert
Gemeinsam die textile Zukunft gestalten

FEINWERKTECHNIK

 Groz-Beckert ist weltweit führender Anbieter von industriellen Maschinennadeln, Präzisionsteilen und Feinwerkzeugen sowie Systemen und Dienstleistungen für die Herstellung und Fügung textiler Flächen. Ob für das Stricken und Wirken, Weben, Filzen, Tuften oder Nähen – mit mehr als 70.000 Produkttypen ist Groz-Beckert seit über 160 Jahren kompetenter Partner für Textilmaschinenbauer und Textilhersteller weltweit. Seit der Gründung 1852 hat sich das Familienunternehmen vom reinen Hersteller von Strick- und Wirkmaschinennadeln zum bedeutendsten Systemanbieter im textilen Sektor entwickelt. Neben den bekannten Anwendungen in Mode, Sport und Freizeit kommt den technischen Textilien eine stetig wachsende Bedeutung zu.

Soziale Verantwortung hat traditionell einen hohen Stellenwert bei Groz-Beckert. Im September 2013 eröffnete das neue Sozialzentrum mit Bildungs- und Gesundheitsbereich am Stammsitz in Albstadt. Der Bildungsbereich umfasst eine Kindertagesstätte für 0- bis 6-jährige Kinder und eine Grundschule mit angeschlossener Ganztagsbetreuung für die Mitarbeiterkinder. Im Gesundheitsbereich sind die betriebseigene Krankenkasse BKK Groz-Beckert, der Betriebsarzt und die Betriebssanitäter beheimatet. Darüber hinaus verfügt der Bereich über einen Trainings- und Präventionsbereich mit angeschlossener Physiotherapie. Der Bereich steht sowohl den eigenen Mitarbeiterinnen und Mitarbeitern als auch deren Angehörigen zur Verfügung.

STECKBRIEF **+** JOBS-STUTTGART.COM

BRANCHE
Feinwerktechnik, Maschinenbau

STAMMSITZ
Albstadt

MITARBEITER
ca. 8.000

UMSATZ 2012
539 Mio. Euro

KONTAKT
Groz-Beckert
Parkweg 2
72458 Albstadt
Telefon +49 7431 10-0
Telefax +49 7431 10-2777
contact@groz-beckert.com
www.groz-beckert.com

RECRUITING
Miriam Edelmann
miriam.edelmann@groz-beckert.com

AUSBILDUNG UND STUDIUM
Nicolai Wiedmann
nicolai.wiedmann@groz-beckert.com

KARRIERE

FACH- UND FÜHRUNGSKRÄFTE
- Maschinenbau
- Textiltechnik
- Mechatronik
- Elektro-/Automatisierungstechnik
- Kommunikations- und Softwaretechnik
- (Wirtschafts-) Ingenieurwesen
- Wirtschaftsinformatik
- Wirtschaftswissenschaften

STUDIUM
- Bachelor of Arts, Industrie
- Bachelor of Arts, Consulting & Controlling
- Bachelor of Science, Wirtschaftsinformatik
- Kombistudium zum Industriemechaniker/in sowie Bachelor of Engineering, Maschinenbau
- Kombistudium zum Fachinformatiker/in sowie Bachelor of Engineering, Kommunikations- und Softwaretechnik
- Studien- und Abschlussarbeiten
- Praktika

AUSBILDUNG
- Industriemechaniker/in
- Mechatroniker/in
- Fachkraft für Metalltechnik
- Werkstoffprüfer/in Metalltechnik
- Technische/r Produktdesigner/in
- Produktionsmechaniker/in Textil
- Industriekaufleute
- Fachinformatiker/in, Systemintegration
- Sozialversicherungsfachangestellte/r

Erfahren Sie
mehr per App
„myGrozBeckert"

Philipp Hafner GmbH & Co. KG
Fertigungsmesstechnik

MASCHINENBAU

Philipp Hafner – bei uns wird genau gemessen

Wir sind ein unabhängiges Familienunternehmen und führender Spezialist für kundenspezifische Lösungen im Bereich anspruchsvoller Fertigungsmesstechnik. Kernkompetenz ist die dimensionelle Messung von hoch präzisen Werkstücken. Unsere Maschinen – vom Handmessplatz bis zur vollautomatisierten Messanlage – stehen direkt in der Fertigung unserer Kunden und verbinden größte Messpräzision mit hoher Verfügbarkeit und kurzer Messzeit. Darauf setzen unsere Kunden – die besten Automobilhersteller, deren Zulieferer und innovative Werkzeugmaschinenhersteller.

Mitarbeiter im Fokus

Wir sind auf fachlich gut ausgebildete, leistungsstarke und motivierte Mitarbeiter angewiesen. Die Förderung unserer Mitarbeiter sowie die Ausbildung junger Menschen sind ein wichtiger Bestandteil unserer Personalpolitik. Sichere und attraktive Arbeitsplätze, Projektverantwortung, kurze Entscheidungswege und eine offene Kommunikationskultur fördern die hohe Identifikation mit dem Unternehmen und die Freude an der Arbeit.

„Hier will ich arbeiten! – das ist die Leitidee für das neue Firmengebäude in Fellbach, das wir 2015 beziehen werden."

Ulla Böhringer, Geschäftsführerin

STECKBRIEF   JOBS-STUTTGART.COM

BRANCHE
Maschinenbau
GRÜNDUNG
1928
STANDORT
Fellbach
GESCHÄFTSFÜHRER
Paul Böhringer, Ulla Böhringer
MITARBEITERANZAHL
90
UNSERE ANSPRECHPARTNERIN FÜR PERSONAL
Brigitte Zinßer,
personal@hafner-philipp.de
ADRESSE
Philipp Hafner GmbH & Co. KG
Röntgenstraße 14
70736 Fellbach
Telefon +49 711 95767 - 0
Telefax +49 711 95767 - 5
info@hafner-philipp.de
www.hafner-philipp.de

KARRIERE

AUSBILDUNGSANGEBOTE	**CAMPUS**	
Industriekaufmann/-frau	Praktika	ja
Industriemechaniker/in	Bachelor- und Masterarbeiten	ja
Mechatroniker/in	Technikerarbeiten	ja
Techn. Produktdesigner/in	Berufseinstieg als Trainee oder direkt	ja

DUALES HOCHSCHULSTUDIUM
- Maschinenbau
  (Konstruktion/Entwicklung)
- Mechatronik (Allgemeine Mechatronik)

STELLENANGEBOTE
Aktuelle Stellenangebote unter
www.hafner-philipp.de/karriere.html

ARBEIT UND FAMILIE	
Sichere und modern	
ausgestattete Arbeitsplätze	ja
Leistungsgerechte Bezahlung	
und flexible Arbeitszeiten	ja
Sehr gutes Betriebsklima	
mit starkem Zusammenhalt	ja
Raum für persönliche und	
fachliche Weiterentwicklung	ja

 **Harro Höfliger Verpackungsmaschinen GmbH**
All you need

Was haben chirurgisches Nahtmaterial, Verbandpflaster, Inhalatoren, feiner Kaffee und Lithium-Ionen Akkus gemeinsam? Die Prozesstechnik zur industriellen Automatisierung ist „Made in Baden-Württemberg" oder genauer gesagt „Made by Harro Höfliger"

Seit der Firmengründung von Harro Höfliger im Jahr 1975 hat sich das Unternehmen zu einem weltweit gefragten Technologieunternehmen in den unterschiedlichsten Bereichen entwickelt. Von seinen Anfängen bis weit in die 1990er Jahre hinein stand Harro Höfliger in erster Linie für Verpackungskompetenz, die das Unternehmen bekannt gemacht hat. Heute definiert sich das Unternehmen Harro Höfliger über seine Entwicklungskompetenz im gesamten Herstell- und Automatisierungsprozess von Massenprodukten – überwiegend in der pharmazeutischen und medizintechnischen Industrie.

Über 32% der Gesamtbelegschaft, d. h. rund 200 Ingenieure in den Bereichen Maschinenbau und Steuerungstechnik, arbeiten in der Entwicklung und sorgen dafür, dass die Harro Höfliger Verpackungsmaschinen GmbH in einigen Nischenbereichen zum technologischen Marktführer avancierte. Doch nicht nur die Kompetenz in der Entwicklung, sondern auch die unmittelbare Nähe zum Markt unterscheidet das Unternehmen von seinen Mitbewerbern.

STECKBRIEF + JOBS-STUTTGART.COM

BRANCHE
Maschinenbau

GRÜNDUNG
1975

STANDORTE
Allmersbach im Tal, Satteldorf

NIEDERLASSUNGEN
USA, Schweiz, China, Frankreich, Russland, Singapur, Kanada, Großbritannien

GESCHÄFTSFÜHRER
Harro Höfliger, Manfred Reiser, Markus Höfliger, Thomas Weller, Peter Claußnitzer, Uwe Amann, Heinrich Havenstein

MITARBEITERZAHL
750

UNSERE ANSPRECHPARTNER FÜR PERSONAL
Uwe.Amann@hoefliger.de
Nicole.Krimmer@hoefliger.de

ADRESSE
Harro Höfliger Verpackungsmaschinen GmbH
Helmholtzstr. 4
D-71573 Allmersbach im Tal
Telefon: +49 7191 501-0
Telefax: +49 7191 501-5244
info@hoefliger.de
www.hoefliger.de

KARRIERE

AUSBILDUNGSANGEBOTE
- Industriemechaniker/in
- Mechatroniker/in
- Elektroniker/in für Automatisierungstechnik
- Zerspanungsmechaniker/in

DUALES HOCHSCHULSTUDIUM IN DEN FACHRICHTUNGEN
- Maschinenbau: Vertiefungsrichtung Verpackungs- und Automatisierungstechnik
- Informatik: Vertiefungsrichtung Informationstechnik
- Wirtschaftsingenieurwesen: Vertiefungsrichtung Internationales Technisches Vertriebsmanagement; Vertiefungsrichtung Internationale Produktion und Logistik

STUDIUM NACH DEM ULMER MODELL IN DEN FACHRICHTUNGEN
- Elektrotechnik
- Maschinenbau

CAMPUS
Schülerpraktika	ja
Praktika	ja
Studienabschlussarbeiten	ja
Werkstudenten	ja
Technikerarbeiten	ja

ARBEIT UND FAMILIE
- Flexible Arbeitszeiten
- Individuelle Arbeitszeitmodelle
- Betriebliche Altersvorsorge
- Weiterbildung

STELLENANGEBOTE
Aktuelle Stellenangebote unter
www.hoefliger.de

HAGOS eG
Wärmekultur vom Kachelofenbauer

GROSSHANDEL

Hagos ist mehr als Großhandel.

Einzigartig in der Kachelofen-Branche ist die Genossenschaft des Ofenbauer-Handwerks. Mehr als 3.000 Handwerksbetriebe zählt die Hagos zu ihren Kunden, davon über 1.133 Mitglieder.

Rund 280 Mitarbeiter/innen an 11 Standorten in Deutschland und zwei Standorten in Österreich arbeiten für eine zuverlässige und schnelle Warenversorgung des Handwerks. Für die umfangreiche Vorratshaltung (20.000 Sortimentsartikel) stehen über 30.000 m² Lagerfläche zur Verfügung. Bei über 400.000 Aufträgen im Jahr legt die eigene Fahrzeugflotte mit 96 Fahrzeugen über 4,6 Mio Kilometer zurück.

Die Hagos sieht ihre Aufgaben darin, den Ofenbauer jeden Tag in seinen vielfältigen Aufgaben zu unterstützen. Aus diesem Grund werden regelmäßig umfangreiche Informationen zu neuen Produkten und Techniken versandt, aber auch eine eigene Messe, sowie zahlreiche Schulungen und Seminare organisiert. Begleitend dazu stehen den Kunden eine Vielzahl verkaufsfördernder Aktivitäten und individualisierter Werbemaßnahmen zur Auswahl. Als Mittler zwischen Industrie und Handwerk bietet die Hagos beiden überzeugende Vorteile. Die Genossenschaft ist zudem in unterschiedlichen Gremien aktiv: Fachausschüsse des Handwerks, Normenausschüsse, Branchenverbänden und diverse Organistionen. Von den Ergebnissen, die hier erarbeitet werden, profitiert das Handwerk, die Hersteller und die gesamte Branche.

KARRIERE

FACH- UND FÜHRUNGSKRÄFTE
- Vertrieb
- Produktmanagement
- Marketing
- Informatik
- Finanzen
- Lagerfachpersonal
- Fuhrparkpersonal

AUSBILDUNGSBERUFE
- Kaufmann/-frau im Groß- und Außenhandel
- Fachinformatiker/in

- Fachkraft für Lagerlogistik (m/w)
- Fachlagerist/in

DUALES STUDIUM
an der Dualen Hochschule Baden-Württemberg Studienrichtung BWL Handel

AKTUELLE STELLENANGEBOTE
www.hagos.de/unternehmen

STECKBRIEF + JOBS-STUTTGART.COM

BRANCHE
Großhandel

GRÜNDUNG
1919 in Stuttgart

VORSTAND
Guido Eichel, Ralf Tigges

ZENTRALE
Stuttgart

NIEDERLASSUNGEN/ZENTRALLAGER (DEUTSCHLAND)
Neu-Ulm, Stuttgart, Groß-Umstadt, Bad-Salzuflen, Landsberg/Peißen, Nürnberg, Wittstock, Ismaning, Gräfenwarth/Schleiz

TOCHTERGESELLSCHAFTEN (ÖSTERREICH)
Mattersburg-Walbersdorf, Hallwang

MITARBEITERZAHL
rund 280 (inkl. Tochtergesellschaften)

UMSATZ
in Deutschland 121,2 Mio EUR netto (2012)

ANSPRECHPARTNERIN FÜR PERSONAL
Jeannette Jeromin
Leiterin Personal und Recht
Telefon +49 711 78805–7041
bewerbungen@hagos.de

ADRESSE
Hagos Verbund deutscher Kachelofen- und Luftheizungsbauerbetriebe eG
Industriestraße 62 - 70565 Stuttgart
Telefon + 49 711 78805-0
Telefax + 49 711 78805-7099
www.hagos.de

HELLER

Gebr. Heller Maschinenfabrik GmbH
HELLER Lösungen: Wissen, wie es geht.

HELLER entwickelt und produziert modernste Werkzeugmaschinen und Fertigungssysteme für die spanende Bearbeitung. In dieser Branche sind wir einer der führenden Hersteller und beschäftigen weltweit rund 2.500 Mitarbeiter. Produktionsstätten in Europa, Brasilien, USA sowie in China gewährleisten die zuverlässige Belieferung unserer Kunden. Darüber hinaus sind wir in allen wichtigen Märkten mit eigenen Vertriebs- und Serviceniederlassungen sowie qualifizierten Servicepartnern vertreten. Zu unseren Kunden zählen Unternehmen aus der Automobilindustrie und deren Zulieferer, aus dem allgemeinen Maschinenbau, der Elektrotechnik, der Aerospace-Industrie, der Energietechnik, der Lohnfertigung sowie aus vielen weiteren Branchen. Unsere Kunden überzeugen wir seit 119 Jahren mit innovativen Ideen, Präzision und höchster Qualität – in jedem Bereich. Wir bieten Ihnen weltweit spannende Aufgaben und Perspektiven in einem mittelständisch geprägten Unternehmen!

KARRIERE

FACH- UND FÜHRUNGSKRÄFTE (M/W)
- Ingenieure (m/w) verschiedener Fachrichtungen (Maschinenbau, Elektrotechnik, Mechatronik)
- Inbetriebnehmer (m/w)
- Servicemonteure (m/w)
- Vertriebsspezialisten (m/w)

AUSBILDUNGSANGEBOTE
- Industriemechaniker (m/w)
- Zerspanungsmechaniker (m/w)
- Konstruktionsmechaniker (m/w)
- Mechatroniker (m/w)
- Elektroniker (m/w) für Automatisierungstechnik
- Technische Produktdesigner (m/w)

DUALES HOCHSCHULSTUDIUM
in den Fachrichtungen
- DHBW Maschinenbau
- DHBW Wirtschaftsinformatik
- DHBW BWL Fachrichtung Industrial Management
- Reutlinger Modell
- Mechatronik Plus

CAMPUS
Praktika	ja
Studienabschlussarbeiten	ja
Werkstudenten	ja

ARBEIT UND FAMILIE
Teilzeit	ja
Flexible Arbeitszeiten	ja
Variable Arbeitszeitmodelle	ja
betriebliches Gesundheitsmanagement	ja

STELLENANGEBOTE
Aktuelle Stellenangebote unter
www.heller.biz

STECKBRIEF +JOBS-STUTTGART.COM

BRANCHE
Maschinenbau

GRÜNDUNG
1894

STANDORT
Nürtingen

NIEDERLASSUNGEN
USA, Brasilien, England, China, weltweite Vertriebs- und Serviceniederlassungen

GESCHÄFTSFÜHRER
Klaus Winkler, Manfred Maier

MITARBEITERZAHL
2.500 weltweit

ANSPRECHPARTNER PERSONAL
Nicole Summa

ADRESSE
Gebr. Heller Maschinenfabrik GmbH
Gebrüder-Heller-Str. 15
72622 Nürtingen
Telefon: 07022/77-0
Telefax: 07022/77-160
personal@heller.biz
www.heller.biz

HFH • Hamburger Fern-Hochschule
HFH Stuttgart
Zukunft planen – berufsbegleitend studieren.

UNIVERSITY
OF APPLIED SCIENCES

HOCHSCHULE

Mit rund 10.000 Studierenden ist die HFH eine der größten privaten Hochschulen Deutschlands. Auch in Stuttgart ist sie seit vielen Jahren an zwei Standorten präsent. Die staatlich anerkannte HFH verfolgt das bildungspolitische Ziel, Berufstätigen und Auszubildenden den Weg zu einem akademischen Abschluss zu eröffnen. Sie setzt auf ein berufsbegleitendes Studienkonzept, das konsequent auf die Bedürfnisse der Studierenden zugeschnitten ist. Dazu gehört eine umfassende Beratung vor Aufnahme des Studiums ebenso wie eine individuelle Betreuung während der gesamten Studienzeit – sowohl von den Mitarbeitern vor Ort in Stuttgart wie auch seitens der Hochschulzentrale in Hamburg. Das Studium basiert auf Selbstlernphasen, die mit Präsenzveranstaltungen ergänzt werden. In diesen vertiefen die Studierenden den Lernstoff und haben die Möglichkeit, sich mit den Lehrbeauftragten und den anderen Kommilitonen auszutauschen. An der HFH haben bereits über 5.000 Absolventen ihr Studium abgeschlossen.

„Wir sind als verlässlicher Bildungspartner stets an der Seite unserer Studierenden. Mit bestmöglicher Betreuung und Beratung vor Ort führen wir sie erfolgreich zum Studienabschluss."

Prof. Dr. Peter François, Präsident der HFH

STECKBRIEF + JOBS-STUTTGART.COM

BRANCHE
Private Hochschule
Fernstudium

FACHBEREICHE
Gesundheit und Pflege sowie
Technik und Wirtschaft

STUDIERENDE
10.000

ZENTRALE STUDIENBERATUNG
040 350 94-360

ADRESSEN
HFH Stuttgart Gesundheit und Pflege
Hackstr. 77
70190 Stuttgart
Tel.: 0711 92371-33

HFH Stuttgart Technik und Wirtschaft
Nordbahnhofstr. 147
70191 Stuttgart
Tel.: 0711 67235950

info@hamburger-fh.de
www.hamburger-fh.de
www.facebook.com/HFHHamburger-FernHochschule

KARRIERE

BACHELOR- UND MASTERSTUDIENGÄNGE
an der HFH Stuttgart:

- Fachbereich Gesundheit und Pflege
  - Gesundheits- und Sozialmanagement (B.A.)
  - Health Care Studies für Auszubildende (B.Sc.)
  - Health Care Studies (B.Sc.) für Berufserfahrene
  - Pflegemanagement (B.A.)

  - Management von Organisationen und Personal im Gesundheitswesen (M.A.)

- Fachbereich Technik und Wirtschaft
  - Betriebswirtschaft (B.A.)
  - Betriebswirtschaft (B.A.) für staatlich geprüfte Betriebswirte
  - Facility Management (B.Eng.)
  - Wirtschaftsingenieurwesen (B.Eng.)
  - Wirtschaftsrecht (LL.B.)

  - Aufbaustudiengänge Facility Management (B.Eng.), Technik (B.Eng.) und Wirtschaft (B.Eng.)

  - General Management (MBA)

Die HFH bietet in Stuttgart regelmäßig Infoveranstaltungen an. Termine und Anmeldung unter www.hamburger-fh.de

Hirschmann Automation and Control GmbH
Sending All the Right Signals

KOMMUNIKATIONSTECHNIK

Die Hirschmann Automation and Control GmbH tritt im internationalen Belden-Verbund als Experte für Automatisierungs- und Netzwerktechnik auf. Als global aufgestelltes, börsennotiertes Unternehmen hat sich Belden mit weltweit über 6.700 Mitarbeitern auf die Entwicklung und Herstellung von Lösungen für die industrielle Datenübertragung spezialisiert. Am Standort in Neckartenzlingen entwickeln und forschen wir jeden Tag an neuen Technologien, die sich an unseren Kundenanforderungen wie Leistung, Effizienz, Zuverlässigkeit und Investitionssicherheit orientieren. Unsere hochspezialisierten Produkte reichen von industriellen Netzwerkvermittlungssystemen (Switchen) für Fast-Gigabit- und 10 Gigabit-Ethernet Anschlüssen bis hin zu Fiber-INTERFACES für verschiedenste Feldbussysteme.
Die Automatisierungs- und Netzwerktechnik wird über die bekannte Marke Hirschmann™ vertrieben, welche für uns Mitarbeiter für Leidenschaft an Technik, Begeisterung für unsere Produkte und Innovation steht – schließlich sind wir stolz Marktführer in Industrial Ethernet zu sein.

STECKBRIEF + JOBS-STUTTGART.COM

BRANCHE
Kommunikationstechnik

GESCHÄFTSFELDER
industrielle Automatisierung- und Netzwerktechnik, Baumaschinenelektronik

GESCHÄFTSFÜHRER
Christoph Gusenleitner
Wolfgang Schenk
Johannes Pfeffer
Henk Derksen

STANDORTE
Neckartenzlingen, Ettlingen

MITARBEITERZAHL
420

UNSER ANSPRECHPARTNER FÜR PERSONAL
Pascal Wagenhaus

ADRESSE
Hirschmann Automation and Control GmbH
Stuttgarter Str.45-51
72654 Neckartenzlingen
jobs-emea@belden.com
www.beldensolutions.com

KARRIERE

FACH- UND FÜHRUNGSKRÄFTE
- Ingenieurwissenschaften (insbesondere Elektrotechnik, Informatik, Softwaretechnik, Nachrichtentechnik, Wirtschaftsingenieurwesen)
- Wirtschaftswissenschaften

AUSBILDUNGSANGEBOTE
- Fachinformatiker/in
- Mechatroniker/in
- Elektroniker/in für Geräte und Systeme
- Werkzeugmechaniker/in
- Verfahrensmechaniker/in für Kunststoff und Kautschuktechnik

DUALES STUDIUM
- BWL – Industrie
- Wirtschaftsingenieurwesen – Elektrotechnik
- Angewandte Informatik – Kommunikationsinformatik
- Elektrotechnik – Nachrichtentechnik
- Maschinenbau – Kunststofftechnik

CAMPUS
Praktika	ja
Studienabschlussarbeiten	ja
Werkstudenten	ja

STELLENANGEBOTE
Aktuelle Stellenangebote unter
www.beldensolutions.com/karriere

Belden Deutschland GmbH
Sending All the Right Signals

ELEKTROTECHNIK

Die Belden Deutschland GmbH ist Spezialist für Steckverbinder und innovative Verdrahtungslösungen, die in nahezu allen Bereichen der Automatisierung zur Anwendung kommen. Das Produktportfolio umfasst vielfältige Steckverbinder für Sensoren und Aktoren, ein- oder beidseitig konfektionierte Anschlussleitungen sowie Verteilersysteme und E/A-Module zum Anschluss an Feldbusse und Ethernet-Netzwerke. Die Belden Deutschland GmbH gehört dem international agierenden Belden-Verbund an, der mit insgesamt 6.700 Mitarbeitern seine Expertise im Bereich der industriellen Kommunikationslösungen beweist. In Neckartenzlingen und Schalksmühle zeigen täglich rund 200 Mitarbeiter Erfindungsreichtum, Kreativität, Teamgeist und großen Einsatz bei der Entwicklung und Herstellung der Steckverbinder sowie der Verdrahtungslösungen, die unter den renommierten Marken Hirschmann™ und Lumberg Automation™ insbesondere im Maschinen- und Anlagenbau, der Gebäudeinstallation sowie im Bereich der erneuerbaren Energien eingesetzt werden.

KARRIERE

FACH- UND FÜHRUNGSKRÄFTE
- Ingenieurwissenschaften (insbesondere Mechatronik, Maschinenbau, Kunststofftechnik, Elektrotechnik, Nachrichtentechnik, Automatisierungstechnik, Wirtschaftsingenieurwesen)
- Wirtschaftswissenschaften

CAMPUS
Praktika	ja
Studienabschlussarbeiten	ja
Werkstudenten	ja

ARBEIT UND FAMILIE
Teilzeit	ja
Homeoffice	ja

STELLENANGEBOTE
Aktuelle Stellenangebote unter
www.beldensolutions.com/karriere

STECKBRIEF + JOBS-STUTTGART.COM

BRANCHE
Elektrotechnik

GESCHÄFTSFELDER
industrielle Steckverbindertechnik und Verdrahtungslösungen

GESCHÄFTSFÜHRER
Christoph Gusenleitner
Henk Derksen

STANDORTE
Neckartenzlingen, Schalksmühle

MITARBEITERZAHL
200

ANSPRECHPARTNER FÜR PERSONAL
Mirjam Schulze

ADRESSE
Belden Deutschland GmbH
Stuttgarter Str. 45-51
72654 Neckartenzlingen
jobs-emea@belden.com
www.beldensolutions.com

Hochschule Reutlingen
Reutlingen University

Hochschule Reutlingen

 Die Hochschule Reutlingen ist eine der führenden Hochschulen für eine internationale und unternehmensnahe akademische Ausbildung.

Dank der gelebten Internationalität, einer konsequent leistungs- und praxisorientierten Ausrichtung und einer engen Zusammenarbeit mit der Wirtschaft genießt die Hochschule im In- und Ausland einen exzellenten Ruf. An den fünf Fakultäten Angewandte Chemie, ESB Business School, Informatik, Technik und Textil & Design lernen mehr als 5.200 Studierende.

Zertifikat seit 2010
audit familiengerechte
hochschule

KARRIERE

BACHELOR-STUDIENGÄNGE

- Angewandte Chemie
- Biomedizinische Wissenschaften
- International Business
- International Fashion Retail
- International Logistics Management
- International Management
- International Project Engineering
- Maschinenbau
- Mechatronik
- Medien- und Kommunikationsinformatik
- Medizinisch-Technische Informatik
- Produktionsmanagement
- Textildesign/Modedesign
- Textiltechnologie-Textilmanagement
- Transportation Interior Design
- Wirtschaftsinformatik

MASTER-STUDIENGÄNGE

- Angewandte Chemie
- Design
- European Management Studies
- Human Centered Computing
- International Accounting and Taxation
- International Business Development
- International Management (MSc, MBA Full-Time, MBA Part-Time)
- Leistungs- und Mikroelektronik
- Maschinenbau
- Mechatronik
- Operations Management
- Services Computing
- Textiltechnologie-Textilmanagement
- Wirtschaftsinformatik

AUSZEICHNUNGEN

- Familiengerechte Hochschule seit 2010 (erneut zertifiziert 2013)
- Qualitätssiegel des Deutschen Akademischen Austauschdienstes für den internationalen Austausch 2012
- Internationale Hochschule 2010

ARBEIT UND FAMILIE

Teilzeit	ja
flexible Arbeitszeiten	ja
Homeoffice	ja
Kinderbetreuung auf dem Campus	ja

WEITERE ANGEBOTE

Weiterbildungsmöglichkeiten	ja
Gesundheitsmanagement	ja

STELLENANGEBOTE

www.reutlingen-university.de/aktuelles/stellenangebote
Kontakt:
info.personal@reutlingen-university.de

STECKBRIEF + JOBS-STUTTGART.COM

BRANCHE
Hochschule

FAKULTÄTEN
Angewandte Chemie
ESB Business School
Informatik
Technik
Textil & Design

GRÜNDUNG
1855

PRÄSIDENT
Prof. Dr. Hendrik Brumme

STANDORTE
Reutlingen, Böblingen

MITARBEITER
313 Mitarbeiterinnen und Mitarbeiter
148 Professoren

STUDIERENDE
5.200

ADRESSE
Hochschule Reutlingen
Alteburgstraße 150
72762 Reutlingen
Tel.: 07121 271-0
Fax: 07121 271-1101
info@reutlingen-university.de
www.reutlingen-university.de
www.facebook.com/HochschuleReutlingen
www.youtube.com/HochschuleReutlingen

HOCHSCHULE

Hugendubel
Die Welt der Bücher

BUCHHANDEL

Hugendubel steht für die Welt der Bücher: Hier finden Kunden eine große Vielfalt an Büchern, Hörbüchern, DVDs, Spielen, Kalendern, Geschenken und vielem mehr. Die Beratung durch unsere erfahrenen und ausgebildeten Buchhändler, denen man die Leidenschaft für ihr Sortiment anmerkt, garantieren bestes Verständnis für die Wünsche unserer Kunden und angenehmen Service.

Seit ihrer Entstehung im Jahre 1893 in München ist die Buchhandlung Hugendubel ein familiengeführtes Unternehmen und hat sich durch Zielstrebigkeit und Innovationen an der Spitze des deutschen Buchhandels etabliert. Heute betreibt Hugendubel bundesweit über 80 Filialen mit über 1.700 Mitarbeitern.

Mit integrierten Cafés, frei zur Verfügung gestelltem WLAN und ihren typischen Leseinseln, verfügen die Hugendubel-Buchhandlungen über eine gemütliche und ruhige Atmosphäre mit freiem Zugang zu allen Büchern und eBooks.

Zudem bietet unser Online-Shop www.hugendubel.de Einkaufsmöglichkeiten rund um die Uhr, und auch das Servicecenter beantwortet gerne individuelle Kundenanfragen persönlich am Telefon oder per E-Mail. Wir unterstützen – ganz egal ob Sie privat auf der Suche nach einem bestimmten Buch sind, oder als Firmenkunde Hilfe bei der Recherche von Fachliteratur benötigen. Bei allem was wir tun, handeln wir ganz nach unserem Markenversprechen: Hugendubel. Für jeden mehr drin.

STECKBRIEF + JOBS-STUTTGART.COM

BRANCHE
Buchhandel

GRÜNDUNG
1893

GESCHÄFTSFÜHRER
- Dr. Maximilian Hugendubel
- Nina Hugendubel
- Thomas Nitz
- Torsten Brunn
- Dr. Stefan Höllermann
- Stephanie Lange

STANDORTE
Filialen im ganzen Bundesland, Zentrale in München

MITARBEITERZAHL
ca. 1.700

ADRESSE
H. Hugendubel GmbH & Co. KG
Hilblestraße 54
80636 München
Tel.: 089 30 75 75 75
Fax: 089 - 30 75 75 30
jobs@hugendubel.de
www.hugendubel.de

KARRIERE

Wir suchen qualifizierte und engagierte Bewerber, die ihren Beruf mit Begeisterung ausüben – schließlich tragen unsere Mitarbeiter seit mehr als 100 Jahren maßgeblich zum Unternehmenserfolg bei. Sie interessieren sich für Literatur, Medien und alles, was tagtäglich auf der Welt passiert? Dann sind Sie bei uns richtig!

EINSTIEGSMÖGLICHKEITEN

- Fach- und Führungskräfte für die Zentrale
- BuchhändlerInnen und Servicekräfte für die Filialen
- Auszubildende für die Filialen
- Aushilfen für die Zentrale und die Filialen

STELLENANGEBOTE

Aktuelle Stellenangebote und Einstiegsmöglichkeiten finden Sie unter: www.hugendubel.de

ICS AG
THINK SAFE THINK ICS

IT-DIENSTLEISTUNGEN

Wir sind ein mittelständisches, familiengeführtes IT-Beratungs- und Engineeringunternehmen mit mehr als 150 Mitarbeitern an 10 Standorten in Deutschland. Seit 1966 entwickeln wir intelligente Lösungen für sicherheitskritische IT-Umgebungen. Unsere Leistung umfasst den gesamten Produktlebenszyklus von der Konzeption bis zur Zulassung eines Systems.

In unseren branchenspezifischen Units arbeiten wir bereits heute an der Sicherheit von Morgen. Ob im Bereich Automotive, Aerospace, Industrial Solutions oder dem Schienenfahrzeugverkehr: Wir sind die Insider!

Unsere Spezialisten arbeiten im Schulterschluss mit den Kundenansprechpartnern vor Ort. Zahlreiche Entwicklerteams profitieren vom Know-how und der Erfahrung unserer Experten. Werden Sie einer von uns und entdecken Sie Ihre Fähigkeiten neu. Nutzen Sie die Gelegenheit verschiedene Branchen, Projektbedingungen und Standorte kennen zu lernen.

„Wir behandeln unsere Mitarbeiter so, wie wir selbst behandelt werden wollen – mit Respekt. Wir denken nicht nur an die Sicherheit unserer Kunden, sondern auch an die unserer Mitarbeiter:
THINK SAFE THINK ICS"

STECKBRIEF + JOBS-STUTTGART.COM

BRANCHE
Automotive, Aerospace, Industrial Solutions, Schienenfahrzeuge, Schienenverkehr

GRÜNDUNG
1966

STANDORTE
Stuttgart, Markdorf, Neu-Ulm, München, Ingolstadt, Rüsselsheim, Leipzig, Berlin, Braunschweig, Oldenburg

GESCHÄFTSFÜHRER
Cid Kiefer & Franz-Josef Winkel (Vorstände)

MITARBEITERZAHL
150

UNSER ANSPRECHPARTNER FÜR PERSONAL
Iris Kohler
career@ics-ag.de

ADRESSE
ICS AG
Sonnenbergstraße 13
70184 Stuttgart
T +49 711 21037 00
www.ics-ag.de

KARRIERE

FACH- UND FÜHRUNGSKRÄFTE
- Softwareentwicklung
- Systems Engineering
- Projektmanagement
- Gutachter
- FuSi/Safety-Experten

AKTUELLE STELLENANGEBOTE
www.ics-ag.de/jobs

GESUCHTE FACHRICHTUNGEN
- Informatik
- Physik
- Mathematik
- Elektrotechnik
- Fahrzeugtechnik
- Luft- und Raumfahrttechnik

EINSTIEG BEI ICS	
Direkteinstieg	ja
Studienabschlussarbeiten	ja
Quereinstieg	ja
Qualifizierungsmöglichkeiten	ja

CAMPUS	
Praktika	ja
Werkstudenten	ja
Studienabschlussarbeiten	ja
Promotion	ja

ARBEIT UND FAMILIE	
Flexible Arbeitszeit	ja
Betriebliche Altersvorsorge	ja
Firmenhandy	ja
Social-Events	ja
Firmensport	ja

IHK Region Stuttgart

Industrie- und Handelskammer Region Stuttgart
Ideen entwickeln. Herausforderungen meistern.
Kompetenzen erweitern.

DIENSTLEISTER

Die Industrie- und Handelskammer (IHK) Region Stuttgart ist die erste Adresse für alle wirtschaftsbegeisterten Bewerber. Sie vertritt die Interessen von rund 160.000 Mitgliedsunternehmen und gehört damit zu den größten IHKs in Deutschland. Die IHK übernimmt zahlreiche Aufgaben für den Staat, wie zum Beispiel die Ausstellung von Zolldokumenten oder die Organisation der dualen Ausbildung. Als moderner Dienstleister unterstützt sie darüber hinaus ihre Mitglieder mit vielfältigen Informations- und Beratungsleistungen, beispielsweise wenn es um Auslandsgeschäfte, Förderprogramme oder rechtliche Fragen geht. Die IHK Region Stuttgart versteht sich als Partner und Berater ihrer Mitgliedsunternehmen. Sie fungiert als Sprachrohr der regionalen Wirtschaft und steht in dieser Funktion der öffentlichen Verwaltung, den Kommunen und dem Parlament als kompetenter Ratgeber und kritischer Begleiter zur Verfügung. Sie verfolgt dabei stets das Ziel, gute Rahmenbedingungen für freies unternehmerisches Handeln durchzusetzen.

STECKBRIEF + **JOBS-STUTTGART**.COM

BRANCHE
Dienstleister für die Wirtschaft

GESCHÄFTSFELDER
Standortpolitik
Starthilfe I Unternehmensförderung
Aus- und Weiterbildung
Innovation I Umwelt
International
Recht I Fair Play
Konjunktur I Beschäftigung I Statistik
Medien I Marketing
Mitglieder I Beitrag

GRÜNDUNG
1855

HAUPTGESCHÄFTSFÜHRER
Andreas Richter

STANDORTE
Stuttgart, Böblingen, Esslingen-Nürtingen, Göppingen, Ludwigsburg, Waiblingen

MITARBEITERZAHL
ca. 400

UNSERE ANSPRECHPARTNERIN FÜR PERSONAL
Jutta Strenger,
bewerbung@stuttgart.ihk.de

ADRESSE
IHK Region Stuttgart
Jägerstraße 30
70174 Stuttgart
Telefon +49 711 2005-0
Telefax +49 711 2005-1354
Aktuelle Stellenangebote und weitere Informationen finden Sie auf www.stuttgart.ihk.de
(in der Rubrik „Jobs und Karriere").

KARRIERE

FACH- UND FÜHRUNGSKRÄFTE
- Wirtschaftswissenschaften
- Rechtswissenschaften
- Kommunikationswissenschaften
- Politikwissenschaften
- Ingenieure

ARBEIT UND FAMILIE

Teilzeit	ja
Flexible Arbeitszeiten	ja
Zuschuss zur Ferienbetreuung für Mitarbeiterkinder	ja
Wiedereinstiegsbegleitung	ja
Angebote zur Vereinbarkeit von Beruf und Pflege	ja

AUSBILDUNGSANGEBOTE
- Kaufleute für Bürokommunikation
- DHBW-Studiengang „Dienstleistungsmanagement/ NonProfit-Organisationen"
- Traineeprogramme

CAMPUS

Praktika/Praxissemester	ja
Abschlussarbeiten	ja
Werkstudenten	ja
Wahlstation für Juristen	ja

WEITERE ANGEBOTE
- Betriebliche Altersvorsorge
- Betriebliches Gesundheitsmanagement
- Umfangreiche Weiterbildungsmöglichkeiten
- Attraktive Sozialleistungen

INDEX-Werke GmbH & Co. KG
Eine Idee weiter

MASCHINENBAU

Die INDEX-Gruppe gehört zu den großen und führenden Drehmaschinenherstellern. Das Unternehmen wurde 1914 gegründet und ist weltweit aktiv. Qualität, Zuverlässigkeit und technischer Vorsprung spiegeln sich in unserer Produktpalette, sowie in umfangreichen Dienstleistungen wider. Tradition und Fortschritt sind bei der INDEX-Gruppe keine leeren Worte. Sie sind die Basis unseres Unternehmens, das sich in seiner langjährigen Firmengeschichte an der Spitze der deutschen Werkzeugmaschinenindustrie mit innovativen Lösungen für die Drehteilefertigung behaupten konnte. Immer besser zu werden, Visionen zu entwickeln, die Marktanforderungen frühzeitig zu erkennen und umzusetzen ist das Bestreben unseres Hauses. Im Dialog mit unseren Kunden verbessern und entwickeln wir unser Produktprogramm ständig weiter. Die hochqualifizierten Mitarbeiter sind eine der Stärken der INDEX-Gruppe. Diese ermöglichen uns, dass unsere Maschinen rund um den Globus als Garant für Zuverlässigkeit und technischen Fortschritt gelten.

STECKBRIEF + JOBS-STUTTGART.COM

BRANCHE
Maschinenbau

GESCHÄFTSFELDER
Drehmaschinen, Dreh-/Fräszentren, Dreh-/Schleifzentren, Fertigungslösungen

GRÜNDUNG
1914

GESCHÄFTSFÜHRUNG
Reiner Hammerl, Uwe Rohfleisch, Dr. Bernd Walker

STANDORTE
Esslingen, Deizisau, Reichenbach a.d.F., Frankreich, China, USA, Brasilien, Schweden

MITARBEITERZAHL
2.200

UNSER ANSPRECHPARTNER FÜR PERSONAL
Markus Falkinger

ADRESSE
INDEX-Werke GmbH & Co. KG
Hahn & Tessky
Plochingerstraße 92
73730 Esslingen
Telefon +49 711 3191-304
Telefax +49 711 3191-587
bewerbung@index-traub.com
www.index-werke.de

KARRIERE

EINSATZGEBIETE FÜR FACH- UND FÜHRUNGSKRÄFTE
- Entwicklung/Konstruktion
- Versuch und Systementwicklung
- Produktion/Organisation
- Elektrotechnik/Automatisierungstechnik
- Marketing/technischer Vertrieb
- Logistik/Einkauf

STELLENANGEBOTE
Aktuelle Stellenangebote finden Sie unter www.index-werke.de.

DUALE STUDIENGÄNGE
Bachelor of Engineering (DHBW)
- Maschinenbau
- Elektrotechnik
- Wirtschaftsingenieurwesen
Bachelor of Arts (DHBW)
- Industrie

AUSBILDUNGSANGEBOTE
- Industriemechaniker (m/w)
- Mechatroniker (m/w)
- Elektroniker (m/w)
- Technischer Produktdesigner (m/w)
- Industriekaufmann (m/w)

CAMPUS

Praktika	ja
Werkstudenten	ja
Abschlussarbeiten	ja

Institut Dr. Flad
Berufskolleg für Chemie, Pharmazie und Umwelt
Ausbildung mit Markenzeichen—Absolventen mit Profil

Das Institut Dr. Flad ist ein staatlich anerkanntes Berufskolleg für Chemie, Pharmazie und Umwelt. Seit seiner Gründung im Jahr 1951 arbeitet es auf gemeinnütziger Basis und hat sich – fachlich wie pädagogisch – einen exzellenten Ruf erworben. SchülerInnen aus 55 Ländern wurden hier ausgebildet. „Fladianer", wie die Absolventen des Instituts genannt werden, ist Herkunftsangabe und Gütesiegel zugleich und damit ein besonderes Markenzeichen. Ein Grund für den Erfolg ist das besondere Engagement, das sich wie ein roter Faden durch sämtliche Aktivitäten der Schule zieht: Engagement für die Chemie, Engagement für eine bessere Ausbildung, Engagement für jeden einzelnen Schüler, jede einzelne Schülerin.

2012 wurde das Institut Dr. Flad als deutschlandweit erste Organisation zum fünften Mal in Folge von der UNESCO als offizielles Projekt der UN-Dekade „Bildung für nachhaltige Entwicklung" ausgezeichnet. Das QM-System der Schule ist bereits seit 1998 ISO-zertifiziert und auch bei der Zertifizierung der Ausbildungsinhalte gehörte sie 2011 zu den Vorreitern.

Die zweijährige schulische Berufsausbildung besteht je zur Hälfte aus Theorie- und Praxisunterricht. Dabei umfasst die praktische Ausbildung sowohl die Vermittlung der Grundlagen als auch den Umgang mit modernen Analysegeräten. Zusätzlich zum staatlich vorgeschriebenen Lehrplan bietet das Institut Dr. Flad zahlreiche Extras, angefangen z.B. bei Lerntechnik- und Motivationsseminaren über Arbeitsgemeinschaften und Förderkurse bis hin zur Vergabe von Stipendien und Leistungsprämien. Ein wissenschaftlicher Beirat sichert die Aktualität sowie den Praxisbezug der Lerninhalte.

„ ,Wer nichts als Chemie versteht, versteht auch die nicht recht.' (Georg Christoph Lichtenberg). Deshalb legen wir Wert auf Ausbildung, Bildung und Erziehung."

Wolfgang Flad, Schulleiter

STECKBRIEF + JOBS-STUTTGART.COM

BRANCHE
Berufskolleg

GRÜNDUNG
1951

STANDORT
Stuttgart

SCHULLEITER
Wolfgang Flad

ADRESSE
**Institut Dr. Flad
Breitscheidstr. 127
70176 Stuttgart
Tel.: +49 711 63746-0
Fax: +49 711 63746-18
info@chf.de
www.chf.de**

Lernen Sie uns und die angebotenen Berufsbilder vor Ort an einem unserer Experimentiersamstage oder Berufsinformationstage, im Rahmen eines BORS- bzw. BOGY-Praktikums oder bei einem individuell vereinbarten Termin besser kennen.

KARRIERE

AUSBILDUNGSANGEBOT
- Chemisch-technische/r Assistent/in (CTA)
- CTA mit Schwerpunkt Biotechnologie
- CTA mit Schwerpunkt Umwelt
- Pharmazeutisch-technische/r Assistent/in (PTA)
- Umwelttechnische/r Assistent/in (UTA)
- Erwerb der Fachhochschulreife zusätzlich möglich

ZUSATZANGEBOTE
z.B. Stellenvermittlung oder Fort- und Weiterbildungsangebote

Jebens GmbH
MASSARBEIT IN STAHL

JEBENS
MASSARBEIT IN STAHL

MASCHINEN- UND ANLAGENBAU

Als ein führender Spezialist für die Produktion großer schwerer Brennteile und die Fertigung komplexer, einbaufertiger Schweißbaugruppen stehen wir für Maßarbeit in Stahl. Dank neuester Technologien und Verfahren sind wir ein geschätzter Partner für anspruchsvolle Kunden aus dem schweren Maschinen- und Anlagenbau. Wir bieten die gesamte Wertschöpfungskette vom Handel über Konstruktionsberatung und integrierte Verarbeitung bis zum Lackieren. Mit unserem branchen- und verfahrensübergreifendem Know-how, kundenindividueller Auslegung und modernsten technischen Anlagen setzen wir regelmäßig Standards. Seit über 60 Jahren gestalten wir Zukunft mit dem Anspruch, einer der Besten zu sein. Dieses Selbstverständnis ist Motor für konstante Spitzenqualität und richtungsweisende Innovationen. Dabei verbinden wir die Potenziale von Konzern und Mittelstand. Als Tochterunternehmen des weltweit bedeutendsten Produzenten von Grobblechen, der AG der Dillinger Hüttenwerke, agieren wir als autarkes Mitglied einer starken Gruppe. Mit konjunkturunabhängiger Aus- und Weiterbildung sowie systematischem Recruiting sichern wir unsere führende Marktposition ab.

„Die vertrauensvolle Zusammenarbeit mit unseren Kunden lebt von Professionalität, Zuverlässigkeit und Übernahme von Verantwortung. Mit vielen fähigen Köpfen und einer flachen Hierarchie schaffen wir dafür die besten Voraussetzungen."

Carsten Schmickler, Geschäftsführer Jebens GmbH

STECKBRIEF + JOBS-STUTTGART.COM

BRANCHE
Stahlhandel und Stahlbearbeitung (Brennschneiden, mechanische Bearbeitung, Schweißen)
Spezialisiert auf große, schwere Teile und Baugruppen
Zulieferer für den Maschinen- und Anlagenbau

GRÜNDUNG
1960

MITARBEITER
180

ANSPRECHPARTNER
Elke Wittner
Telefon: +49 (0) 711/80 02-113
elke.wittner@jebens.dillinger.biz

ADRESSE
Jebens GmbH
Daimlerstraße 35-37
D-70825 Korntal-Münchingen
Telefon: +49 (0) 711/80 02-0
Telefax: +49 (0) 711/80 02-100
info@jebens.dillinger.biz

KARRIERE

FACH- UND FÜHRUNGSKRÄFTE
- Vertrieb
- Produktion
- Qualitätsmanagement
- Kaufmännische Bereiche

EINSTIEG BEI JEBENS
- Ausbildung
- Direkteinstieg
- Studienabschlussarbeiten
- Praktika/Ferienjobs

AUSBILDUNGSANGEBOTE
- Fachlageristen
- Maschinen- und Anlagenführer
- Industriemechaniker
- Industriekaufleute
- DH-Studium Fachrichtung Wirtschaftsingenieur
- DH-Studium Fachrichtung Betriebswirtschaft

ARBEIT UND FAMILIE
Flexible Arbeitszeit/Teilzeit	ja
Betriebliche Altersvorsorge	ja
Weiterbildungsmöglichkeiten	ja

STIFTUNG

Jugendstiftung Baden-Württemberg
Der Qualipass als Bewerbungsplus

Die Jugendstiftung Baden-Württemberg hat von 2002–2013 über 410.000 Qualipässe herausgegeben. Der Qualipass ist eine Dokumentenmappe, die von Jugendlichen und jungen Erwachsenen genutzt und auch während des späteren Berufslebens als Dokumentation für die erworbenen Qualifikationen eingesetzt wird. Er dokumentiert Praxiserfahrungen und Kompetenzen, die durch Praktika, Vereinsmitarbeit, besonderes Engagement in der Schule bei Projekten oder Arbeitsgemeinschaften, Kurse, Auslandsaufenthalte oder die Teilnahme an Wettbewerben erworben wurden und stellt damit eine ganz wesentliche Ergänzung zum Schulzeugnis dar.

Der Qualipass zeigt Schlüsselqualifikationen
Schlüsselqualifikationen wie Teamfähigkeit, Verantwortungsbewusstsein oder Konfliktfähigkeit sind wichtige Auswahlkriterien bei Bewerbungsverfahren. Diese Stärken können aussagekräftig mit Qualipass-Zertifikaten belegt werden und damit einer Bewerbung Nachdruck verleihen.

Die Jungen Seiten helfen beim Sprung in das Arbeitsleben
Auf www.jungeseiten.de bietet die Jugendstiftung kompaktes Wissen, das am Ende der Schulzeit unentbehrlich ist. Neben Bereichen zur Berufswahl und professionellen Bewerbung bietet die Internetseite Know-how zu Versicherungsschutz, Finanzen, Wohnen und mehr. Dabei fehlen auch praktische Dinge wie der Umzugsplaner oder interaktive Finanzrechner nicht.

„Der Qualipass ist etwas für alle, die mehr können als im Zeugnis steht."

Birgit Schiffers, Projektleiterin

STECKBRIEF + JOBS-STUTTGART.COM

BRANCHE
Stiftung

SCHWERPUNKTE
Jugendbildung, Projektarbeit, Medienarbeit

GRÜNDUNG
1982

ADRESSE
Jugendstiftung Baden-Württemberg
Schloßstr. 23
74372 Sersheim
Tel.: 07042 83170
info@jugendstiftung.de
www.jugendstiftung.de

UNSERE PROJEKTE IM INTERNET
www.qualipass.info
www.jungeseiten.de
www.jugendnetz.de
www.mitmachen-ehrensache.de

KARRIERE

Aufgabe der Jugendstiftung ist es, im Bereich der Jugendbildung zukunftsweisende Wege aufzuzeigen, vor Ort zu erproben und Ideen und Vorhaben junger Menschen zu begleiten und zu unterstützen. Wir sind Dienstleister für projektorientierte Jugendarbeit und setzen über eigene Programmlinien und Aktivitäten Akzente in der Bildungslandschaft. Der Qualipass, das Jugendnetz Baden-Württemberg, die Bildungsaktion „Mitmachen Ehrensache" oder die Plattform „Menschenrechte – deine Rechte" sind nur einige Beispiele unter vielen.

PRAKTIKA UND FSJ
- Schülerpraktikum
- Studienbegleitendes Praktikum im Medienbereich
- Freiwilliges Soziales Jahr Kultur mit Schwerpunkt Medienarbeit

AKTUELLE STELLENANGEBOTE
finden Sie unter www.jugendstiftung.de

JUDO Wasseraufbereitung GmbH
Richtungsweisend in der Wassertechnik

JUDO ist seit seiner Gründung vor über 75 Jahren der Vorreiter auf dem Gebiet der Wasseraufbereitung und heute ein weltweit agierendes Unternehmen. Mit seinen zahlreichen Innovationen bietet der Konzern stets neue Perspektiven und Lösungen für den professionellen und verantwortungsvollen Einsatz von Wasser in der Haus- und Gebäudetechnik. Die Traditionsfirma entwickelt Anlagen und Produkte zur Filtration, Enthärtung, Entsalzung und Dosierung von Trinkwasser – für eine optimale Trinkwasserhygiene, Prozess- und Brauchwasserbehandlung, sowie die moderne Schwimmbadtechnik.

Ob für die Haustechnik, öffentliche Gebäude, Hotels, die Medizintechnik oder industrielle Anwendungen – wenn es um die wirtschaftliche und zuverlässige Wasseraufbereitung geht, ist JUDO der richtige Partner für Fachhandwerk, Großhandel und Ingenieurbüros.

Um stets die gleiche, hohe Produktqualität zu gewährleisten, entwickelt und produziert JUDO ausschließlich in Deutschland. Dabei ist JUDO international tätig, weltweit auf vielen Messen vertreten und verfügt über zahlreiche Auslandsniederlassungen und Vertriebspartner in mehr als 50 Ländern – Tendenz steigend. Unser enges Vertriebs- und Servicenetz ermöglicht uns, unsere Kunden schnell zu unterstützen und auch spezifische Anforderungen zu erfüllen.

„Innovation, Qualität und Partnerschaft – dafür steht JUDO seit über 75 Jahren."

Hartmut J. Dopslaff, CEO JUDO Wasseraufbereitung

STECKBRIEF + JOBS-STUTTGART.COM

BRANCHE
Wasseraufbereitung

GESCHÄFTSFELDER
Hartmut J. Dopslaff,
Carsten H. Dopslaff

GRÜNDUNG
1936

STANDORTE IN DEUTSCHLAND
Winnenden, Backnang-Waldrems,
Hilden sowie mehrere Verkaufsbüros

STANDORTE WELTWEIT
Belgien, Canada, Frankreich,
Österreich, Schweiz

ADRESSE
JUDO Wasseraufbereitung GmbH
Hohreuschstraße 39-41
71364 Winnenden
Tel.: 07195/692-0
Fax: 07195/692-110
personal@judo.eu
www.judo.eu

KARRIERE

STELLENANGEBOTE
Wir bieten Arbeitsplätze in den verschiedensten Bereichen.
Unsere aktuellen Stellenangebote finden Sie unter www.judo.eu/jobs.
Wir freuen uns auf Ihre Bewerbung!

AUSBILDUNGSANGEBOTE
- Industriekaufmann/-frau
- Fachkraft für Lagerlogistik

WIR BIETEN IHNEN
- spannende und anspruchsvolle Aufgabenstellungen
- hohe Eigenverantwortung
- gute Entwicklungsmöglichkeiten
- eine langfristige Perspektive
- ein angenehmes Arbeitsklima
- eine leistungsgerechte Vergütung
- attraktive betriebliche Zusatzleistungen

IB-Hochschule
Berlin

IB Hochschule
Gesellschaft für interdisziplinäre Studien mbH

HOCHSCHULE

Die IB Hochschule ist jung und einzigartig. Nicht nur mit unserer Kombination aus den beiden Fakultäten Gesundheits- und Kulturwissenschaften. Sondern auch in dem Anspruch, den Akademisierungstrend der Berufswelt mit praxisorientierten, interdisziplinären Studienangeboten zu begleiten, die neue Akzente in der Lehre setzen. Die IB Hochschule ist institutionell akkreditiert.

Summa cum X: Unser Ganzes ist mehr als die Summe seiner Teile. Unser eigener Anspruch ist hoch: Wir möchten mit unserem Lehransatz das Denken in Einzeldisziplinen überwinden und erweiterte Sichtweisen vermitteln, die unseren Studierenden im Beruf zugutekommen – etwa durch ein ganzheitliches Einbeziehen von Natur-, Sozial- und Geisteswissenschaften beim Erarbeiten neuer Behandlungsansätze. Unser fakultativer Mix aus Gesundheit und Kultur bietet einzigartiges Potenzial für Synergien. Das beginnt schon bei der gezielten Gestaltung von Übungsmaterialien für Patienten, um deren subjektives Gesundheitsgefühl über ihr Lebensumfeld positiv zu beeinflussen. Studierende können ihr Studium parallel zu Ausbildung oder Beruf absolvieren und schon erbrachte Leistungen anerkennen lassen. Ausbildung gefällig? Die IB Medizinische Akademie!

Die Marke der Gesellschaft für interdisziplinäre Studien mbH (GIS) – setzt die soziale Philosophie des Internationalen Bundes um: Chancengleichheit ausnahmslos! Wir treffen keine elitäre Auswahl sondern bieten Jugendlichen und Erwachsenen echte Berufschancen, egal welcher Schicht, ethnischer Herkunft oder Religion sie angehören. Ergreifen Sie die Möglichkeit an der IB Medizinische Akademie, um Ihren Platz am Arbeitsmarkt zu finden.

STECKBRIEF ⁺ JOBS-STUTTGART.COM

BRANCHE
Hochschule

GRÜNDUNG
2007

STANDORTE
Berlin, Köln, Stuttgart

ANZAHL DER STUDIERENDEN
ca. 500

UNSERE ANSPRECHPARTNER FÜR SIE
Jessica Berger
info.berlin@ib-hochschule.de

ADRESSE
IB Hochschule
Zentrales Studiensekretariat
Gerichtstraße 27
13347 Berlin

STANDORT STUTTGART:
IB Hochschule und IB Medizinische Akademie
Hauptstätter Str. 119-121
70178 Stuttgart
Tel.: 030 2593 092-20
info.berlin@ib-hochschule.de
www.ib-hochschule.de

KARRIERE

STUDIENGÄNGE AN DER IB HOCHSCHULE IN STUTTGART
- B.A. Health Care Education
- B.Sc. Angewandte Therapiewissenschaft

AUSBILDUNGEN AN DER IB MEDIZINISCHEN AKADEMIE IN STUTTGART
- Physiotherapie
- Logopädie
- Ergotherapie
- Arbeitserzieher
- Qualifizierung med. Fachangestellter
- Fachtrainer für med. Rehabilitation

Kaufland

Ein dynamischer und engagierter Arbeitgeber – das ist Kaufland für über 79.200 Mitarbeiter in Deutschland. Wir bieten unseren Mitarbeitern ein spannendes Arbeitsumfeld und ausgezeichnete Karrierechancen. Mit unseren hervorragend ausgebildeten Fach- und Führungskräfte sind wir am Markt erfolgreich positioniert und werden auch künftig weiter wachsen. Fairness, Offenheit, Vertrauen, Leistung und Erfolg bestimmen unser Betriebsklima und tragen zur hohen Identifikation und Motivation unserer Mitarbeiter bei.

Ob im Büro, in der Filiale, im SB-Restaurant, in den Fleischbetrieben oder in den Logistik-Verteilzentren – wir bilden deutschlandweit jährlich mehr als 1.200 Nachwuchskräfte aus. Wir bieten eine qualitativ hochwertige Ausbildung, einen sicheren Arbeitsplatz und beste Chancen für die berufliche Weiterentwicklung. Auszubildende, Studenten und Absolventen erhalten bei uns eine praxisnahe Ausbildung. Diesen Anspruch setzen wir im Rahmen von Projekten, wie z. B. „Azubis führen einen Markt", Wettbewerben, Netzwerktreffen und Veranstaltungen in die Tat um.

KARRIERE

AUSBILDUNG:
- Abiturientenprogramm (w/m)
- Bauzeichner (w/m)
- Kauffrau/-mann für Büromanagement
- Elektroniker für Betriebstechnik (w/m)
- Fachfrau/-mann für Systemgastronomie
- Fachinformatiker (w/m)
- Fachlagerist (w/m)
- Fachkraft für Lebensmitteltechnik (w/m)
- Fachkraft für Lagerlogistik (w/m)
- Fachkraft im Gastgewerbe (w/m)
- Fleischer (w/m)
- Immobilienkauffrau/-mann
- Industriekauffrau/-mann
- Informatikkauffrau/-mann
- Kauffrau/-mann für Spedition und Logistikdienstleistung
- Kauffrau/-mann im Einzelhandel
- Kauffrau/-mann im Groß- und Außenhandel
- Maschinen- und Anlagenführer (w/m)
- Mechatroniker (w/m)
- Mediengestalter Digital und Print (w/m)
- Medienkauffrau/-mann Digital und Print
- Verkäufer (w/m)

DUALES STUDIUM:
- Angewandte Informatik
- BWL – Food Management
- BWL – Handel, Vertiefung Controlling
- BWL – Handel, Vertiefung Marketing
- BWL – Handel, Vertiefung Warenwirtschaft und Logistik
- BWL – Immobilienwirtschaft
- BWL – Industrie
- BWL – Konsumgüter-Handel
- BWL – Personalmanagement
- BWL – Spedition und Logistik
- RSW – Accounting and Controlling
- RSW – Betriebswirtschaftliche Steuerlehre, Unternehmensrechnung und Finanzen
- Wirtschaftsinformatik

CAMPUS:

Praktika	ja
Abschlussarbeiten	ja
Werkstudenten	ja
Traineeprogramme	ja

STECKBRIEF

BRANCHE
Lebensmitteleinzelhandel

GRÜNDUNG
1930

STANDORTE DEUTSCHLAND
über 630 Filialen,
Zentrale Neckarsulm/Heilbronn

MITARBEITER DEUTSCHLAND
über 79.200

GESCHÄFTSBEREICHE
Bau/Einrichtung, Beschaffung, Einkauf, Finanz- und Rechnungswesen, Fleischwaren, Immobilien/Expansion, IT, Logistik, Personal, Revision, TIP Werbeverlag, Vertrieb

ADRESSE
www.kaufland.de/jobs
www.facebook.com/kauflandkarriere
www.xing.com/companies/kaufland

MASCHINEN- UND ANLAGENBAU

Kleemann GmbH
Ihr Spezialist für mineralische Rohstoffaufbereitung & Recycling

Die Kleemann GmbH ist ein international erfolgreiches Unternehmen der Maschinenbaubranche. Als Hersteller mobiler Brech- und Siebanlagen zur Aufbereitung mineralischer Rohstoffe und Recyclingmaterialien setzen wir mit unseren innovativen Produkten weltweit neue Maßstäbe. Zum Einsatz kommen die Brech- und Siebanlagen z. B. bei der Verarbeitung von Bauschuttresten, wo sie Altmaterialien mit unterschiedlichen Verfahren zu wiederverwertbarem Baumaterial zerkleinern. Mit über 350 Mitarbeitern entwickelt, konstruiert und produziert Kleemann am Standort Göppingen, um seinen Kunden zu jeder Zeit ein Höchstmaß an Qualität und Service bieten zu können. Mit dem Anschluss an die Wirtgen Group 2006 konnte Kleemann diese Kompetenzen kontinuierlich ausbauen und gilt heute als eines der Topunternehmen seiner Branche. Dennoch ist der Charme einer familiengeführten, mittelständischen Unternehmenskultur erhalten geblieben. Wenn Sie abwechslungsreiche Tätigkeiten und verantwortungsvolle Aufgaben suchen sind Sie bei uns genau richtig!

„Unsere MitarbeiterInnen sind ein Garant für den Erfolg unseres Unternehmens. Wir sind immer auf der Suche nach motivierten und interessierten Menschen, die Begeisterung für unsere Maschinen mitbringen."

Claudia Kießling, Personalreferentin

STECKBRIEF **+JOBS-STUTTGART.COM**

BRANCHE
Maschinen- und Anlagenbau

STANDORT
Göppingen

UNSER ANSPRECHPARTNER FÜR PERSONAL
C. Kießling
personal@kleemann.info

ADRESSE
Manfred-Wörner-Str. 160
73037 Göppingen
Tel.: 07161 2060
www.kleemann.info

KARRIERE

FACH- UND FÜHRUNGSKRÄFTE
- Konstruktion
- Forschung und Entwicklung
- Projektmanagement
- Vertrieb

AUSBILDUNGSANGEBOTE
- Industriemechaniker m/w
- Konstruktionsmechaniker m/w
- Industriekaufmann m/w

EINSTIEG BEI KLEEMANN
- Direkteinstieg
- Studienabschlussarbeit
- Praktika/Ferienjob
- Werkstudenten

GESUCHTE FACHRICHTUNGEN
- Elektrotechnik
- Maschinenbau
- Wirtschaftsingenieure m/w

ARBEIT UND FAMILIE

Flexible Arbeitszeit	ja
Betriebliche Altersvorsorge	ja

Kocher + Beck GmbH + Co. Rotationstanztechnik KG
Qualität hat immer Konjunktur

MASCHINENBAU

Kocher und Beck wurde im Jahre 1966 gegründet und ist seit vier Jahrzehnten der führende, internationale Partner der Etiketten-, Briefumschlag- und Druckindustrie im Bereich Spezialwerkzeuge und Baugruppen. Als Systemlieferant und Entwicklungspartner arbeitet das Unternehmen für Marktführer weltweit. Mit 500 Mitarbeitern an fünf Standorten sowie Vertretungen in vielen Ländern expandiert Kocher + Beck überdurchschnittlich.

Neben den vier Fertigungsstandorten in Deutschland, Großbritannien und USA produziert das Unternehmen als einer der wenigen deutschen, mittelständischen Firmen auch in Russland. Ein lückenloser Know-how-Transfer unter den Werken garantiert weltweit eine identisch hohe Qualität aller Kocher + Beck-Produkte, unabhängig vom Standort.

Hoch qualifizierte Mitarbeiter in der Entwicklungsabteilung sichern den führenden technologischen Standard. Sie stehen ihren Kunden für unterschiedlichste Anforderungen und Sonderlösungen mit Erfahrung und Kreativität zur Seite. Auch die komplette Dokumentation wird im Hause Kocher + Beck erstellt. Außerdem belegt eine Vielzahl von Patenten die Innovationskraft des Unternehmens.

Mit der Qualität seiner Produkte und Dienstleistungen und der Kompetenz seiner Mitarbeiter schafft Kocher + Beck nachhaltige Werte für seine Kunden. Aufgrund sehr übersichtlicher Strukturen wird auf die persönliche Entwicklung jedes einzelnen Mitarbeiters Wert gelegt, denn für den gemeinsamen Erfolg spielt jeder Einzelne bei Kocher + Beck eine große Rolle.

STECKBRIEF + JOBS-STUTTGART.COM

BRANCHE
Maschinenbau

GESCHÄFTSFELD
Werkzeuge für
Druck- und Papierindustrie

GRÜNDUNG
1966

GESCHÄFTSFÜHRER
Rolf Beck, Lars Beck

STANDORTE
Pliezhausen (D), Leicester (UK), Kansas und Atlanta (USA), Podolsk (RUS)

MITARBEITER
260 in Deutschland

ANSPRECHPARTNER FÜR PERSONAL
Gudrun Berberich
gudrun.berberich@kocher-beck.de
Tel.: +49 (0)7127 9785 - 473

ADRESSE
Kocher + Beck GmbH + Co.
Rotationsstanztechnik KG
Dieselstr. 6
D-72124 Pliezhausen
Tel.: +49 (0) 7127/9785 - 0
Fax: +49 (0) 7127/9785 - 980
www.kocher-beck.de

KARRIERE

FACH- UND FÜHRUNGSKRÄFTE
- Industriemechaniker/in
- Marketingfachleute (m/w)
- Maschinenbau-Ingenieure (m/w)
- Mechatroniker/in
- Programmierer (m/w)
- Vertriebsleute (m/w)

AUSBILDUNG
Für unsere Ausbildungsplätze benötigen wir qualitätsbewusste junge Leute, die geschickte Hände und Interesse an technischen Konstruktionen mitbringen.
- Industriemechaniker/in
- Mechatroniker/in

 **Kreissparkasse Ludwigsburg**

Kreissparkasse Ludwigsburg

Mit einer Bilanzsumme von über 9 Milliarden Euro ist die Kreissparkasse Ludwigsburg nicht nur Marktführer in ihrem Geschäftsgebiet, sondern auch eine der größten Kreissparkassen in Deutschland. Kundeneinlagen von rund 6,3 Milliarden Euro, ein Kreditvolumen von über 4,6 Milliarden Euro und fast 740.000 Kundenkonten sind das Ergebnis partnerschaftlicher Zusammenarbeit mit den Privat- und Firmenkunden sowie mit den Kommunen im Kreis Ludwigsburg. Mehr als 100 Filialen, moderne Center für Immobilien, Private Banking, Unternehmenskunden, Firmenkunden und Gewerbekunden sowie eine Versicherungsagentur stehen den Kunden für persönlichen Service zur Verfügung. Damit verfügt die Kreissparkasse über das dichteste Filialnetz im Kreisgebiet. Das Unternehmen ist mit über 1.850 Mitarbeitern nicht nur einer der wichtigsten Arbeitgeber im Landkreis, sondern mit einer Ausbildungsquote von 14 % auch einer der größten Ausbildungsbetriebe.

Insgesamt bietet die Kreissparkasse Ludwigsburg zum Ausbildungsbeginn 2013 268 jungen Menschen einen Ausbildungsplatz. Davon sind 99 neue Auszubildende jetzt gestartet. „Wir sind von unseren Auszubildenden überzeugt, daher ist es selbstverständlich für uns, dass wir allen unseren Auszubildenden ein Übernahmeangebot machen", erklärt Marc Stotz, Leiter der Berufsausbildung bei der Kreissparkasse Ludwigsburg. Konstante überdurchschnittliche Leistungen werden allerdings vorausgesetzt. „Aber da werden wir nur sehr selten enttäuscht. Im Gegenteil: IHK-Preise und Belobigungen sind bei unseren Ausbildungsjahrgängen die Regel. Darauf sind wir natürlich sehr stolz. Mit unserem Credo 'fordern und fördern' liegen wir also richtig", stellt Marc Stotz fest. Und auch der Auswahlprozess für den Ausbildungsstart 2013 ist bereits in vollem Gange. „Wer einen überzeugenden Schulabschluss mitbringt, lernfähig und lernwillig ist und darüber hinaus noch gerne auf Menschen zugeht, der ist bei der Kreissparkasse Ludwigsburg genau richtig", so Stotz.

STECKBRIEF · JOBS-STUTTGART.COM

BRANCHE
Finanzdienstleister

GRÜNDUNG
1852

MITARBEITERZAHL
über 1.850 Mitarbeiter

AUSZUBILDENDE
268

ANSPRECHPARTNER FÜR PERSONAL
Steffen Dörschel

ADRESSE
Kreissparkasse Ludwigsburg
Schillerplatz 6
71638 Ludwigsburg
Telefon +49 7141 148-4009
E-Mail Steffen.Doerschel@ksklb.de
www.ksklb.de

KARRIERE

AUSBILDUNGSANGEBOTE
- Bankkaufmann/Bankkauffrau
- Bankkaufmann/Bankkauffrau mit Zusatzqualifikation Allfinanz
- Kauffrau/-mann für Bürokommunikation
- Kaufmann/Kauffrau für Dialogmarketing

DUALES STUDIUM
Bachelor of Arts Fachrichtung
- Bank
- Finanzdienstleistung
- Immobilienwirtschaft

CAMPUS
Praktika	ja
Studienabschlussarbeiten	ja
Traineeprogramme	ja

Kromberg & Schubert GmbH & Co. KG
Kabel-Automobiltechnik

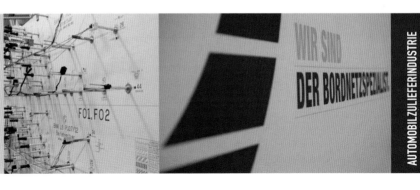

AUTOMOBILZULIEFERINDUSTRIE

WIR SIND DER BORDNETZSPEZIALIST

Kromberg & Schubert blickt auf eine erfolgreiche Firmengeschichte von mehr als 100 Jahren zurück. Pioniergeist und innovatives Unternehmertum mit flachen Hierarchien ermöglichen eine stetige Expansion und Internationalisierung. Heute gehören wir mit über 24.000 Mitarbeitern an über 24 Standorten zu den führenden Anbietern von Bordnetzen, Kabeln und Kunststofftechnik in der Automobilbranche weltweit. Systemintegration ist keine Vision, sondern gelebte Realität. Fachübergreifende Teams kümmern sich um die Verwirklichung neuer Bordnetzsysteme unter Berücksichtigung des größtmöglichen Kundennutzens. Wir stehen für Leistungsvielfalt bei einheitlichen Systemlösungen. Der Bereich Forschung & Entwicklung unterstützt die genannten Geschäftsbereiche, die alle optimal miteinander verbunden sind.

Die Unternehmenskultur ist dabei der Schlüssel zum Erfolg: Enthusiasmus und Leistungsbereitschaft für kreative Lösungen sind der Motor für interdisziplinäre Teams, die mit großem Engagement Markttrends frühzeitig erkennen und auch kurzfristig auf individuelle Kundenwünsche eingehen.

„Bei entsprechender Qualifikation, starkem Einsatz und einer überzeugenden persönlichen Entwicklung ist der Aufstieg in höhere Positionen schnell möglich."

K. Röhrl, Teamleiter Industrial Engineering

STECKBRIEF   +JOBS-STUTTGART.COM

BRANCHE
Automobilzulieferindustrie
Elektrotechnik/Elektronik

GRÜNDUNG
1902

NIEDERLASSUNGEN
über 24 weltweit

GESCHÄFTSFÜHRER
Hans-Otto Kromberg, Dr. Zeljko Matijevic, Hans-Werner Ballas, Carsten Meyer, Martin Passern

MITARBEITERZAHL
über 24.000

ANSPRECHPARTNER FÜR PERSONAL
Kromberg & Schubert GmbH & Co. KG, Kabel – Automobiltechnik

Abensberg
Mercedes Fritz
Telefon: +49 (0)9443 77 – 0
E-Mail: karriere@ksab.kroschu.com

Renningen
Ingo Feßler
Telefon: +49 (0)7159 1602 – 0
E-Mail: karriere@ksre.kroschu.com

Wolfsburg-Hattorf
Ingrid Dravoj
Telefon: +49 (0)5308 9398 – 0
E-Mail: karriere@kswo.kroschu.com

KARRIERE

AUSBILDUNGSANGEBOTE
- Fachinformatiker/-in
- Industriekaufmann/-frau
- Werkstoffprüfer/-in
- Industriemechaniker/-in
- Fachkraft für Lagerlogistik
- Fachlagerist/-in
- Kaufmann/-frau für Speditions- und Logistikdienstleistungen

DUALES STUDIUM
in den Fachrichtungen
- Bachelor of Arts
- Bachelor of Engineering
- Bachelor of Science

STELLENANGEBOTE & INFOS
www.karriere-ist-lila.de
www.kromberg-schubert.com

FACHRICHTUNGEN
- Elektro- bzw. Informationstechnik
- Wirtschaftswissenschaften
- Maschinenbau
- Wirtschaftsingenieurwesen
- (Wirtschafts-)Informatik
- oder vgl. Fachrichtungen

CAMPUS
(Schüler-) Praktika	ja
Abschlussarbeiten	ja
Werkstudenten	ja

ARBEITEN UND FAMILIE
- gelebte Work-Life-Balance
- flexible Arbeitszeiten
- teamorientierte Urlaubsplanung
- über 20 unterschiedliche Teilzeitmodelle

KUHN und KUHN

Wir gestalten Zukunft und lösen Konflikte
Transaktionen von Unternehmen und Beteiligungen, Strukturierung von Unternehmens- und Privatvermögen, Konfliktlösungen und -entscheidungen zwischen Unternehmern und Gesellschaftern, Unternehmensnachfolge, Unternehmertestamente und Eheverträge für Unternehmer.

STECKBRIEF JOBS-STUTTGART.COM

BRANCHE
Rechtsanwälte
ADRESSE
Dr. Elisabeth KUHN
Dr. Ottmar KUHN
Gähkopf 10
70192 Stuttgart
Telefon +49 711 35130-390
Telefax +49 711 35130-3939
E-Mail mail@kuhn-kuhn.de
www.kuhn-kuhn.de

KARRIERE

Begrenzte Zahl hoch motivierter
Rechtsreferendare und Praktikanten mit
herausragendem Leistungsprofil

Kühne + Nagel –
mehr als ein Arbeitgeber

KÜHNE + NAGEL

Ihr Weg in die Zukunft

1890 von August Kühne und Friedrich Nagel in Bremen gegründet, zählt Kühne + Nagel heute mit rund 1.000 Niederlassungen in über 100 Ländern und mehr als 62.500 spezialisierten Mitarbeiterinnen und Mitarbeitern zu den erfolgreichsten Unternehmen der Logistikbranche. Die deutsche Kühne + Nagel (AG & Co.) KG beschäftigt bundesweit rund 12.000 Mitarbeiter an 100 Standorten und gehört zu den größten Organisationen innerhalb der Kühne + Nagel-Gruppe.

In Zeiten zunehmender Globalisierung, komplexerer Logistikprozesse und stetig steigender Anforderungen setzt Kühne + Nagel auf Kundennähe, fundiertes Wissen und verlässliche Leistung. Das ist Grundlage unseres Erfolges, intern wie extern. Unsere Stärke sind maßgeschneiderte, IT-basierte Transport- sowie umfassende integrierte Logistikdienstleistungen. Egal ob zu Wasser, in der Luft, über Land oder bei komplexen Aufgaben im Lager: Wir finden den besten Weg für die Güter unserer Auftraggeber. Die Qualität kontinuierlich verbessern, effizienter arbeiten, eigenverantwortlich handeln und dabei offen kommunizieren und das Teamwork pflegen – diese Grundsätze füllen Kühne + Nagel-Mitarbeiter rund um den Globus täglich mit Leben. So tragen sie dazu bei, die Erwartungen unserer Kunden zu erfüllen oder zu übertreffen. Bei allen spannenden Herausforderungen und anspruchsvollen Zielen kommt der Spaß nicht zu kurz. Unsere Mitarbeiterinnen und Mitarbeiter wissen das zu schätzen. Sie sind stolz für ein börsennotiertes Unternehmen zu arbeiten, das sich den Werten und Idealen eines Familienunternehmens verpflichtet fühlt.

„Kühne + Nagel bietet optimale Einstiegs- und Entwicklungsmöglichkeiten für verschiedene Zielgruppen. Allein in Deutschland haben wir aktuell über 1.000 Auszubildende und ermöglichen in 2013 über 300 jungen Menschen den Start in das Berufsleben als Azubi in einem von zwölf Berufen, als Trainee in sieben fachspezifischen Programmen oder als Dualer Student im Rahmen von Hochschulkooperationen."

Ronald Seiz, Personalleiter Region Süd-West

STECKBRIEF ✚ JOBS-STUTTGART.COM

BRANCHE
Transport, Logistik

MITARBEITERANZAHL
rund 62.500 weltweit

HAUPTSITZ
Schindellegi/Schweiz

STANDORTE
über 1000 weltweit

AUSBILDUNGSPLÄTZE
pro Jahr in Deutschland: 300

ADRESSE
Kühne + Nagel (AG & Co.KG)
Max-Planck-Straße 5
71116 Gärtringen

http://de.karriere.kuehne-nagel.com

KARRIERE

FACH- UND FÜHRUNGSKRÄFTE
für die Bereiche
- Luftfracht, Seefracht, Kontraktlogistik, Landverkehr, Vertrieb/Marketing, Finanzen/Controlling, Personal, Informationstechnologie (IT)

AUSBILDUNGSANGEBOTE
- Kaufmann für Spedition & Logistikdienstleistung (w/m)
- Fachkraft für Lagerlogistik (w/m)

DUALES STUDIUM
- Bachelor of Arts, Fachrichtung BWL – Logistikmanagement

STELLENANGEBOTE
Weitere Infos zu Jobangeboten erhalten Sie unter http://de.karriere.kuehne-nagel.com

CAMPUS
Praktika	ja
Schülerpraktika	ja
Traineeprogramme	ja

Evangelische Hochschule Ludwigsburg
Soziales, Pädagogik, Religion

Die Evangelische Hochschule Ludwigsburg – kurz EH Ludwigsburg –, Hochschule für Soziale Arbeit, Diakonie und Religionspädagogik, ist seit 1971 eine staatlich anerkannte Fachhochschule in Trägerschaft der Evangelischen Landeskirche in Württemberg. Neben den Studiengängen für soziale und pädagogische Berufe bildet die EH in den Studiengängen Diakonie und Religions- und Gemeindepädagogik Diakoninnen und Diakone aus. Wir organisieren im Dialog mit unseren Studierenden Lehre und Forschung auf wissenschaftlichem Niveau, praxisrelevant, regional vernetzt und im internationalen Kontext. Das evangelische Profil und die Offenheit für Menschen mit anderen Religionen und Weltanschauungen bestimmen unsere Arbeit.

Die Studierenden sind mit den Studienbedingungen, mit der Studierbarkeit und mit dem Praxisbezug des Studiums sehr zufrieden. Dies ist das Ergebnis des CHE-Rankings (www.zeit.de/hochschulranking). Ebenso ist die Hochschule eine Pionier-Hochschule für Diversity/Vielfalt gestalten.

Unser Campus bietet beste Studienbedingungen für rund 1000 Studierende. 120 Wohnheimplätze in unmittelbarer Nähe zum Campus mit überschaubaren Wohngemeinschaften kombinieren Wohnen und Lernen. Aktionen der Studierenden setzen Impulse: Hochschul-Café, Campus libertatis, AStA-Klausuren, Sozialfonds. Für alle Studiengänge gilt ein hochschuleigenes Zulassungsverfahren. Das Bewerbungsverfahren erfolgt online. Auf www.eh-ludwigsburg.de sind weitere Informationen veröffentlicht.

„*Studieren an der EH heißt: Leben und lernen in einer starken Region mit internationaler Ausrichtung für die Bereiche Soziales, Diakonie und Pädagogik.*"

Prof. Dr. Norbert Collmar, Rektor

STECKBRIEF + JOBS-STUTTGART.COM

BRANCHE
Hochschule

STUDIENFELDER
Diakoniewissenschaft
Frühkindliche Bildung und Erziehung
Inklusive Pädagogik und Heilpädagogik
Internationale Soziale Arbeit
Religions- und Gemeindepädagogik
Soziale Arbeit
Organisationsentwicklung

GRÜNDUNG AM STANDORT LUDWIGSBURG
(nach Fusion) 1999

REKTOR
Prof. Dr. Norbert Collmar

MITARBEITENDE
65

STUDIERENDE
958

ADRESSE
Evangelische Hochschule Ludwigsburg
Paulusweg 6
71638 Ludwigsburg
Tel.: +49 (0) 7141 9745-200
www.eh-ludwigsburg.de

KARRIERE

BACHELOR-STUDIENGÄNGE
- Diakoniewissenschaft
- Frühkindliche Bildung und Erziehung (in Kooperation mit der PH Ludwigsburg)
- Inklusive Pädagogik und Heilpädagogik
- Internationale Soziale Arbeit
- Religions- und Gemeindepädagogik
- Soziale Arbeit

MASTER-STUDIENGÄNGE
- Diakoniewissenschaft
- Frühkindliche Bildung und Erziehung (in Kooperation mit der PH Ludwigsburg)
- Organisationsentwicklung – Beratung und Leitung in sozialen Organisationen (berufsbegleitend)
- Religionspädagogik (in Kooperation mit der PH Ludwigsburg)
- Soziale Arbeit

Bernd Kußmaul GmbH
„Unser Blick gilt dem Ganzen"

Die Bernd Kußmaul GmbH gehört zu Deutschlands 100 innovativsten Unternehmen. Als Technologie-Dienstleister sind wir auf individuelle Lösungen für technische Produkte und Prozesse mit hoher Komplexität spezialisiert. Wir begleiten unsere namhaften Kunden während des gesamten Produkt-Entstehungsprozesses von der ersten Idee über das Design und den Fertigungsprozess bis zur Serienreife. Sichtbar wird unser hoher Qualitätsanspruch zum Beispiel bei den Antriebswellen des Zeppelin-Luftschiffes, bei Implantaten für die Wirbelsäulenstabilisation, den Interieur- und Exterieur-Zierteilen der weltweit hochwertigsten Serienfahrzeuge und bei hauseigenen Designprodukten. Unser branchenübergreifender Blick reicht von der Automobilindustrie über die Medizintechnologie, die Luftfahrt und den Sondermaschinenbau bis zum Produkt-Design, ganz nach dem Motto „Unser Blick gilt dem Ganzen". Mit Kompetenz, Präzision und Dynamik schaffen wir technische Spitzenleistungen. Das macht uns einzigartig.
Die Bernd Kußmaul GmbH ist zertifiziert nach DIN EN ISO 13485 und DIN EN ISO 9001:2008.

„Wir sind Querdenker mit dem Blick fürs Ganze. So finden wir immer wieder neue und innovative Lösungen."

Bernd Kußmaul, Geschäftsführer

KARRIERE

KARRIERE UND SOZIALANGEBOTE
Unsere Mitarbeiter sind das Herz des Unternehmens. Menschen jeden Alters arbeiten engagiert und kompetent für unsere langfristige Entwicklung. Eigenverantwortung wird bei uns groß geschrieben. Unser einzigartiges Innovationsklima und die offene Kommunikation sind die Grundlage für das erfolgreiche Miteinander und die gemeinsame Bewältigung der zukünftigen Herausforderungen.

TOP-INNOVATOR
Auszeichnung „TOP 100 – Innovator des deutschen Mittelstandes" (2004, 2006, 2008, 2012)

AUSBILDUNG
- Bürokaufmann/Bürokauffrau

IHRE EINSTIEGSMÖGLICHKEITEN
- Projekt- und Entwicklungsingenieur (m/w)
- Technische Projektmanager (m/w)

ZUSATZLEISTUNGEN
- Innovations-Budget
- Weiterbildungsmöglichkeiten

STECKBRIEF + JOBS-STUTTGART.COM

BRANCHE
Technologiedienstleistung

KUNDEN
Automobil, Medizintechnologie, Luftfahrt, Maschinen- und Anlagenbau, Design

GESCHÄFTSFELDER
Projekt- und Produktionsmanagement, Consulting und Business Development, Manufaktur, Design

GRÜNDUNG
1996

GESCHÄFTSFÜHRER
Bernd Kußmaul

STANDORT
Weinstadt (Region Stuttgart)

MITARBEITER
59

ANSPRECHPARTNER FÜR PERSONAL
Ralf Felger

ADRESSE
Bernd Kußmaul GmbH
Grunbacher Straße 55
71384 Weinstadt
Telefon: +49 7151 36901-0
Fax: +49 7151 36901-10
info@bernd-kussmaul-gmbh.de
www.bernd-kussmaul-gmbh.de

Lauer & Weiss GmbH

 Wir von Lauer & Weiss verbinden in unserer Arbeit tagtäglich das Denkbare mit dem Machbaren. Ein einfaches und dabei überaus erfolgreiches Konzept. Mehr als 230 Mitarbeiter in der Region Stuttgart und in São Paulo gehören zur internationalen Unternehmensgruppe.

Wir begeistern mit unserer Gestaltungskompetenz namhafte Kunden aus der Automobilindustrie. Neben der technischen Expertise in den Bereichen Konstruktion, Berechnung und Strömungssimulation zeichnet uns vor allem der Wille aus, neue Wege zu gehen. Das hat uns zu einem bedeutenden Modulentwickler – z. B. in der Karosserie- und Antriebsentwicklung – gemacht. Und genau das macht unser Team Tag für Tag zu einer besonders innovativen Ingenieur-Truppe: Eben zu echten Lauer & Weiss Pioneuren©.

Als unabhängiger Engineering-Partner der Automobilindustrie entwickelt unsere internationale Firmengruppe innovative und nachhaltige Lösungen für die Mobilität der Zukunft. Unsere Firmengruppe bietet komplette Modullösungen und weitere Beiträge mit anhaltender Premium-Qualität, wie z. B. Patentideen, Steigerung der Entwicklungseffizienz, Produktgestaltungen und Qualitätssicherung.

Durch die Synergie zwischen unseren Modulexperten, Projektmanagern und hochqualifizierten Fachkräften, gesteuert von unseren Competence Center Leitern, sichern wir unseren Kunden nicht nur regelmäßig deutlichen Vorsprung, sondern vermitteln zudem das sichere Gefühl, „State of the Art"-Lösungen zu erhalten.

Sichern Sie sich jetzt den Arbeitsplatz fürs Leben. Anruf genügt.

STECKBRIEF + JOBS-STUTTGART.COM

GESCHÄFTSFÜHRER
Jochen Lauer

ANSPRECHPARTNER FÜR PERSONAL
Sarah Dankwart

ADRESSE
Lauer & Weiss GmbH
Höhenstraße 21, 70736 Fellbach
Tel.: +49 (711) 52 08 89 – 125
Fax: +49 (711) 52 08 89 – 20
E-Mail: jobs@lauer-weiss.de
www.lauer-weiss.de

KARRIERE

STELLENANGEBOTE
Aktuelle Stellenangebote unter
www.lauer-weiss.de

CAMPUS
Praktika	ja
Studienabschlussarbeiten	ja
Werkstudenten	ja
Technikerarbeiten	ja

ARBEIT UND FAMILIE
flexible Arbeitszeiten	ja
Teilzeit	ja
Wohlfühl-Büros	ja

Lauer Nutzfahrzeugservice GmbH

 Lauer Nutzfahrzeugservice bietet sämtliche Service- und Reparaturdienstleistungen rund um das Nutzfahrzeug an. Markenunabhängig als zertifizierter Stützpunktpartner von über 20 namhaften Zulieferern und Herstellern der Nutzfahrzeugindustrie.

Die Lauer Nutzfahrzeugservice bietet ein umfassendes Angebot an Garantie-, Wartungs- und Reparaturleistungen aus einer Hand.

Ein hochqualifiziertes Team bürgt für Sorgfalt, Zuverlässigkeit und Qualität.

Sonderfahrzeuge in kleiner Stückzahl sind ein Job für Spezialisten. Mit der verzahnten Zusammenarbeit unserer Firmen schaffen wir es, höchste Ansprüche und Qualität selbst bei individuellen Sonderanfertigungen zu erfüllen.

KARRIERE

Wir suchen Reparaturprofis

STELLENANGEBOTE
Aktuelle Stellenangebote unter
www.lauer-nfzservice.de

STECKBRIEF

LEISTUNGEN
- Diagnose
- Instandhaltung
- Reparaturen
- Aufbauten
- Sonderfahrzeugbau
- Fuhrparkmanagement

GESCHÄFTSFÜHRER
Jochen Lauer

ANSPRECHPARTNER FÜR PERSONAL
Alexander Driehaus

ADRESSE
Lauer Nutzfahrzeugservice GmbH
Welfenstraße 8, 70736 Fellbach
Tel.: +49 (711) 95 19 08 – 16
Fax: +49 (711) 95 19 08 – 69
E-Mail: jobs@lauer-nfzservice.de
www.lauer-nfzservice.de

⚠ **Leuze** Gruppe

bielomatik Leuze GmbH + Co. KG
Leuze electronic GmbH + Co. KG

SONDERMASCHINENBAU

Die Grundlagen der Leuze Gruppe wurden vor 150 Jahren im schwäbischen Unterlenningen gelegt. Heute kann die Unternehmensgruppe mit der bielomatik Leuze und der Leuze electronic eine weltweite Erfolgsgeschichte vorweisen. Nach wie vor in Familienbesitz, steht neben der langfristigen erfolgreichen Entwicklung der Unternehmen die soziale Verantwortung für Mitarbeiter und Region im Fokus. Mitarbeiter finden hier ideale Rahmenbedingungen für ein motiviertes Arbeiten und die Entwicklung innovativer Lösungen für diverse Branchen. Beide Unternehmen gelten nicht umsonst in ihren Bereichen als Technologietreiber und sind weltweit in allen Wachstumsmärkten mit Tochtergesellschaften oder Vertriebsniederlassungen aktiv.

STECKBRIEF ⁺ **JOBS-STUTTGART.COM**

BRANCHE
Sondermaschinenbau
Optoelektronische Sensoren

GRÜNDUNG
bielomatik Leuze: 1946
Leuze electronic: 1963

STANDORTE
Owen
Neuffen
Fürstenfeldbruck
Unterstadion
Neuss
sowie weltweit
27 Tochtergesellschaften
und 107 Vertriebspartner

MITARBEITERZAHL LEUZE GRUPPE
1.500

UNSER ANSPRECHPARTNER FÜR PERSONAL
Frau Katja Müller
Telefon +49 7025 12-211
E-Mail katja.mueller@leuze.de

ADRESSE
bielomatik Leuze GmbH + Co. KG
Daimlerstraße 6 – 10
D-72639 Neuffen
Telefon +49 7025 12-0
Telefax +49 7025 12-200
E-Mail info@bielomatik.de
www.bielomatik.de

Leuze electronic GmbH + Co. KG
In der Braike 1
D-73277 Owen
Telefon +49 7021 573-0
Telefax +49 7021 573-199
E-Mail info@leuze.de
www.leuze.de

KARRIERE

BIELOMATIK LEUZE
FACH- UND FÜHRUNGSKRÄFTE
- Elektrotechnik
- Entwicklung und Konstruktion
- Vertrieb
- Projektmanagement

AUSBILDUNGSANGEBOTE
- Elektroniker für Automatisierungstechnik
- Industriemechaniker/in
- Industriekaufmann/-frau
- Studium an der DHBW
  – Elektrotechnik
  – Maschinenbau
  – Mechatronik

LEUZE ELECTRONIC
FACH- UND FÜHRUNGSKRÄFTE
- Elektrotechnik
- Physik
- Konstruktion
- Vertrieb
- Produktmanagement
- Hochfrequenztechnik

AUSBILDUNGSANGEBOTE
- Elektroniker für Geräte und Systeme
- Fachkraft für Lagerlogistik
- Studium an der DHBW
- Elektrotechnik
- Informationstechnik

CAMPUS

Praktika	ja
Studienabschlussarbeiten	ja
Traineeprogramme	ja
Werkstudenten	ja

CAMPUS

Praktika	ja
Studienabschlussarbeiten	ja
Traineeprogramme	ja
Werkstudenten	ja

ARBEIT UND FAMILIE

Flexible Arbeitsbedingungen	ja
Betriebliche Gesundheitsvorsorge	ja

ARBEIT UND FAMILIE

Flexible Arbeitsbedingungen	ja
Betriebliche Gesundheitsvorsorge	ja

△ **Leuze** Gruppe

Wir bieten weltweite Perspektiven und herausfordernde Aufgaben für kreative Menschen.

△ **Leuze** electronic

the sensor people

Leuze electronic entwickelt und produziert mit weltweit knapp 800 Mitarbeitern Lösungen für die industrielle Automation.

- Optoelektronische Sensoren
- Identifikationssysteme
- Bildverarbeitungssysteme
- Datenübertragungssysteme
- Sicherheits-Sensorsysteme

www.leuze.de

△ **bielomatik**

bielomatik Leuze ist ein weltweit agierender Maschinenbau-Anbieter von kundenspezifischen Anlagen mit mehr als 700 Mitarbeitern.

- Anlagen zur Papierverarbeitung
- Maschinen zur Transponder-Verarbeitung (RFID)
- Anlagen zum Kunststoffschweißen
- Minimalmengen-Schmiersysteme
- Zentralschmiertechnik

www.bielomatik.de

A MEMBER OF **NIKKISO**

LEWA
pumps + systems

Creating Fluid Solutions

LEWA GmbH
Creating Fluid Solutions

MASCHINENBAU

Als führender Hersteller von Dosier- und Prozess-Membranpumpen sowie von kompletten Dosieranlagen für die Verfahrenstechnik können unsere Kunden auf einen Erfahrungsschatz von über 60 Jahren vertrauen. In dieser Zeit entwickelte sich aus dem kleinen Betrieb in Leonberg ein Unternehmen mit internationalem Charakter. Nach der Integration in die japanische Nikkiso Co. Ltd. im Jahr 2009 ist LEWA weiter auf Wachstumskurs.

Als forschendes und produzierendes Unternehmen haben wir Technologien entwickelt, die weltweit richtungweisend für die Industrie sind. Dies stellen wir tagtäglich unter Beweis und erarbeiten Lösungen für unterschiedlichste Branchen wie Öl & Gas, Chemie, Pharma, Lebensmittel. Dabei begleiten wir unsere Kunden weltweit bereits in der Konzeptphase des Anlagen-Engineerings.

Gesellschaftliche Verantwortung übernehmen – dafür stehen wir bei LEWA: So bieten wir Mitarbeitern eine Vielzahl an Weiterbildungsmöglichkeiten, fördern Talente aus Forschung, Sport und Kultur und unterstützen Bedürftige in der Region. Flache Strukturen und direkte Wege ermöglichen es unseren Mitarbeitern, Ihre Ideen zu verwirklichen und den Erfolg unseres Unternehmens maßgeblich zu beeinflussen.

Auch als ausbildender Betrieb bieten wir beste Voraussetzungen: Dazu gehören ein gewerbliches Ausbildungszentrum, modernste Arbeitsabläufe und Informationstechnologien sowie eine eigene Lehrwerkstatt. Zahlreiche Belobigungen und Preise für die LEWAzubis zeigen: Die Ausbildung bei LEWA ist ausgezeichnet!

KARRIERE

FACH- UND FÜHRUNGSKRÄFTE

LEWA bietet interessante Positionen im technischen sowie im kaufmännischen Bereich. Es erwarten Sie anspruchsvolle Aufgaben mit hoher Eigenverantwortung und bestem Entwicklungspotenzial.

Die aktuellen Stellenangebote finden Sie unter: www.lewa.de/jobs

AUSBILDUNG UND STUDIUM

Wir suchen stets nach motivierten Menschen, die wir zu hochqualifizierten Mitarbeitern ausbilden können:

- Industriemechaniker (m/w)
- Mechatroniker (m/w)
- Industriekaufleute (m/w)
- DH-Studium Maschinenbau (m/w, Bachelor of Engineering)

Details finden Sie unter:
www.lewa.de/unternehmen/lewa-gruppe/ausbildung-bei-lewa/

STECKBRIEF + JOBS-STUTTGART.COM

BRANCHE
Maschinenbau

GESCHÄFTSFELDER
Dosier- und Prozess-Membranpumpen, komplette Dosieranlagen

GRÜNDUNG
1952

GESCHÄFTSFÜHRUNG
Naota Shikano (CEO),
Stefan Glasmeyer und Dr. Martin Fiedler

STANDORTE
Hauptsitz: Leonberg
16 Tochtergesellschaften weltweit
über 80 Vertretungen weltweit

MITARBEITERZAHL
840 weltweit

ANSPRECHPARTNER FÜR PERSONAL
Uta Madel

ANSPRECHPARTNER FÜR AUSBILDUNG UND STUDIUM
Erich Lexa

ADRESSE
LEWA GmbH
Ulmer Straße 10
71229 Leonberg
Telefon +49 7152 14-0
Telefax +49 7152 14-1303
E-Mail: lewa@lewa.de
www.lewa.de

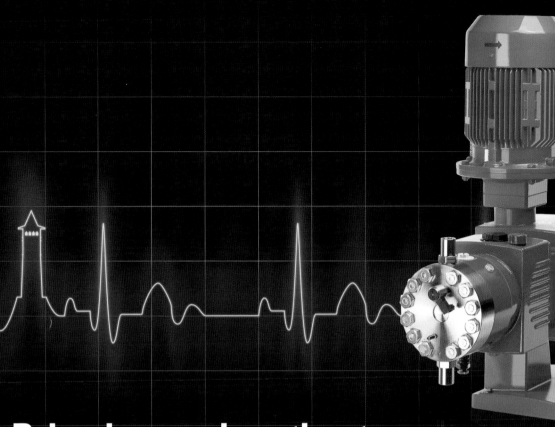

A MEMBER OF **NIKKISO**

Creating Fluid Solutions

LEWA
pumps + systems

Bring in your heartbeat...

...and create your future with LEWA.

Rund 470 Menschen am Standort Leonberg
und 840 in der ganzen Welt entwickeln
intelligente Dosierlösungen für eine
nachhaltige Zukunft.

Mit Leidenschaft, Erfahrung und Marktkenntnis über zahlreiche Branchen haben
sie LEWA zum Innovationsführer gemacht.

Zuverlässigkeit und das hohe Engagement
unserer Mitarbeiter sind wesentliche Faktoren
unseres Erfolgs.

Werden Sie Teil dieses Weltklasseteams,
lassen Sie uns die Zukunft mit Ihren Ideen
fortan gemeinsam gestalten.

Leidenschaftlich genug?
Weitere Infos unter:
www.lewa.de/jobs

LEWA GmbH
Ulmer Str. 10 · 71229 Leonberg · Tel. +49 7152 14-0 · lewa@lewa.de

www.lewa.com

LGI
Logistics Group International GmbH
Logistik – Die Branche der Zukunft

Kluge Köpfe für große Aufgaben

Bei uns bist Du Max und nicht Herr Mustermann ... und wir wissen Deine individuelle Leistung zu schätzen. Wir leben den Teamgedanken, und jeder von uns leistet einen wichtigen Beitrag zu unserem Erfolg.

Werde auch Du Teil der LGI-Erfolgsgeschichte. 1995 aus HP Deutschland entstanden, sind wir heute mit mehr als 3.500 Mitarbeitern an über 45 Standorten in Europa, USA und Russland aktiv. Die LGI zählt zu den Top 10 der industriellen Kontraktlogistik in Deutschland und ist darüber hinaus eines der führenden Logistikunternehmen in Europa. Für Kunden setzt die LGI hochwertige Logistik-, Transport- und Zolldienstleistungen um.

Zukunftsperspektiven bieten wir Dir genug. Drei unserer Top Führungskräfte sind unter 40. Darüber hinaus wachsen wir deutlich schneller als der Markt. Damit es so bleibt, brauchen wir Dich!

„*Wir sind LGI weil ...*
wir es total klasse finden, dass
man hier an großen Projekten
mitarbeiten darf und die eige-
nen Ergebnisse auch umgesetzt
werden."

Sandra, Nadine & Ulrich, Duales Studium bei LGI

STECKBRIEF **JOBS-STUTTGART.COM**

BRANCHE
Logistik & Transport

GESCHÄFTSFELDER
Kontraktlogistik
Transport
Zoll

GRÜNDUNG
1995

GESCHÄFTSFÜHRER
Dr. Andreas Bunz (CEO)
Eckhard Busch (COO)
Hans Peter Hehn (CFO)

UMSATZ
> 400 Mio. Euro (Plan 2013)

HAUPTSITZ
Herrenberg

STANDORTE
> 45

MITARBEITERANZAHL
> 3.500 weltweit

ANSPRECHPARTNER
Katalin Bayer

ADRESSE
LGI
Logistics Group International GmbH
Hewlett-Packard-Str. 1/1
71083 Herrenberg
Tel. +49 7031 3060 111
zukunft@lgi.de
www.lgi.de

KARRIERE

FACH- UND FÜHRUNGSKRÄFTE
Spezialisten aus den Bereichen Logistik und Transport

DUALES HOCHSCHULSTUDIUM
- BWL Spedition, Transport, Logistik
- BWL Dienstleistungsmanagement
- Wirtschaftsingenieurwesen Produktion & Logistik
- Wirtschaftsingenieurwesen Facility Management

AUSBILDUNGSANGEBOTE
- Fachkraft für Lagerlogistik (w/m)
- Industriekaufmann (w/m)
- Kaufmann für Spedition und Logistik (w/m)
- Personaldienstleistungskaufmann (w/m)

WAS WIR SUCHEN
MITDENKER und TEAMPLAYER, die mit uns die Logistikwelt neu erfinden

WAS WIR BIETEN
- Mentorenprogramm „LGI University"
- Persönliche und fachliche Weiterbildung im firmeneigenen Fortbildungszentrum
- Auslandsaufenthalt
- Steuerfreie Prepaid-Karte
- Betriebliche Altersvorsorge
- Und ein tolles Team, in dem Du Dich schnell wohlfühlen wirst

STELLENANGEBOTE
Aktuelle Stellen- und Ausbildungsangebote unter: www.lgi.de
Wir freuen uns aber auch über Initiativbewerbungen

EMIL LÖFFELHARDT GmbH & Co. KG
Löffelhardt verbindet

ELEKTROTECHNISCHER GROSSHANDEL

Emil Löffelhardt ist als Familienunternehmen ein mittelständischer, zukunftsorientierter, elektrotechnischer Großhandel in der vierten Generation. Wir beliefern das Elektrohandwerk, den Elektrofachhandel, die selbstverarbeitende Industrie, Behörden und Verwaltungen und vermarkten Qualitätsprodukte, Innovationen und Dienstleistungen der Elektrotechnik und Elektronik.

Als Vollsortimenter gelten wir in der Region Württemberg und Franken mit 14 Standorten als dynamischer Lieferpartner, der ein gut sortiertes Lager mit sofortiger Bestandsauskunft bereithält. Wir planen, projektieren und liefern die gesamte, elektrotechnische Produktpalette. Als innovatives Dienstleistungsunternehmen sind wir im Internet und bieten hierüber eine Direktanbindung an unser el-Online- Bestellsystem. Für die Industrie sind wir Systemlieferant zur Prozesskostenoptimierung. Ziel unserer Unternehmenspolitik ist das Streben nach ertragsorientiertem Wachstum und die Erhaltung von Selbständigkeit und Unabhängigkeit als mittelständische Alternative zu den Konzernen unserer Branche. Als Marktführer in Württemberg denken und handeln wir kundenorientiert und wollen unsere Marktposition zur Sicherung der Arbeitsplätze behaupten und ausbauen. Wir schaffen Verbindungen - technische und menschliche!

„Der Mensch steht bei uns im Mittelpunkt. Durch eine zukunftsorientierte Aus- und Weiterbildung ermöglichen wir die berufliche und persönliche Weiterentwicklung unserer Mitarbeiter."

Geschäftsführung

KARRIERE

STELLENANGEBOTE
Fach- und Führungskräfte für unseren Vertrieb, Einkauf, Logistik, IT und Verwaltung.

AUSBILDUNGSANGEBOT
- Kaufmann/-frau für Groß- und Außenhandel
- Fachkraft für Lagerlogistik
- Fachinformatiker

Aktuelle Stellenangebote unter:
www.loeffelhardt.de/karriere

Sie arbeiten in einem schlagkräftigen Team und übernehmen dabei verantwortungsvolle und anspruchsvolle Aufgaben. Sich einbringen und Eigeninitiative ergreifen ist ausdrücklich gewünscht, flache Hierarchien und offene Türen sind selbstverständlich.
Unsere Arbeitsplätze sind modern und mit fortschrittlicher Technik ausgestattet und sicher! Mehr als 107 Jahre Erfahrung eines mittelständischen familiengeführten Unternehmens sprechen dafür. Und nicht zuletzt: Spaß an der Arbeit in angenehmer Atmosphäre.

STECKBRIEF + JOBS-STUTTGART.COM

BRANCHE
Elektrotechnischer Großhandel

GRÜNDUNG
1906

STANDORTE
Fellbach (Stammhaus), Aalen, Albstadt, Frickenhausen, Freudenstadt, Göppingen, Heilbronn, Herrenberg, Mosbach, Nürnberg, Schwäbisch Gmünd, Stuttgart, Ulm, Würzburg. Zusätzlich Küchenstudios in Fellbach und Frickenhausen.

GESCHÄFTSFÜHRER
Dietrich Rommel, Sabine Bachmann, Rainer Rommel

MITARBEITERZAHL
Über 500

UNSERE ANSPRECHPARTNER FÜR PERSONAL
Christine Böhringer (Ausbildung)
Angela Seibold
zukunft@loeffelhardt.de

ADRESSE
Emil Löffelhardt GmbH & Co. KG
Elektrotechnischer Großhandel
Höhenstr. 23
70736 Fellbach
Telefon +49 711 5207-0
Telefax +49 711 5207-285
info@loeffelhardt.de
www.loeffelhardt.de

M+W Group
Enabling New Horizons

ANLAGENBAU

Die M+W Group zählt in den Bereichen Advanced Technology Facilities, Life Science & Chemicals, Energy & Environment Technologies sowie Hightech-Infrastruktur zu den global führenden Unternehmen für Planung, Engineering und Bau von komplexen Projekten. Von der Konzeptentwicklung bis zur schlüsselfertigen Komplettlösung realisiert die Gruppe Aufträge unterschiedlicher Größe, die schnelle Umsetzung, hohe Qualitätsstandards und Kosteneffizienz gewährleisten. Dabei verbindet das Unternehmen Prozesstechnologie, Automatisierungstechnik und komplexe Gebäudeinfrastrukturen zu integrierten Gesamtlösungen. Zum Kundenkreis zählen führende Unternehmen der Elektronik-, Photovoltaik-, Life Science-, Chemie-, Energie-, Automotive-, Security- und Kommunikationsbranche sowie Forschungseinrichtungen und Universitäten. Die M+W Group GmbH, Stuttgart, steuert als Holding die globalen Aktivitäten der Gruppe, die 2012 mit 7.700 Mitarbeitern einen Auftragseingang von 3,58 Mrd. Euro und einen Umsatz von 2,38 Mrd. Euro erzielte.

STECKBRIEF + JOBS-STUTTGART.COM

BRANCHE
Industrie- und Anlagenbau

GRÜNDUNG
1912

STANDORTE
weltweit in rund 35 Ländern

GESCHÄFTSFÜHRER
Dr. Johannes Rosenthaler, Jürgen Wild

GESCHÄFTSFELDER
Elektronik, Life Science, Photovoltaik, Chemie, Energie, Automotive, Security- und Kommunikationsbranche, Forschungseinrichtungen und Universitäten

MITARBEITERZAHL
ca. 7.700

UNSER ANSPRECHPARTNER FÜR PERSONAL
karin.kremer@mwgroup.net

ADRESSE
M+W Group GmbH
Lotterbergstraße 30
70499 Stuttgart, Deutschland
Telefon: +49 711 8804-0
Telefax: +49 711 8804-1309
info@mwgroup.net
www.mwgroup.net

KARRIERE

FACH- UND FÜHRUNGSKRÄFTE
- Elektrotechnik/Energietechnik
- Versorgungstechnik
- Verfahrenstechnik
- Chemie
- Physik
- Wirtschaftsingenieurwesen
- Technisch orientierte Betriebswirtschaft
- Vertrieb

ARBEITSUMFELD
- Flexibles Arbeitszeitmodell
- Internationales Arbeitsumfeld
- Hoher Gestaltungsfreiraum

CAMPUS
Praktika	ja
Abschlussarbeiten	ja
Werkstudententätigkeiten	ja
Studienförderprogramm „STEP"	ja

AUSBILDUNGSANGEBOTE
- Industriekaufmann/-frau
- Bachelor of Arts

MAG
große Traditionen im Werkzeugmaschinenbau
unter einem Dach.

MAG ist einer der führenden Anbieter individueller Fertigungs- und Technologielösungen mit einem Jahresumsatz von 750 Millionen Euro (2012) und 2200 Mitarbeitern an Standorten in Deutschland, den USA, China, Indien, Russland, Korea, Ungarn, Großbritannien und der Schweiz. Die Firmengruppe vereint Traditionsmarken mit einer über 200-jährigen Geschichte in der internationalen Werkzeugmaschinenindustrie wie Boehringer, Cross Hüller, Ex-Cell-O, Hessapp, Honsberg, Hüller Hille, Lamb, Modul und Witzig & Frank. Seit 2005 entstand so ein globaler Fertigungs-spezialist mit einzigartigem Know-how und herausragender Technologiebasis. Die Gruppe bietet maß-geschneiderte Lösungen für die Automobil- und Nutzfahrzeugindustrie, den Maschinenbau, die Schwer-industrie, Energie- und Förderanlagen, Schienenfahrzeuge, Luft- und Raumfahrt und Windkraftanlagen. MAG liefert Werkzeugmaschinen, Fertigungssysteme und Dienstleistungen im Bereich der Dreh-, Fräs-, Hon- und Verzahntechnologie, Verbundwerkstoff-Verarbeitung, Wartung und Instandhaltung, Automations- und Steuerungstechnik sowie Kernkomponenten für Werkzeugmaschinen. Als Industrieausrüster bietet MAG Komplettlösungen einschließlich Bearbeitungstechnologie, Prozessauslegung und Anlagenprojektierung, bis hin zu schlüsselfer-tigen Anlagen. Das weitreichende Verständnis für produktionstechni-sche Problemstellungen und eine enge, partnerschaftliche Zusam-menarbeit tragen zur nachhaltigen Senkung der Produktionskosten in den Zielbranchen bei.

STECKBRIEF ✚ JOBS-STUTTGART.COM

BRANCHE
Maschinen- und Anlagenbau

GRÜNDUNG
1951 (heutige Gesellschaft)
1798 (erste Gesellschaft)

MITARBEITERZAHL
1.600 (Deutschland)
2.200 (weltweit)

STANDORTE
8 (Deutschland)

KONTAKTADRESSE
MAG IAS GmbH

ZENTRALES RECRUITING
Stuttgarter Straße 50
73033 Göppingen
Telefon +49 7161-201-294
E-Mail jobs@mag-ias.com

Weitere Informationen finden Sie auf unserer Webseite www.mag-ias.com

KARRIERE

FACH- UND FÜHRUNGSKRÄFTE
Aktuelle Stellenangebote finden Sie unter www.mag-ias.com.

CAMPUS

Praktika	ja
Studienabschlussarbeiten	ja
Werkstudenten (m/w)	ja
Trainieeprogramme	ja

AUSBILDUNG
- Industriemechaniker (m/w)
- Zerspanungsmechaniker (m/w)
- Mechatroniker (m/w)
- Industriekaufmann (m/w)
- Elektroniker Automatisierungstechnik (m/w)

- Kooperatives Studium – Bachelor of Engineering Maschinenbau (m/w) Ulmer Modell
- Kooperatives Studium – Bachelor of Engineering MechatronikPlus (m/w) Göppinger Modell
- DHBW Studium – Studiengang Maschi-nenbau – Studienrichtung Konstruktion und Entwicklung
- DHBW Studium – Studiengang Mechatronik - Studienrichtung Projekt Engineering

MAHLE
Mit Innovationskraft Zukunft gestalten

TECHNIK IM FOKUS LEIDENSCHAFT ERFOLG PERSPEKTIVEN VIELFALT
MENSCHEN IM BLICK **TECHNOLOGIEFÜHRER**
MAHLE KOMPETENZ
GESELLSCHAFTLICHE VERANTWORTUNG KOLLEGIALITÄT 140 STANDORTE
65.000 MITARBEITER GLOBAL PLAYER WELTWEIT FÜHREND
INNOVATION NACHHALTIGKEIT WEITERENTWICKLUNG **BEHR** EIGENVERANTWORTUNG
LEISTUNGSSTÄRKE **HANDLUNGSSPIELRÄUME** 10 F&E ZENTREN INTERNATIONALITÄT

Als führender globaler Entwicklungspartner der Automobil- und Motorenindustrie bietet MAHLE eine einzigartige Systemkompetenz im Bereich Verbrennungsmotor und Motorperipherie. Mit den beiden Geschäftsbereichen Motorsysteme und -komponenten sowie Filtration und Motorperipherie zählt der MAHLE Konzern weltweit zu den Top-3-Systemanbietern. Die Behr-Gruppe wird ab 2014 als Geschäftsbereich Thermomanagement in den MAHLE Konzern integriert. Mit Behr zählt MAHLE zudem weltweit zu den führenden Erstausrüstern im Bereich Fahrzeugklimatisierung und Motorkühlung.

Im Geschäftsbereich Industry sind alle Non-Automotive-Aktivitäten des Konzerns gebündelt. Diese umfassen Produkte aus den Anwendungsfeldern der Filtration, des Thermomanagements und der Großmotoren für industrielle Einsätze. Der Geschäftsbereich Aftermarket bedient den freien Teilehandel mit MAHLE Produkten in Erstausrüstungsqualität.

MAHLE ist auf allen wichtigen Weltmärkten vor Ort präsent. Rund 65.000 Mitarbeiter werden 2014 an 140 Produktionsstandorten voraussichtlich einen Umsatz von rund zehn Milliarden Euro erwirtschaften. In 10 großen Forschungs- und Entwicklungszentren in Deutschland, Großbritannien, den USA, Brasilien, Japan, China und Indien arbeiten über 4.000 Entwicklungsingenieure und Techniker an zukunftsweisenden Konzepten, Produkten und Systemen.

Ein Zusammenschluss. Viele Möglichkeiten: Mit der Integration der Behr-Gruppe in den MAHLE Konzern bewegen wir Großes und gestalten mit Leidenschaft die Zukunft.

STECKBRIEF ⁺ JOBS-STUTTGART.COM

BRANCHE
Automobilzulieferer

STANDORTE
Stuttgart (Hauptsitz), sowie 22 weitere Standorte in Deutschland. Weltweit über 140 Produktionsstandorte und 10 Forschungs- und Entwicklungszentren.

MITARBEITER
Rund 65.000 (2014)

UMSATZ
Weltweit rund 10 Mrd. EUR (2014)

KONTAKT
MAHLE GmbH
Personalabteilung
Pragstraße 26-46
70376 Stuttgart
www.jobs.mahle.com

KARRIERE

WEN WIR SUCHEN

- Fach- und Führungskräfte für unterschiedliche Aufgabenbereiche
- Absolventen ingenieurwissenschaftlicher und kaufmännischer Studiengänge für das internationale Traineeprogramm und den Direkteinstieg
- Arbeiter, Facharbeiter und Techniker in diversen Fachbereichen

- Studenten ingenieurwissenschaftlicher und kaufmännischer Studiengänge für Praktika und Abschlussarbeiten
- Schüler für technische und kaufmännische Ausbildungsgänge sowie für das Duale Studium

Weitere Infos zum Thema Einstiegsmöglichkeiten und aktuelle Stellenangebote finden Sie unter www.jobs.mahle.com

TECHNIK IM FOKUS

MENSCHEN IM BLICK

INNOVATION   WELTWEIT FÜHREND

EIGENVERANTWORTUNG

NACHHALTIGKEIT

TECHNOLOGIEFÜHRER

KOMPETENZ **MAHLE**   ERFOLG

PERSPEKTIVEN

140 STANDORTE   GLOBAL PLAYER

VIELFALT   WEITERENTWICKLUNG

KOLLEGIALITÄT

LEISTUNGSSTÄRKE   **BEHR**
LEIDENSCHAFT

HANDLUNGSSPIELRÄUME

GESELLSCHAFTLICHE VERANTWORTUNG

65.000 MITARBEITER   10 F&E-ZENTREN

INTERNATIONALITÄT

Ein Zusammenschluss. Viele Möglichkeiten. Mit der Integration der Behr-Gruppe in den MAHLE Konzern bewegen wir Großes und gestalten mit Leidenschaft die Zukunft. Als weltweit führender Hersteller von Komponenten und Systemen für den Verbrennungsmotor und dessen Peripherie zählt MAHLE nun auch zu den führenden Erstausrüstern im Bereich Fahrzeugklimatisierung und Motorkühlung. Mit unseren rund 65.000 Mitarbeitern arbeiten wir gemeinsam an der Optimierung vorhandener und der Entwicklung neuer, zukunftsweisender Technologien. Und das an 140 Standorten und in 10 großen Forschungs- und Entwicklungszentren weltweit. Profitieren Sie von unserem internationalen Netzwerk und der neuen Vielfalt an Entwicklungsperspektiven: Wir bieten Ihnen Freiraum für eigene Ideen, Eigenverantwortung und immer wieder neue Herausforderungen. Dafür entwickeln Sie die besten Lösungen – zusammen mit Ihren neuen Kollegen. Überzeugen Sie sich selbst, und prägen Sie die Zukunft mit MAHLE.

www.jobs.mahle.com

Driven by performance

C. Maurer Druck und Verlag GmbH & Co. KG

MEDIEN

C. Maurer Druck und Verlag ist ein modernes Medien-unternehmen. Das Unternehmen wurde 1856 gegründet und beschäftigt heute 120 Mitarbeiter.

Der Maurer Verlag publiziert Fachzeitschriften für die Bau- und Gesundheitsbranche. Die einzelnen Titel sind Marktführer in ihren Branchen. Die Marken werden konsequent crossmedial weiterentwickelt. Neben Zeitschriften gehören Online-Fachportale, Newsletter, Veranstaltungen und Bücher zu unserem Portfolio. Maurer Druck ist Spezialist für die Produktion von Zeitschriften, Katalogen und hochwertigen Werbebroschüren und Büchern. Das Leistungsangebot reicht von Layout, Offsetdruck, Digitaldruck, Versandleistungen bis zu Lettershop.

Das Dienstleistungsangebot umfasst lösungsorientierte Beratung, Katalogerstellung mit Hilfe von PIM-Systemen sowie Adressmanagement und Logistikleistungen.

„Als Familienunternehmen sind Respekt, Vertrauen und Fairness wichtig im Umgang mit unseren Mitarbeitern und Kunden."

Carl Otto Maurer, Geschäftsführer

STECKBRIEF + JOBS-STUTTGART.COM

BRANCHE
Medien, Druckbranche, Verlagswesen

GESCHÄFTSFELDER
Fachzeitschriften, Digitale Medien, Druckerei

GRÜNDUNG
1856

GESCHÄFTSFÜHRER
Carl Otto Maurer

STANDORT
Geislingen (Steige)

MITARBEITER
120 Mitarbeiter

UNSER ANSPRECHPARTNER
Gabriela Häfele

ADRESSE
C. Maurer Druck und Verlag GmbH & Co. KG
Schubartstr. 21
73312 Geislingen/Steige
Telefon 0 73 31/ 9 30 - 0
Telefax 0 73 31/ 9 30 - 1 90
info@maurer-online.de
www.maurer-online.de

KARRIERE

EINSATZBEREICHE FÜR FACH- UND FÜHRUNGSKRÄFTE

- Projektleiter Digitale Medien
- IT/PIM- und Contentmanagement Datenbanken
- Vertrieb Print
- Produktion/Technik
- Verlagswesen

AUSBILDUNGSANGEBOT

- Mediengestalter/in Digital + Print
- Medientechnologe/in Fachrichtung Druck
- Medientechnologe/in Fachrichtung Druckverarbeitung
- Volontariat

ARBEIT UND FAMILIE

Teilzeit	ja
Flexible Arbeitszeiten	ja

CAMPUS

Praktika	ja
Praktische Studiensemester	ja
Studienabschlussarbeiten	ja
Volontariat	ja

AKTUELLE STELLENANGEBOTE UNTER

www.maurer-online.de

MBtech Group GmbH & Co. KGaA
We keep You ahead

DIENSTLEISTUNG

Die MBtech Group mit Hauptsitz in Sindelfingen, wurde 1995 als 100-prozentige Tochter der Daimler AG gegründet. Das international tätige Untenehmen ist der zweitgrößte Arbeitgeber in Sindelfingen und gehört zu den wichtigsten Dienstleistern für die Automobil- und Luftfahrtindustrie. 2012 übernahm der französische Technologiekonzern AKKA Technologies 65 % der Anteile der MBtech Group. Die Daimler AG hält 35 %. „Wir arbeiten weltweit gemeinsam mit namhaften Kunden an den Technologien von morgen und bieten unseren Mitarbeitern spannende und vielfältige Projekte, in denen sie schon früh Verantwortung übernehmen können. Unser Tätigkeitsspektrum ist sehr breit, und dieser ganzheitliche Ansatz macht MBtech für Ingenieure und Techniker interessant", so Harald Keller, CEO der MBtech Group.

Mittlerweile ist MBtech mit rund 3.300 Mitarbeitern auf drei Kontinenten – Europa, Nordamerika und Asien – präsent und bietet umfassende Leistungen in den Bereichen Vehicle Engineering, Styling & Design, Powertrain, Electronics Solutions, Manufacturing Engineering, Industrial Business Services und Consulting. Ingenieure entwickeln und erproben unter anderem Motorenkonzepte, Antriebsvarianten und Karosserien für die Mobilitätsindustrie. Die Consultants beraten ihre Kunden beginnend bei der ersten Produktidee über die Produktion bis hin zum Aftersales-Service. In der MBtech Academy werden maßgeschneiderte Qualifizierungs- und Schulungsprogramme zur Optimierung der Mitarbeiterkompetenzen angeboten.

„Als Dienstleister mit ambitionierten Wachstumszielen sind wir immer auf der Suche nach qualifiziertem Personal im technischen wie administrativen Bereich. Wer Verantwortung übernehmen will und Freude hat zu gestalten, findet bei uns die passende Aufgabe."

Regina Kares, Leitung Personal

STECKBRIEF + JOBS-STUTTGART.COM

BRANCHE
Engineering- und Consulting-Dienstleistung

STANDORTE
Sindelfingen, Fellbach, Waiblingen, Magstadt, Papenburg, Bremen, Hamburg, Ulm, München, Ingolstadt, Regensburg, Mannheim, Tschechien, Ungarn, Nordamerika, China

MITARBEITER
3.300

ADRESSE
MBtech Group GmbH & Co. KGaA
Kolumbusstraße 19+21
71063 Sindelfingen
www.mbtech-group.com
http://career.mbtech-group.com
facebook.com/mbtechcareer
Bewerber-Hotline: 07031/686-4683

KARRIERE

- flexible Arbeitszeiten
- Teilzeit- und Home-Office-Möglichkeiten
- Verpflegungsschecks
- Leistungsorientierte Vergütung
- Firmenticket für den ÖPNV
- betriebliche Altersvorsorge
- Leasing von Fahrzeugen zu günstigen Konditionen
- Unfallversicherung weltweit geltend
- „Fair Company" für Praktikanten und Absolventen

- Studienplätze im Rahmen des dualen Studiums in Kooperation mit der DHBW
- Großer Gestaltungsspielraum bzw. Möglichkeit, auch als Berufseinsteiger schnell Verantwortung zu übernehmen
- Persönliche Weiterbildungsmöglichkeiten durch umfangreiches Seminarprogramm
- Interessante nationale wie internationale Projekteinsätze
- Zusätzlich spezielle Programme für Führungskräfte und Mitarbeiter in der Nachwuchsentwicklung

Akademie der media GmbH
design tomorrow

HOCHSCHULE

 Die Akademie der media GmbH ist eine private Berufsfachschule sowie eine akkreditierte Studieneinrichtung mit staatlichen Abschlüssen. Die Stuttgarter Akademie bildet jährlich rund 300 anerkannte Experten und Persönlichkeiten in den Bereichen Medien, Business Management, technisches Produktdesign und Pädagogik aus.

Neben der Akademie verfügt die media GmbH zudem über eine eigene Werbeagentur und mehrere Produktionsstudios (Film, Foto, Ton), welche in die Lehre integriert werden. Denn bereits seit der Gründung der Akademie liegt die Priorität darauf, während der Ausbildung einen Eindruck von der realen Berufswelt zu vermitteln, um so den Übergang von Studium bzw. Ausbildung zum Beruf bestmöglich zu ebnen. Das gesamte Bildungsangebot ist absolut praxisnah ausgerichtet und wird von didaktisch geschulten sowie erfahrenen Fachdozenten in kleinen Gruppen vermittelt. Darüber hinaus bindet die Akademie regelmäßig Branchenexperten ein. So werden neueste Impulse und Strömungen aus der Wirtschaft ohne Umwege in den Unterricht integriert.

KARRIERE

BACHELOR OF ARTS
- Animation Design
- Game Design
- Industrial Design
- Digital Design
- Media Acting & Rhetorik
- Musikmanagement/Musikproduktion
- PR- & Kommunikationsmanagement
- TV-Producing/-Journalismus
- Business Management
- Social Media Management

MASTER OF ARTS
- Information and Communication Science

AUSBILDUNG UND UMSCHULUNG
- Mediengestalter Bild und Ton
- Mediengestalter Digital und Print
- Technischer Produktdesigner
- Kaufmann/frau für Marketingkommunikation
- Staatlich geprüfte/r Erzieher/in

WEITERBILDUNG (BERUFSBEGLEITEND)
- DTP und Internet
- Architektur und Engineering
- Film und Radio
- uvm.

STECKBRIEF + JOBS-STUTTGART.COM

GRÜNDUNG
1993

DISZIPLINEN
Medien und Design
Business Management
Technisches Produktdesign
Pädagogik

REKTOREN
Jörg Schmidt M.A., MBA

STUDIERENDE UND AUSZUBILDENDE
300

ADRESSE
Akademie der media GmbH
Tübinger Straße 12-16
70178 Stuttgart
www.media-gmbh.de
www.fb.com/akademiedermedia
www.youtube.com/mediaAkademie
www.twitter.com/mediaGmbH

STUDIENBERATUNG
0711/925430

Minimax
Sicherheit durch Technologie

 Seit 110 Jahren zählt Minimax zu den führenden Marken im Brandschutz. Die heutige Minimax Viking Gruppe erwirtschaftete im Jahr 2012 einen Umsatz von rund 1,1 Milliarden Euro und beschäftigt etwa 6.600 Mitarbeiter weltweit. Mitarbeiter von Minimax sorgen an jedem Ort der Welt für die Einhaltung höchster Qualitätsstandards. Ob in Automobilwerken, Kraftwerken, Logistikzentren, Büro- und Verwaltungsgebäuden, Data Centern oder auf Schiffen – wo immer Brandgefahren drohen, schützen individuelle Minimax Lösungen Menschen, Gebäude, Maschinen und Umwelt.

Minimax kann bei der Installation von Brandschutzanlagen auf eine einzigartige Bandbreite von Komponenten aus eigener Entwicklung und Produktion zurückgreifen.

Von der Planung über die Installation bis hin zu Wartung und Schulung – Wir bieten komplette Leistungen aus einer Hand mit eigenem Personal.

Minimax – Ein verlässlicher Partner

STECKBRIEF + JOBS-STUTTGART.COM

BRANCHE
Brandschutz

STANDORTE
Stuttgart
Nürnberg
München
Freiburg
sowie diverse Standorte weltweit

ADRESSE
Minimax GmbH & Co. KG
Industriestraße 10/12
23840 Bad Oldesloe
E-Mail
personalwesen@minimax.de
www.minimax.de/de/
unternehmen/jobs

KARRIERE

Um unsere Brandschutzanlagen zu projektieren, installieren und zu warten sind wir auf der Suche nach geeignetem Fachpersonal.

Sie sind
- Projektleiter
- Anlagenmonteur
- Servicemonteur
- Elektriker
- Konstrukteur

Wir suchen zahlreiche Kollegen aus dem technischen, kaufmännischen und gewerblichen Umfeld. Aktuell haben wir spannende offene Stellen zu besetzen. Gestalten auch Sie Ihre Zukunft bei Minimax!
Wir freuen uns auf Ihre Bewerbung!

WIR BIETEN IHNEN
- Anspruchsvolle Tätigkeiten geprägt durch Eigenständigkeit und Freiraum
- Gutes Betriebsklima und eine kollegiale Arbeitsatmosphäre
- Leistungsgerechtes Einkommen
- Förderung der beruflichen und fachlichen Weiterbildung
- Entwicklungsperspektiven
- Mitarbeit in einem wachsenden, internationalen Unternehmen
- Attraktive Sozialleistungen eines Großunternehmens

**MINIMAX –
EINE GUTE ENTSCHEIDUNG!**

BRANDSCHUTZ

Ministerium für Finanzen und Wirtschaft Baden-Württemberg

Landesinitiative Frauen in MINT-Berufen

11,2 Prozent der Beschäftigten in Baden-Württemberg üben einen Beruf in den Bereichen Mathematik, Informatik, Naturwissenschaften oder Technik aus. Allerdings stehen am Innovationsstandort Nr. 1 Baden-Württemberg Unternehmen aus Zukunftsbranchen wie Automotive, Maschinenbau, Medizin- und Umwelttechnik sowie Informationstechnologie, Telekommunikation und Kreativwirtschaft seit Jahren vor der Herausforderung, den wachsenden Bedarf an qualifizierten Fachkräften zu decken.

Um der wachsenden Fachkräftelücke entgegenzuwirken und mehr Mädchen und Frauen für MINT-Berufe zu begeistern, hat die Landesregierung von Baden-Württemberg die Landesinitiative „Frauen in MINT-Berufen" ins Leben gerufen. Die Landesinitiative setzt an unterschiedlichen biographischen Schnittstellen an, damit MINT-begeisterte Frauen ihr Interesse auf jeder Bildungsstufe bewahren und langfristige berufliche Perspektiven entwickeln. Diese Ziele fest im Blick, fördert die Landesinitiative Informationsveranstaltungen und Aktionstage für Schülerinnen und weibliche Auszubildende im gewerblich-technischen Bereich, führt Karriereförderprogramme für Nachwuchswissenschaftlerinnen durch und unterstützt Projekte für den beruflichen Wiedereinstieg von Frauen.

„Zur Fachkräftesicherung müssen die Potenziale und Talente von Frauen für die MINT-Berufe besser erschlossen werden. Unternehmen können es sich nicht mehr leisten, auf gut qualifizierte Frauen zu verzichten."

Dr. Nils Schmid, Minister für Finanzen und Wirtschaft Baden-Württemberg

Ausgewählte Projekte der Landesinitiative

Titel	Zielgruppe	Inhalt
Aktionstage „Gemeinsam stark!"	Weibliche Auszubildende in gewerblich-technischen Berufen	• Reflektion der Berufswegs- und Lebensplanung • Austausch und Vernetzung • Workshops zu den Themen Beruf, Arbeitswelt und Weiterbildung
Karriere- und Netzwerkförderprogramm für Nachwuchswissenschaftlerinnen	Nachwuchswissenschaftlerinnen in der außeruniversitären und der industriellen Forschung in Baden-Württemberg	• Karriereförderung durch bedarfsorientierte Lösungsansätze, Aktivierung und Hilfe zur Selbsthilfe • Aufbau eines landesweiten Netzwerks von Forscherinnen
WING – Wiedereinstieg von Frauen in MINT-Berufe	• Frauen in MINT-Berufen, die nach familienbedingter Unterbrechung oder nach Tätigkeit in anderen Berufsfeldern in ihren Beruf zurückkehren möchten • Entscheidungsträger und Personalverantwortliche in Unternehmen	• Erstellung eines individuellen Kompetenzprofils • Schulungsphase mit Training in Workshops und Zertifikatslehrgängen • mindestens 6-monatige Praxisphase in einem Unternehmen

INITIATIVE

Verschiedene Studien und Erfahrungsberichte von Frauen zeigen, dass zentrale Gründe für den geringen Frauenanteil in technischen Berufen zum einen im Bereich der Vereinbarkeit von Beruf und Familie, zum anderen in einer instabilen beruflichen Integration vor dem Ausstieg liegen. Um gut ausgebildete MINT-Frauen für sich zu gewinnen, sind Rahmen- und Arbeitsbedingungen notwendig, die der Lebenswirklichkeit von Frauen Rechnung tragen.

Zunehmend mehr Unternehmen erkennen dies und sprechen Frauen mit dem Angebot flexibler Arbeitszeit- und Arbeitsortmodelle, Maßnahmen zur Kinderbetreuung und speziellen Fortbildungs- und Qualifizierungsprogrammen gezielt an. Darüber hinaus können Arbeitgeber auch unmittelbar nach beziehungsweise noch während einer Eltern- oder Pflegezeit aktiv sein, um Frauen mit Wiedereingliederungsprogrammen und Weiterbildungsmaßnahmen an sich zu binden.

Aus der Perspektive der Wiedereinsteigerinnen geht es vor allem darum, auf den aktuellen Stand der Entwicklung zu kommen, um ihnen die Angst vor dem Wiedereinstieg zu nehmen. Diese Instrumente können selbstverständlich nur dann den gewünschten Erfolg bringen, wenn sie auch gezielt kommuniziert werden. Schließlich geht es darum, dass ein Arbeitgeber als Vorbild in Fragen der Vereinbarkeit von Beruf und Familie auch öffentlich wahrgenommen wird.

Vorbilder schaffen – Erfolgsmodelle bekannt machen – Leuchtturm-Projekte auszeichnen

Mit dem Unternehmenswettbewerb der Landesinitiative „Frauen in MINT-Berufen" zeichnet das Ministerium für Finanzen und Wirtschaft kreative und innovative Konzepte zur Förderung von Frauen in MINT-Berufen aus. Das Ziel: Erfolgsmodelle bekannt machen und Vorbilder für andere Unternehmen schaffen. Gewinner können sich mit dem Wettbewerbssiegel intern wie extern als attraktiver Arbeitgeber präsentieren und zugleich auf ihre Erfolgskonzepte in einer breiten Öffentlichkeit aufmerksam machen. Damit unterstreichen sie nicht nur die Relevanz des Themas, sondern geben wichtige Impulse für weitere Akteure, sich aktiv für mehr weibliche Nachwuchskräfte und die Förderung von Frauen in MINT-Berufen einzusetzen.

Bewerbungsmodalitäten und -fristen:
- Die Bewerbungsfrist läuft noch bis zum 30. November 2013.
- Teilnahmeberechtigt sind Unternehmen, Selbstständige und regionale Initiativen mit Sitz in Baden-Württemberg.
- Kategorien: „Berufsorientierung und Recruiting", „Wiedereinstieg von Frauen in den Beruf" und „Personalentwicklung und -bindung", für regionale Zusammenschlüsse: Sonderkategorie „Regionale Initiativen zur Förderung von Frauen in MINT-Berufen"
- Alle Infos zur Bewerbung: www.mint-frauen-bw.de

STECKBRIEF

Ministerium für Finanzen und Wirtschaft Baden-Württemberg

ZIELE

Den weiblichen Nachwuchs im naturwissenschaftlich-technischen Bereich fördern und mehr Frauen für die MINT-Berufe gewinnen

PARTNER

Zur Erreichung dieser Ziele baute das Ministerium für Finanzen und Wirtschaft Baden-Württemberg ein landesweites Partnernetz aus aktuell 37 Bündnispartnern aus Arbeitgeber-, Berufs- und Branchenverbänden, Gewerkschaften, Frauennetzwerken, Hochschulen, Forschungseinrichtungen, Stiftungen, den

Kontaktstellen Frau und Beruf und der Regionaldirektion Baden-Württemberg der Bundesagentur für Arbeit auf.

KONTAKT

Landesinitiative Frauen in MINT-Berufen
www.mint-frauen-bw.de
info@mint-frauen-bw.de

ANSPRECHPARTNERINNEN

Dr. Birgit Buschmann
Leiterin Referat Wirtschaft und Gleichstellung
Ministerium für Finanzen und Wirtschaft Baden-Württemberg
Schlossplatz 4, 70173 Stuttgart
Tel. 0711/123-2233
birgit.buschmann@mfw.bwl.de

Waltraud Winterhalter
Projektleiterin Landesinitiative „Frauen in MINT-Berufen"
Ministerium für Finanzen und Wirtschaft Baden-Württemberg
Schlossplatz 4, 70173 Stuttgart
Tel. 0711/123-3351
waltraud.winterhalter@mfw.bwl.de

MHMK
Macromedia Hochschule für Medien und Kommunikation

HOCHSCHULE

Die MHMK, Macromedia Hochschule für Medien und Kommunikation, ist mit etwa 2.000 Studierenden die größte private Medienhochschule und nach der Hochschule der Medien in Stuttgart die zweitgrößte Fachhochschule mit Medienschwerpunkt in Deutschland. Die MHMK ist durch das Bayerische Staatsministerium für Wissenschaft, Forschung und Kunst staatlich anerkannt – und mit ihren fünf Standorten in den Medienzentren Stuttgart, Köln, Hamburg, München und Berlin auch in Baden-Württemberg, Nordrhein-Westfalen, Hamburg und Berlin zugelassen. Ziel der MHMK ist es, in praxisnahen Studiengängen die Medienschaffenden von morgen auszubilden, die mit ihrer Persönlichkeit und Kompetenz die Medienlandschaft der Zukunft prägen werden. Dafür hat die Hochschule bisher 80 Professuren eingerichtet und mit Wissenschaftlern und Experten aus Medienunternehmen, Hochschulen und Kommunikationsagenturen besetzt. Auch der wissenschaftliche Mittelbau wird kontinuierlich ausgebaut. Dreizehn Partnerhochschulen in zwölf Ländern auf allen fünf Kontinenten ermöglichen es den Studierenden der Bachelorstudiengänge außerdem, ein vollständig anrechenbares Fachsemester im Ausland zu verbringen.

„Das Studium ist sehr praxisnah und wir bekommen durch Lehrprojekte mit realen Auftraggebern schon früh einen Einblick in den beruflichen Alltag der Medienbranche. Die Studiengruppen sind klein und unsere Professoren und Dozenten sind immer für uns da."

Fabian Dubiel, Student Medienmanagement/PR & Kommunikationsmanagement

STECKBRIEF   + JOBS-STUTTGART.COM

BRANCHE
Private Hochschule

STUDIENGÄNGE
Medienmanagement, Journalistik, Medien- und Kommunikationsdesign, Film und Fernsehen, Master School

STANDORTE
Stuttgart, Köln, Hamburg, München, Berlin

GESCHICHTE
Seit 1999 Kooperationsstudiengänge im In- und Ausland, seit 2006 staatlich anerkannt und seit 2011 institutionell akkreditiert.

PRÄSIDENT
Prof. Jürgen Faust

STUDIERENDE
ca. 2.000

ANZAHL PROFESSOREN
ca. 80

ADRESSE STUTTGART
MHMK, Macromedia Hochschule für Medien und Kommunikation
Naststraße 11 (Römerkastell)
70376 Stuttgart
Telefon 0711.280 738-0
www.mhmk.de
info.stgt@mhmk.org

STUDIENBERATUNG
0711.280 738-22, -24 oder -42

KARRIERE

BACHELORSTUDIENGÄNGE IN STUTTGART
Medienmanagement
- Markenkommunikation und Werbung
- Musikmanagement
- PR und Kommunikationsmanagement
- Sport- und Eventmanagement
Journalistik
- Kulturjournalismus
- Ressortjournalismus
Medien- und Kommunikationsdesign
- Game Design
- Mediendesign

INTERNATIONAL STUDIEREN
Die Studierenden der Bachelorstudiengänge Medienmanagement und Medien- und Kommunikationsdesign absolvieren sechs Semester an einem Campus in Deutschland und ein integriertes Auslandssemester an einer der Partnerhochschulen, die auf alle fünf Kontinente verteilt sind, u.a.
- University of Greenwich (London/Großbritannien)
- Monash University (Melbourne/Australien)
- Stellenbosch University (Kapstadt/Südafrika)
- Chulalongkorn University (Bangkok/Thailand)
- National University (San Diego/USA)
- Higher Colleges of Technology (Abu Dhabi/Vereinigte Arabische Emirate)

Motor Presse Stuttgart GmbH & Co.KG
Themen, die faszinieren — Marken, die bewegen

Motor Presse Stuttgart – dieser Name steht für ein Medienhaus, das seit seiner Gründung im Jahr 1946 zu einem internationalen Unternehmen für Special-Interest-Medien und zum größten Special-Interest-Zeitschriftenverlag in Europa herangewachsen ist. Heute publizieren wir weltweit rund 140 Magazine in den Themenfeldern Motor, Lifestyle, Sport und Freizeit. Über dieses klassische Print-Kerngeschäft hinaus investiert und expandiert die Motor Presse Stuttgart seit Jahren in neue Geschäftsfelder. Mittlerweile gehören vielfältige Onlineprodukte, TV-Aktivitäten, Events und Dienstleistungen zum Angebots-Portfolio der Motor Presse Stuttgart.

Der Schwerpunkt unserer verlegerischen Aktivitäten liegt auf dem Ausbau und der Stärkung unserer internationalen Marktposition in den Kernthemen Auto und Motorrad sowie auf dem strategischen Wachstumsfeld Sport, Freizeit und Lifestyle.

Unser Maßstab ist es, zu den Besten in den von uns publizistisch bearbeiteten Themenfeldern zu gehören. Daran orientiert sich die Arbeit des gesamten Unternehmens.

Der Leser steht im Mittelpunkt der journalistischen Arbeit. Der Erfolg der Zeitschriften der Motor Presse Stuttgart beruht auf redaktioneller Unabhängigkeit und kompetenter Berichterstattung.

STECKBRIEF | JOBS-STUTTGART.COM

BRANCHE
Medien
GESCHÄFTSFELDER
Special Interest Medien
GRÜNDUNG
1946
GESCHÄFTSFÜHRUNG
Dr. Volker Breid, Norbert Lehmann
STANDORTE
Stuttgart, Leonberg, Hamburg, Bonn, mehrere internationale Standorte
MITARBEITERZAHL
1.400 weltweit
ADRESSE
Motor Presse Stuttgart GmbH & Co.KG
Leuschnerstr. 1
70174 Stuttgart
Telefon: +49 711 182-0
E-Mail: bewerbung@motorpresse.de
www.motorpresse.de

KARRIERE

AUSBILDUNGSANGEBOTE
- Medienkauffrau-/mann Digital und Print
- Betriebswirt/in (DH) Medien- und Kommunikationswirtschaft Digitale Medien
- Trainee-Programm
- Grafik-Trainee-Programm
- Redaktions-Volontäre/Fach-Trainees

FACH- UND FÜHRUNGSKRÄFTE
- Journalismus
- Grafik/Redaktion
- Online-/Webexperten
- Kaufmännische Funktionen
- Marketing
- Marktforschung

ARBEIT UND FAMILIE

Teilzeit	ja
Flexible Arbeitszeiten	ja
Weiterbildungsmöglichkeiten	ja
Cafeteria	ja
Betriebliche Altersvorsorge	ja
Fahrtkostenzuschuss	ja
Betriebsnahe Kindertagesstätte	ja

CAMPUS

Praktika	ja
Abschlussarbeiten	ja
Trainee-Programm	ja
Werkstudententätigkeit	ja

STELLENANGEBOTE
www.motorpresse.de.

HOCHSCHULE PFORZHEIM

Hochschule Pforzheim

Die Verbindung von betriebswirtschaftlichem Fachwissen mit gestalterischer Kreativität und technischer Präzision ist das Markenzeichen der Hochschule Pforzheim. Im sogenannten Pforzheimer Modell wird in den drei Fakultäten - Gestaltung, Technik sowie Wirtschaft und Recht - eine solide, breit aufgestellte Grundausbildung vermittelt, auf die eine facettenreiche Spezialisierung aufbaut. Vom ersten Semester an profitieren die Studierenden von den hervorragenden Beziehungen der Hochschule zu regionalen und überregionalen Unternehmen. Projekte, Praxissemester, Forschungsarbeiten, Lehrbeauftragte aus der Industrie sowie der Transfer zwischen Hochschule und Unternehmen sind zentraler Bestandteil der Pforzheimer Hochschule für Angewandte Wissenschaften. Neben der qualitativ hochwertigen fachlichen Ausbildung eröffnet die Hochschule Pforzheim ihren Studierenden weitergehende Perspektiven. Die Hochschule gehört zu den bundesweit sieben Hochschulen und Universitäten, die von der renommierten US-amerikanischen Association to Advance Collegiate Schools of Business (AACSB) akkreditiert sind. Sie engagiert sich in internationalen Netzwerken und pflegt Partnerschaften zu weltweit 100 Universitäten.

STECKBRIEF + JOBS-STUTTGART.COM

BRANCHE
Hochschule

FAKULTÄTEN
Gestaltung, Technik,
Wirtschaft und Recht

REKTOR
Professor Dr. Martin Erhardt

STUDIERENDE
6000

PROFESSOREN
400 Professoren und Lehrbeauftragte

ADRESSE
Hochschule Pforzheim
Gestaltung, Technik,
Wirtschaft und Recht
Tiefenbronner Strasse 65
75175 Pforzheim
www.hs-pforzheim.de
info@hs-pforzheim.de

KARRIERE

Die renommierten Studiengänge bieten eine qualitativ hervorragende Ausbildung. Mit 29 Bachelor- und 13 Masterstudiengängen verfügt die Hochschule über ein hochspezialisiertes Angebot. Rund 6.000 Studierende werden zurzeit am Rande des Nordschwarzwaldes ausgebildet. Die Hochschule verfügt über einen modernen und auf Grund seiner Architektur ausgezeichneten Campus oberhalb der Stadt sowie die innerstädtischen Standorte.

FAKULTÄT FÜR WIRTSCHAFT UND RECHT

- 12 betriebswirtschaftliche Bachelorstudiengänge
- 1 Bachelorstudiengang Wirtschaftsrecht
- 7 betriebswirtschaftliche Masterstudiengänge
- 1 MBA-Studiengang

FAKULTÄT FÜR TECHNIK

- 9 Bachelorstudiengänge
- 3 Masterstudiengänge

FAKULTÄT FÜR GESTALTUNG

- 7 Bachelorstudiengänge
- 2 Masterstudiengänge

PFISTERER

ELEKTROTECHNIK

PFISTERER ist überall dort zu finden, wo elektrischer Strom zur Energieversorgung fließt. Seit 90 Jahren entwickeln und fertigen wir Komponenten zum Anschließen, Verbinden und Verzweigen von Energieleitungen. PFISTERER-Produkte werden weltweit in allen Spannungsebenen eingesetzt: Von der Einspeisung des Stroms in Hochspannungs-Überlandleitungen, über Mittel- und Niederspannungs-Verteilernetzwerke bis hin zum 400-Volt-Hausanschluss. Auch bei der Stromerzeugung aus erneuerbaren Energieträgern und bei der Bahn werden unsere Produkte bevorzugt verwendet. Damit bietet PFISTERER weltweit das breiteste Produktprogramm der Branche an.

Unsere Produkte und Dienstleistungen haben einen Exportanteil von bis zu 80%. PFISTERER-Komponenten finden sich weltweit in großen Infrastrukturprojekten, in Offshore-Windkraftanlagen, in Hochgeschwindigkeitszügen und auch in elektrisch betriebenen Fahrzeugen. Wir suchen weltoffene Mitarbeiter. Denn in allen Bereichen des Unternehmens stehen Sie in Kontakt mit internationalen Kunden und unserem weltweiten Vertriebsnetz.

„Wir bieten Berufsanfängern ‚The Best of both Worlds': Den Perspektivenreichtum eines Global Players und Innovationsführers auf der einen Seite, die flachen Hierarchien und den familiären Geist eines mittelständischen Traditionsunternehmens auf der anderen."

Dirk Schneider, Personalleiter

STECKBRIEF ⁺ JOBS-STUTTGART.COM

BRANCHE
Elektrotechnik

GESCHÄFTSFELDER
Kabelsysteme, Komponenten, Freileitungstechnik, Fahrleitungstechnik

GRÜNDUNG
1921

MITARBEITER
Deutschland: 400, weltweit 1.250

UNSER ANSPRECHPARTNER FÜR PERSONAL
Marion Maurer-Lang

ADRESSE
PFISTERER Kontaktsysteme GmbH
Rosenstraße 44
73650 Winterbach
Telefon +49 7181 7005-185
E-mail marion.maurer-lang
@pfisterer.de
www.pfisterer.com

KARRIERE

FACH- UND FÜHRUNGSKRÄFTE

- Ingenieurwissenschaften, (Bachelor, Master, Diplom)
- Entwicklung/Konstruktion
- Produktmanagement
- Vertrieb national und international
- Gewerblicher und kaufmännischer Bereich
- Techniker

AUSBILDUNGSANGEBOTE

- Industriekaufleute
- Industriemechaniker
- Werkzeugmechaniker
- Fachkräfte für Lagerlogistik
- Elektroniker für Betriebstechnik
- Zerspanungsmechaniker

ARBEIT UND FAMILIE

Teilzeit	ja
Homeoffice	nein

CAMPUS

Praktika	ja
Studienabschlussarbeiten	ja
Traineeprogramme	nein
Werkstudenten	ja

Pädagogische Hochschule Ludwigsburg

 Die PH Ludwigsburg versteht sich als modernes Kompetenzzentrum für Bildungswissenschaften in vier eng miteinander verknüpften Bereichen: schulische Bildung, außerschulische Kinder- und Jugendbildung, Erwachsenen- und Weiterbildung sowie Bildung im Kultur- und Sozialbereich. Sie fördert in Forschung und Lehre den wissenschaftlichen Nachwuchs und ist als wissenschaftliche Hochschule mit Promotions- und Habilitationsrecht den Universitäten gleichgestellt. Die Lehr- und Lernforschung, aber auch die Schulentwicklungsforschung bilden dabei Schwerpunkte des Forschungsbetriebes.

Zwei Drittel des Studienangebots umfassen die Lehramtsstudiengänge für die Grundschule, die Werkreal-/Haupt-/Realschule, die Sonderpädagogik sowie die Berufspädagogik (M Sc.). Daneben bestehen aber auch Bachelorstudiengänge, in denen erziehungs- und bildungswissenschaftliche sowie fachdidaktische Zugänge zu außerschulischen Bildungsfeldern verknüpft werden. Darüber hinaus bietet die Hochschule eine breite Palette von Masterstudiengängen an, die Studierende für bestimmte Berufs- und Forschungsgebiete im Bildungsbereich spezialisieren.

„Die PH Ludwigsburg ist ein wissenschaftliches Zentrum für alle Bildungsfragen, an dem die Studienangebote interdisziplinär vernetzt sind. Zugleich engagiert sich die PH dafür, den Studierenden auch einen kulturellen Raum zu bieten."

Prof. Dr. Martin Fix, Rektor

KARRIERE

LEHRAMTSSTUDIENGÄNGE

- Lehramt an Grundschulen
- Lehramt an Werkreal-, Haupt- und Realschulen
- Europalehramt an Werkreal-, Haupt- und Realschulen
- Lehramt Sonderpädagogik (auch als Aufbaustudiengang)
- Berufspädagogik/ Ingenieurwissenschaften (Master of Science, in Kooperation mit der Hochschule Esslingen)

BACHELORSTUDIENGÄNGE

- Bildungswissenschaft/Lebenslanges Lernen
- Frühkindliche Bildung und Erziehung (in Kooperation mit der EH Ludwigsburg)
- Kultur- und Medienbildung

MASTERSTUDIENGÄNGE

- Bildungsforschung
- Bildungsmanagement
- Erwachsenenbildung
- Frühkindliche Bildung und Erziehung (in Kooperation mit der EH Ludwigsburg)
- International Education Management
- Kulturwissenschaft und -management
- Religionspädagogik (in Kooperation mit der EH Ludwigsburg)
- Sonderpädagogik

STECKBRIEF + JOBS-STUTTGART.COM

BRANCHE
Hochschule

STUDIENFELDER
- Lehrämter
- Bildungswissenschaft/Lebenslanges Lernen
- Frühkindliche Bildung und Erziehung
- Kultur- und Medienbildung
- Bildungsforschung
- Bildungsmanagement
- Erwachsenenbildung
- Kulturwissenschaft und -management
- Sonderpädagogik
- Religionspädagogik

GRÜNDUNG
1962

REKTOR
Prof. Dr. Martin Fix

MITARBEITER (VOLLZEITÄQUIVALENTE)
375

STUDIERENDE
5.400

ADRESSE
Pädagogische Hochschule Ludwigsburg
Reuteallee 46
71634 Ludwigsburg
Telefon: +49 7141 140-0
www.ph-ludwigsburg.de

Philips Medizin Systeme Böblingen GmbH

PHILIPS

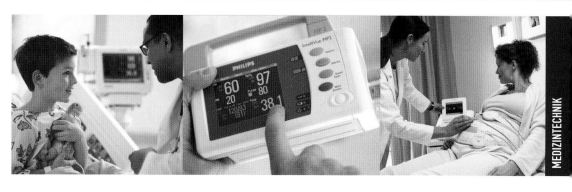

MEDIZINTECHNIK

Royal Philips mit Hauptsitz in den Niederlanden ist ein Unternehmen mit einem vielfältigen Angebot an Produkten für Gesundheit und Wohlbefinden. Im Fokus steht dabei, die Lebensqualität von Menschen durch zeitgerechte Einführung von technischen Innovationen zu verbessern. Als weltweit führender Anbieter in den Bereichen Medizintechnik, Konsumgüter und Licht integriert Philips Technologien und Design-Trends in neue Lösungen, die auf die Bedürfnisse von Menschen zugeschnitten sind.

Philips Medizin Systeme Böblingen entwickelt und produziert mit rund 700 Mitarbeitern Patientenüberwachungssysteme für den weltweiten Markt. Sie kommen vor allem in der Notfall- und Intensivmedizin, der Schwangerschafts- und Neugeborenenüberwachung, bei Operationen und in der Anästhesie zum Einsatz. Mit mehreren hunderttausend Monitoren, die weltweit installiert sind, ist Philips in diesem Bereich marktführend. Die neueste Entwicklung aus Böblingen ist ein softwarebasiertes Frühwarnsystem zur Erkennung von Zustandsverschlechterungen mit Hilfe von drahtlosen Sensoren.

„Wir leisten jeden Tag einen Beitrag zur Verbesserung oder Rettung von Menschenleben, indem wir unsere Patientenversorgungslösungen vom drahtlosen Monitor bis hin zu unseren leistungsstärksten modularen Monitoren innovativ weiterentwickeln."

KARRIERE

SCHÜLER/ STUDENTEN

- Ausbildung zum Elektroniker/in für Geräte und Systeme
- Duales Studium Bachelor of Engineering – Fachrichtung Informationstechnik
- Praktika für Studierende im Bereich Forschung & Entwicklung: Software, Hardware und Mechanik
- Werkstudententätigkeit und Abschlussarbeiten auf Anfrage/ im Anschluss an ein Praktikum möglich.

FACH- UND FÜHRUNGSKRÄFTE

- Informatik
- Elektrotechnik
- Nachrichtentechnik
- Mechatronik
- Medizintechnik
- Maschinenbau
- Wirtschaftsingenieurwesen
- Wirtschaftswissenschaften
- Technischer Vertrieb/ Marketing

Aktuelle Stellenangebote finden Sie unter www.philips.de/karriere

Wir freuen uns auf Sie!

STECKBRIEF + JOBS-STUTTGART.COM

BRANCHE
Medizintechnik

WEITERE BRANCHEN
Licht und Konsumgüter

MITARBEITERZAHL
700 in Böblingen, 6.900 in Deutschland, 120.000 weltweit

KONTAKT FÜR DUALE STUDENTEN/ AUSZUBILDENDE
Mandy Seifert, Tel: +49 7031 463-1049

KONTAKT FÜR PRAKTIKANTEN
Petra Knirsch, Tel: +49 7031 463-1810

KONTAKT FÜR FESTANSTELLUNGEN
Sigrid Bofinger, Tel. +49 40 2899-2182

STELLENBÖRSE & FACEBOOKSEITE
www.philips.de/karriere
www.facebook.com/philipsjobs

ADRESSE
Philips Medizin Systeme Böblingen GmbH
Hewlett-Packard-Str. 2,
71034 Böblingen
www.philips.de

WEITERE STANDORTE:
Hamburg, Aachen, Ulm, Herrsching u. a.

Pilz GmbH & Co. KG
Sicherheit für Mensch, Maschine und Umwelt

AUTOMATISIERUNGSTECHNIK

Der Name Pilz steht weltweit als Synonym für Sicherheit von Mensch, Maschine und Umwelt. Mit rund 1.700 Mitarbeitern ist das Unternehmen aus Ostfildern international agierender Technologieführer in der Automatisierungstechnik. Neben dem Stammhaus in Deutschland ist Pilz mit 30 Tochtergesellschaften und Niederlassungen auf allen Kontinenten vertreten. Sichere Automatisierungslösungen von Pilz sind in allen Bereichen des Maschinen- und Anlagenbaus im Einsatz, darunter auch in der Verpackungs- und Automobilindustrie sowie in den Branchen Windenergie, Transport und Pressen. Die Systeme sorgen außerdem dafür, dass Gepäckförderanlagen in Flughäfen gefahrlos laufen, Theaterkulissen sich reibungslos bewegen und Seil- oder Achterbahnen sicher unterwegs sind.

Botschafter der Sicherheit – diesem Leitspruch will das Unternehmen durch Produkte, Lösungen sowie durch verantwortliches Handeln gerecht werden. Dafür baut das Familienunternehmen auf unternehmerisch denkende Mitarbeiter. Mit Mut und Leidenschaft für Innovation setzen diese seit über 65 Jahren erfolgreich Standards in der sicheren Automation.

„Das gemeinsame Ziel bei Pilz ist, mit Begeisterung Technik auf den Markt zu bringen, die einen Mehrwert stiftet, Arbeit erleichtert und Sicherheit schafft. Wichtig ist die Bereitschaft, Gutes noch weiter verbessern zu wollen."

Renate Pilz, Geschäftsführende Gesellschafterin
Pilz GmbH & Co. KG

STECKBRIEF ✚ JOBS-STUTTGART.COM

BRANCHE
Sichere Automatisierungstechnik

GRÜNDUNGSJAHR
1948

GESCHÄFTSFÜHRENDE GESELLSCHAFTER
Renate Pilz, Thomas Pilz, Susanne Kunschert

MITARBEITER
Über 1.700 weltweit

UMSATZ (2012)
227 Mio. Euro

TOCHTERGESELLSCHAFTEN UND NIEDERLASSUNGEN
30 weltweit

PRODUKTE/SYSTEME
Automatisierungslösungen, elektronische Überwachungsgeräte und Sicherheitsschaltgeräte, programmierbare Steuerungssysteme, Bedienterminals, Sensorik und Systeme für die industrielle Kommunikation sowie Dienstleistungen und Schulungen zur Maschinensicherheit

KARRIERE

KARRIEREMÖGLICHKEITEN BEI PILZ:
DIREKTEINSTIEG
- Ingenieurwissenschaften
  (v. a. Elektrotechnik, Mechatronik, Automatisierungstechnik)
- Informatik (u. a. Technische Informatik, Softwaretechnik)
- Wirtschaftsingenieurwesen
  Produktionstechnik
- Wirtschaftswissenschaften
- Gewerbliche und kaufmännische Berufe

DUALES STUDIUM
- Elektrotechnik –
  Studienrichtung Automation
- Informatik –
  Studienrichtung Informationstechnik
- Wirtschaftsingenieurwesen –
  Studienrichtung Produktion und Logistik

AUSBILDUNG
- Elektroniker für Geräte und Systeme (m/w)
- Mechatroniker (m/w)
- Industrieelektriker für Geräte und Systeme (m/w)

CAMPUS
- Ferienjobs
- Schülerpraktika
- Praktika
- Studien- und Abschlussarbeiten

Aktuelle Stellenangebote:
www.pilz.de/karriere

Dr. Ing. h.c. F. Porsche AG

AUTOMOBIL

Porsche ist weltweit einer der traditionsreichsten und profitabelsten Sportwagenhersteller. Die „Idee Porsche" hat so einzigartige Sportwagen wie den 911, den Boxster, den Cayenne oder den Panamera hervorgebracht. Und mit dem Porsche 918 Spyder bereits den Weg in die Zukunft gewiesen. Nicht zuletzt, weil der wichtigste Erfolgsfaktor bei Porsche immer noch eines ist: unsere Mitarbeiter. Wir alle tun das, was wir am besten können: automobile Träume Wirklichkeit werden lassen. Eine Vision, die bereits Ferry Porsche hatte. Eine Vision, die er als Mission verstand. Und die wir auch heute noch als Mission verstehen.

Seit der Gründung des Unternehmens hat Porsche viele erfolgreiche Geschichten im Sportwagenbau geschrieben. Das Schöne an guten Geschichten? Sie werden mit jedem Kapitel spannender. Schreiben Sie mit am nächsten Kapitel und werden Sie ein Teil dieser Erfolgsgeschichte.

„Porsche braucht Mitarbeiter mit Herz und Verstand, die unsere Leidenschaft für Sportwagen teilen. Die besondere Faszination unserer Produkte wird durch die Begeisterung unserer Mitarbeiter für den Automobilbau und die Technik erst möglich."

Thomas Edig, Stellv. Vorstandsvorsitzender und Vorstand für Personal- und Sozialwesen

KARRIERE

Porsche bietet Ihnen vielfältige Einstiegsmöglichkeiten. Angefangen bei der Ausbildung und unseren dualen Studienplätzen, über studienbegleitende Praktika oder Werkstudententätigkeiten, bis hin zum Direkteinstieg für Fachkräfte, Absolventen und Professionals oder einer Promotion mit Porsche.

Wir setzen auf Kontinuität. Auch bei der Beziehung zu unseren Mitarbeitern. Die Voraussetzung dafür: Zufriedenheit. Mit Ihren Arbeitsaufgaben und vor allem mit dem Umfeld. Dank flacher Hierarchien im Unternehmen und großer Eigenverantwortlichkeit des Einzelnen können unsere Mitarbeiter ihre Ideen schnell und konkret einbringen.

Darüber hinaus profitieren alle Mitarbeiter von einer Vielzahl an Zusatz- und Vorsorgeleistungen. Die Bandbreite reicht dabei von flexiblen Arbeitszeitmodellen, dem Angebot von Kita-Plätzen, über umfangreiche Betriebssport- und Altersvorsorgeleistungen, bis hin zum attraktiven Leasingangebot für Porsche Fahrzeuge. Kein Wunder also, dass selbst 40-jährige Betriebsjubiläen bei Porsche keine Seltenheit sind.

STECKBRIEF + JOBS-STUTTGART.COM

BRANCHE
Automobil

UMSATZ
13,9 Mrd. Euro (2012)

MITARBEITER
rund 18.000 weltweit

STANDORTE
Großraum Stuttgart, Leipzig, weltweite Vertriebsgesellschaften

KONTAKT
Dr. Ing. h.c. F. Porsche AG
Personalmarketing
Porscheplatz 1
70435 Stuttgart
www.porsche.de/personal
www.facebook.com/porschekarriere

BEWERBUNGSHOTLINE
+49 711 911-22 911

Der eigene Antrieb hat manche
Menschen bis zum Mond gebracht.
Womit fangen Sie an?

Alle Informationen zu den Einstiegs- und Karrieremöglichkeiten

bei Porsche finden Sie unter www.porsche.de/personal

oder www.facebook.com/porschekarriere

press 'n' relations

Press'n'Relations GmbH
Gute Pressearbeit ist unser Anspruch

Sind Sie ausreichend präsent?

Presse- und Öffentlichkeitsarbeit hat nur ein Ziel: **mehr Präsenz** für Ihre Produkte und Dienstleistungen, für Ihr Unternehmen und Ihre Erfolge in der Öffentlichkeit zu schaffen.

Press'n'Relations steht für journalistisch orientierte Pressearbeit und ist spezialisiert auf technologieorientierte Unternehmen. Wir bereiten Themen zielgerecht und verständlich auf – direkt verwendbar für die Redaktionen. Nur dann erreicht PR ihr Ziel: mehr Präsenz in der Öffentlichkeit für Ihr Unternehmen. Pressearbeit ist ein strategisches Instrument und braucht Kontinuität. Wir helfen bei der Entwicklung Ihrer Strategie und übernehmen die Verantwortung für deren Umsetzung – und das bereits seit zehn Jahren.

Derzeit betreuen wir rund 80 Unternehmen in Deutschland, Österreich und der Schweiz in allen Fragen der PR – von der klassischen Pressearbeit bis hin zur modernen Öffentlichkeitsarbeit mithilfe von Social Media. 2001 vom Journalisten Uwe Pagel gegründet, beschäftigt das Unternehmen heute 23 Mitarbeiter an den Standorten Ulm, München, Haltern am See, Wien und Zürich. Gemeinsam mit Partneragenturen in London, Paris oder den USA sichern wir unseren Kunden weltweit eine hohe Aufmerksamkeit. Mit unserem Tochterunternehmen Press-File bieten wir zudem eine webbasierte PR-Software, die von Unternehmen wie Rossmann, Tupperware oder Hymer eingesetzt wird.

„Pressearbeit ist ein strategisches Instrument. Unsere Mitarbeiter müssen deswegen in der Lage sein, die Themen ihrer Kunden aktiv voranzutreiben. Eine gute Schreibe genügt nicht, man muss die Story des Kunden erkennen!"

Uwe Pagel, Geschäftsführer

STECKBRIEF + JOBS-STUTTGART.COM

BRANCHE
Presse- und Öffentlichkeitsarbeit

GESCHÄFTSFELDER
Betreuung mittelständischer Unternehmen aus den Bereichen IT, Energie, Bauwesen u. a.

GRÜNDUNG
2001

GESCHÄFTSFÜHRER
Uwe Pagel

STANDORTE
Ulm, München, Wien, Zürich, Haltern am See

MITARBEITERZAHL
23

UNSER ANSPRECHPARTNER FÜR PERSONAL
Uwe Pagel

ADRESSE
Press'n'Relations GmbH
Magirusstraße 33
89077 Ulm, Deutschland
Telefon: +49 (0)731-96287-20
Telefax: +49 (0)731-96287-97
ulm@press-n-relations.de
www.press-n-relations.de

KARRIERE

FACH- UND FÜHRUNGSKRÄFTE
- PR-Redakteure/innen

AUSBILDUNGSANGEBOTE
- Volontariat

ARBEIT UND FAMILIE

Teilzeit	ja
Homeoffice	ja
Traineeprogramm	nein
Werkstudenten	ja

CAMPUS

Praktika	ja
Studienabschlussarbeiten	nein
Traineeprogramm	nein
Werkstudenten	ja

Putzmeister Holding GmbH
Außergewöhnliche Perspektiven finden

MASCHINENBAU/BAUMASCHINEN

Putzmeister expandiert. Putzmeister geht neue Wege. Als Pionier der Pumpentechnologie hat sich Putzmeister weltweit einen Ruf als Qualitätsführer erarbeitet. Auf zahlreichen Baustellen, bei Großprojekten, im Berg-/ Tunnelbau, kennt und schätzt man uns. Putzmeister entwickelt, produziert, verkauft und dient seinen Kunden weltweit mit technisch hochwertigen und serviceorientierten Maschinen in den Bereichen der Beton-, Industrie- und Mörteltechnik sowie dem Untertagebau. In Aichtal, dem Global Headquarter, bündeln wir Forschung, Entwicklung und Produktion. Mehr als 900 Mitarbeiter arbeiten im kollegialen Miteinander in kompetenten Teams an marktgerechten Lösungen. Damit sich die Vorstellungen unserer Mitarbeiter auch mit unseren weitmöglichst decken, bieten wir beste Entwicklungsmöglichkeiten in einem innovativen Unternehmen mit flachen Hierarchien und kurzen Entscheidungswegen, hohe Identifikation mit unseren Produkten, eigenverantwortliche und abwechslungsreiche Projektaufgaben in einem weltweiten Unternehmensnetz, ein offenes Arbeitsklima und die Möglichkeit Familie und Beruf in Balance zu halten.

„Mit dem, was unsere Mitarbeiter einbringen, erfüllen wir die hohen Anforderungen unserer Kunden. Darauf gründet unser Unternehmenserfolg. Qualifizierte und motivierte Mitarbeiter sind deshalb unsere wertvollste Ressource."

Uwe Misselbeck, Bereichsleiter Personal

STECKBRIEF ✚ JOBS-STUTTGART.COM

BRANCHE
Maschinenbau, Baumaschinen
GRÜNDUNG
1958
MITARBEITERZAHL
rund 3.000 weltweit
STANDORTE
150 weltweit, produzierende Werke in Deutschland, Brasilien, China, Indien, Spanien, Türkei, USA
KONTAKT
Nadja Britz
Telefon: (07127) 599-134
E-Mail: BritzN@pmw.de

Putzmeister Holding GmbH
Max-Eyth-Str. 10
72631 Aichtal
www.putzmeister.de

KARRIERE

FACH- UND FÜHRUNGSKRÄFTE
- Maschinenbau
- Mechatronik
- Elektrotechnik
- Wirtschaftsingenieurwesen
- (Wirtschafts)-Informatik
- Wirtschaftswissenschaften

- Bachelor of Science (B.Sc.) (m/w): Wirtschaftsinformatik

AUSBILDUNGSANGEBOTE
- Industriemechaniker (m/w)
- Mechatroniker (m/w)
- Fahrzeuglackierer (m/w)
- Industriekaufmann/-frau
- Industriekaufmann/-frau mit Zusatzqualifikation Internationales Wirtschaftsmanagement mit Fremdsprachen

ARBEIT UND FAMILIE
- Flexible Lebensarbeitszeitmodelle
- Sabbatical
- Betriebliche Gesundheits- und Altersvorsorge
- Betriebsrestaurant

CAMPUS
Schülerpraktika	ja
Hochschulpraktika	ja
Werkstudenten	ja
Abschlussarbeiten (Techniker, Bachelor, Master)	ja

DHBW-STUDIENGÄNGE
- Bachelor of Engineering (B.Eng.) (m/w): Maschinenbau, Mechatronik, Wirtschaftsingenieurwesen

 **DHBW**
Duale Hochschule
Baden-Württemberg
Stuttgart

Duale Hochschule Baden-Württemberg Stuttgart
Das Erfolgsstudium.

HOCHSCHULE

 Die Duale Hochschule Baden-Württemberg Stuttgart gehört mit rund 8.000 Studierenden zu den größten Hochschuleinrichtungen in den Regionen Stuttgart und Oberer Neckar. In Kooperation mit rund 2.500 ausgewählten Unternehmen und sozialen Einrichtungen bietet sie mehr als 40 national und international anerkannte, berufsintegrierte Bachelor-Studienrichtungen in den Fakultäten Wirtschaft, Technik und Sozialwesen an. Der regelmäßige Wechsel zwischen Theorie und Praxis gestaltet die Studienzeit besonders vielfältig und abwechslungsreich. Zudem bildet die DHBW Stuttgart in mehr als 9 Masterstudiengängen aus.

STECKBRIEF + JOBS-STUTTGART.COM

BRANCHE
Duale Hochschule

FAKULTÄTEN
Wirtschaft, Technik, Sozialwesen

GRÜNDUNG
1974 als Berufsakademie Stuttgart
2009 Umwandlung zur Dualen Hochschule

REKTOR
Prof. Dr. Joachim Weber

STANDORTE
20 Standorte in Stuttgart
Campus Horb

STUDIERENDE
8000

DUALE PARTNER
2500 Unternehmen und soziale Einrichtungen

MITARBEITER
140 Professor/innen
348 Mitarbeiter/innen

AKKREDITIERUNG
210 ECTS-Punkte

ADRESSE
Duale Hochschule Baden-Württemberg Stuttgart
Jägerstraße 56
70174 Stuttgart

WEITERE INFORMATIONEN
www.dhbw-stuttgart.de

KARRIERE

BACHELORSTUDIENGÄNGE
Fakultät Wirtschaft
- Angewandte Gesundheitswissenschaften
- Angewandte Pflegewissenschaften
- BWL-Bank
- BWL-Dienstleistungsmanagement (mit mehreren Vertiefungsrichtungen)
- BWL-Finanzdienstleistungen
- BWL-Gesundheitsmanagement
- BWL-Handel
- BWL-Handwerk
- BWL-Immobilienwirtschaft
- BWL-Industrie
- BWL-Industrie/Dienstleistungsmanagement
- BWL-International Business
- BWL-Versicherung
- Rechnungswesen, Steuern, Wirtschaftsrecht (mit Vertiefungsrichtungen)
- Wirtschaftsinformatik

FAKULTÄT TECHNIK
(je mit Vertiefungsrichtungen)
- Elektrotechnik
- Informatik
- Maschinenbau
- Mechatronik
- Wirtschaftsingenieurwesen

TECHNIK AM CAMPUS HORB
(je mit Vertiefungsrichtungen)
- Elektrotechnik
- Informatik
- Maschinenbau
- Mechatronik
- Wirtschaftsingenieurwesen
- Technical Management

FAKULTÄT SOZIALWESEN
- Erziehungshilfen/Kinder- und Jugendhilfe
- Kinder- und Jugendarbeit
- Soziale Arbeit im Gesundheitswesen
- Soziale Arbeit in der Elementarpädagogik
- Soziale Arbeit in Pflege und Rehabilitation
- Soziale Dienste in der Jugend-, Familien- und Sozialhilfe
- Arbeit, Integration und Soziale Sicherung
- Soziale Dienste in der Justiz

MASTERSTUDIENGÄNGE
In Technik, Wirtschaft und Sozialwesen
www.dhbw-stuttgart.de/master

Ringhoffer Verzahnungstechnik GmbH & Co. KG
Ringhoffer bewegt die Technik

VERZAHNUNGSTECHNIK

Verzahnungstechnik ist ein hoch komplexer Produktionsbereich, in dem sich das Unternehmen Ringhoffer im Verlauf von über 50 Jahren zum echten Spezialisten entwickelt hat.

Zum „Erfolgsgeheimnis" gehört einerseits die Kompetenz unseres Teams und die Liebe zum Detail, andererseits das erklärte Ziel, unsere Kunden durch Leistung zu überzeugen: Wir orientieren uns stets an den hohen Anforderungen unserer Auftraggeber an Qualität und Termintreue und sind hoch motiviert, auch bei schwierigen Herausforderungen individuelle Lösungen zu entwickeln.

Als einer der größten Zahnstangenhersteller Deutschlands arbeiten wir konsequent daran, unseren kundenorientierten Service zu optimieren. Wir fertigen für Sie nach Muster oder Zeichnung sowohl individuelle Einzelteile als auch in Serie.

Weitere Informationen unter www.ringhoffer.de.

KARRIERE

FACH- UND FÜHRUNGSKRÄFTE
- CNC-Fertigungsmeister/in
- Industriekaufleute (m/w)
- Qualitätssicherung (m/w)
- Vertrieb (m/w)
- Fertigungsmeister

AUSBILDUNGSANGEBOTE
- Industriekaufleute (m/w)
- Zerspanungsmechaniker/in, Fachrichtung Dreh- oder Schleiftechnik

CAMPUS

Praktika	ja
Ferienarbeiter	ja

ARBEIT UND FAMILIE

Flexible Arbeitszeiten	ja
Betriebliche Altersvorsorge	ja
Betriebliches Gesundheitsmanagement	ja

STELLENANGEBOTE

Aktuelle Stellenangebote finden Sie unter www.ringhoffer.de

STECKBRIEF ⁺ JOBS-STUTTGART.COM

BRANCHE
Verzahnungstechnik

GESCHÄFTSFELDER
Schleifarbeiten, CNC-Bearbeitung, Nuten, Oberflächenbehandlung, Räumen, Verzahnungsbearbeitung

GRÜNDUNG
1957

GESCHÄFTSFÜHRER
Hans Ringhoffer

STANDORT
Kohlberg

MITARBEITERZAHL
165, davon durchschnittlich 15 Auszubildende

ANSPRECHPARTNER FÜR PERSONAL
Petra Ringhoffer
personal@ringhoffer.de

ADRESSSE
Ringhoffer Verzahnungstechnik GmbH & Co. KG
Erscheckweg 8
72664 Kohlberg
Telefon: 07025 - 9205-0
Fax: 07025 - 9205-29
info@ringhoffer.de
www.ringhoffer.de

Roto Frank AG
Roto schafft innere Werte

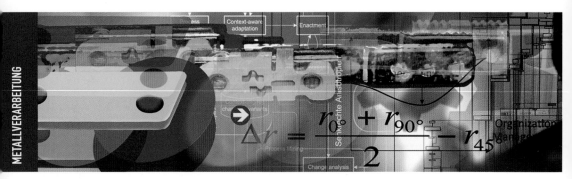

METALLVERARBEITUNG

$$\Delta r = \frac{r_{0°} + r_{90°}}{2} - r_{45°}$$

Die Roto Frank AG ist Schrittmacher bei innovativen Fenster- und Türtechnologien und führend im Weltmarkt – mit 12 internationalen Produktionsstätten, 40 Vertriebsniederlassungen und über 4.000 Mitarbeitern. Traditionelle Werte wie Solidität, fachliche Kompetenz und – ganz klassisch – der Ingenieursspaß am Tüfteln, verbunden mit einem sicheren Gespür für den Markt, sind Basis unseres Erfolgs. Unsere Lösungen verknüpfen intelligent Sicherheit, Energiemanagement und Komfort in Gebäuden und schaffen auf diese Weise bei allen Beteiligten echte „innere Werte".

Als Arbeitgeber sind wir uns der Verantwortung bewusst, den Menschen, die bei Roto arbeiten, das richtige Maß an Eigenverantwortung und Freiräumen zu bieten. Dadurch entsteht ein positives, produktives Umfeld, in dem sich unsere Mitarbeiter wohlfühlen und gerne einbringen. Gleichzeitig sehen wir uns in der Pflicht, für unsere Mitarbeiter ein höchstmögliches Maß an Sicherheit zu schaffen: durch unternehmerische Umsicht, die auf konsequente Kundenorientierung ebenso setzt wie auf die laufende Optimierung der Prozesse und damit einen kontinuierlich hohen Wertschöpfungsgrad.

STECKBRIEF +JOBS-STUTTGART.COM

BRANCHE
Metallverarbeitung, Bauzulieferer

GRÜNDUNG
1935

MITARBEITER
Ca. 4100, davon 1400 in Deutschland

STANDORTE
Zentrale in Leinfelden-Echterdingen, 12 Produktions- und rund 40 Vertriebsniederlassungen weltweit

ADRESSE
Roto Frank AG
Personalabteilung
Wilhelm-Frank Platz 1
70771 Leinfelden-Echterdingen

Tel.   +49 711/75980
Email   info@roto-frank.com

Weitere Information zu Roto Frank sowie aktuelle Stellenangebote finden Sie unter http://www.roto-frank.com

KARRIERE

GESUCHTE FACHRICHTUNGEN
- Maschinenbau
- Wirtschaftsingenieurwesen
- Wirtschaftsinformatik
- Vertrieb
- BWL
- Gewerbl. und kaufm. Bereich

AUSBILDUNGSMÖGLICHKEITEN
- Bachelor of Arts – BWL Industrie (DHBW) (m/w)
- Bachelor of Engineering – Maschinenbau (DHBW) (m/w)
- Bachelor of Engineering – Wirtschaftsingenieurwesen (DHBW) (m/w)
- Bachelor of Science – Wirtschaftsinformatik (DHBW) (m/w)
- Industriemechaniker/in
- Industriekaufmann/frau
- Informatikkaufmann/frau

CAMPUS

Abschlussarbeiten	ja
Praktika	ja
Werkstudenten (m/w)	ja

rrooaarr interactive solutions
Online-Marketing, Internet- und IT-Dienstleistungen

rrooaarr
interactive solutions

INTERNET SOFTWARE MOBILE

IT, INTERNETDIENSTE

rrooaarr interactive solutions ist die Agentur, die sich auf die Bereiche Internet, mobile App- (Applikationen) und Softwareentwicklung spezialisiert hat. Als Fullservice Agentur im Süddeutschen Raum bietet rrooaarr in den Bereichen strategische Beratung, Konzeption, Komplettumsetzung und Betreuung individuelle B2B bzw. B2C Lösungen sowie Online-Marketing aus einer Hand.

Seit über 18 Jahren arbeiten wir inhabergeführt als kompetenter und zuverlässiger Partner für Marken und Kunden deutschlandweit und international.

Unser Leistungsspektrum umfasst hierbei unter anderem:
- Webbasierte Lösungen (u. a. Redaktionssysteme, eCommerce, Datenbankanwendungen)
- Individuelle App Erstellung für iOS, Android und Windows Plattformen auf Smartphones und Tablet Computern
- Mobile Webseiten, responsive Webseiten, Hybridlösungen, Augmented Reality Anwendungen

Kunden profitieren von unserer langjährigen Erfahrung und nutzen die Möglichkeiten zur Kommunikation ihrer Marke und Produkte sowie zur Optimierung ihres Vertriebs bzw. ihrer Unternehmensprozesse.

„18 Jahre Erfahrung, unzählige Projekte aus den unterschiedlichsten Bereichen für nationale und internationale Marken und Kunden, das ist rrooaarr interactive solutions.“

Thomas Scheer

STECKBRIEF ⁺ JOBS-STUTTGART.COM

BRANCHE
IT, Internetdienste

GESCHÄFTSFELDER
Internet und IT-Dienstleistungen, Mobile Anwendungen (Apps), Beratung

GRÜNDUNG
1995

GESCHÄFTSFÜHRER
Eduard Rainbold, Thomas Scheer

STANDORT
Ulm

MITARBEITERZAHL
14

ANSPRECHPARTNER
Thomas Scheer unter E-Mail: info@rrooaarr.com

ADRESSE
rrooaarr interactive solutions
Hämpfergasse 15
89073 Ulm
Deutschland/Germany
Telefon +49 (0)731 20 79 30 0
Telefax +49 (0)731 20 79 30 29
E-Mail: info@rrooaarr.com
www.rrooaarr.com

KARRIERE

FACH- UND FÜHRUNGSKRÄFTE
- Webentwickler (m/w) (HTML(5), CSS3, PHP, mySQL, JavaScript ...)
- Softwareentwickler (m/w) (Java, C#, Objective C ...)
- Interactive Designer (m/w)
- Vertrieb (m/w)
- IT-Projektmanager (m/w)

ARBEIT UND FAMILIE
Teilzeit	ja
Flexible Arbeitszeiten	ja
Homeoffice	ja
Berufliche und persönliche Weiterbildung	ja

CAMPUS
Praktika	ja
Werkstudenten (m/w)	ja
Bachelorarbeiten	ja
Diplom-/Masterarbeiten	ja

Roth & Lorenz GmbH
Agentur für Erlebniskommunikation

ERLEBNISKOMMUNIKATION

Mut, Feuer und Leidenschaft. Aus 0711.

Gestatten, Roth & Lorenz, inhabergeführte Agentur, gegründet 1986. Unsere Heimat ist Stuttgart, zu Hause sind wir auf der ganzen Welt. Mehr als 100 stolze Spezialisten betreuen nationale und internationale Projekte. Bei Kunden wie Mercedes-Benz, Coca-Cola oder Continental und Nokia lassen wir es knistern. Denn wir sind Kommunikationsberater und brennen für Sinn stiftende Erlebniskommunikation. Eine solide Mischung aus Leidenschaft, Verrücktheit und schwäbischen Werten macht uns hochentzündlich.

Unser Team ist unser Kapital. Ein sehr wertvolles – also begegnen wir uns mit Fairness, Respekt und Vertrauen. Dazu gehört auch, ein entspanntes Arbeitsklima zu fördern und unsere Erfolge zu feiern. Beides können wir sehr gut, schon seit 27 Jahren. Mit einer kontinuierlichen Entwicklung, die allen Veränderungen und Krisen trotzt. Wir stehen für intelligente Kommunikationslösungen: dialogisch, digital, B2B, B2C – auch im Bereich von Spezialthemen wie Social Media oder Consumer Roadshows.

KARRIERE

FACH- UND FÜHRUNGSKRÄFTE
- Kreation/Konzeption
- Public Relations
- Eventlogistik
- New Business
- Event-/Projekt-Management

AUSBILDUNGSANGEBOTE
- Fachkräfte für Lagerlogistik
- Kaufleute für Marketingkommunikation
- Kaufleute für Bürokommunikation
- Fachinformatiker für Systemintegration

STELLENANGEBOTE

www.rothundlorenz.de/jobs

CAMPUS
Promoter (Teamer)	ja
Praktika	ja
Werkstudenten	ja
Traineeprogramme	ja
Abschlussarbeiten	ja

ARBEIT UND FAMILIE
Fort- und Weiterbildungsangebote	ja
Betriebliche Altersvorsorge/ Vorsorgeplan	ja
Flexible Arbeitszeit	ja
Work-Life-Balance	ja
Feierabend-Drink auf der Terrasse oder Skiausfahrt	ja

STECKBRIEF + **JOBS-STUTTGART**.COM

BRANCHE
Agentur für Erlebniskommunikation

ROTH & LORENZ IN SCHUBLADEN
Consulting, Event, Public Relations, Sponsoring, Promotion

GRÜNDUNG
1986

HEIMAT
Stuttgart-Vaihingen

CHEFETAGE
Ulrich Roth, Geschäftsführender Gesellschafter, Strategie/Business Development
Dr. Andrea Vossen, Konzept/Kreation/ Kundenführung
Petra Schnitzler, Organisation/ Prozesse/Finanzen

TEAM
Mehr als 100 leidenschaftliche Überzeugungstäter

UNSERE ANSPRECHPARTNERIN FÜR PERSONAL
Andrea Bellgardt
(andrea.bellgardt@rothundlorenz.de)

ADRESSE
Roth & Lorenz GmbH
Waldburgstraße 17/19
70563 Stuttgart-Vaihingen
Telefon: +49 (0)711 90 140-25
www.rothundlorenz.de

ALLES MÖGLICH.

WWW.ROTHUNDLORENZ.DE/JOBS

Roth & Lorenz
Agentur für Erlebniskommunikation

SATA GmbH & Co. KG
Lackiertechnologie auf dem neuesten Stand

LACKIERTECHNOLOGIE

Menschen in 100 Ländern dieser Erde verlassen sich bei ihrer täglichen Arbeit auf die Produkte und Leistungen der SATA. Wir produzieren hochwertigste Lackierpistolen und Zubehör für vielfältige Anwendungen: Zahlreiche Objekte wie Fahrzeuge, Möbel und Musikinstrumente erhalten durch den Einsatz unserer Produkte ihre hochwertige und farbenprächtige Oberfläche.

In vielen Ländern dieser Erde sind wir Markt- und Technologieführer; dies erreichen wir als dynamischer Mittelständler durch viel kreatives Potential. Wir legen nicht nur Wert auf höchste Qualität und ständige Innovation, sondern achten auch darauf, unsere Produkte nachhaltig herzustellen. Über 100 Jahre erfolgreiche Firmengeschichte zeigen, dass wir auf dem richtigen Weg sind.

Unseren Mitarbeitern bieten wir ein modernes und dennoch familiäres Arbeitsumfeld. Wir zeichnen uns durch kurze Wege, eine offene Diskussionskultur und schnelle Entscheidungen aus. Sie erleben bei uns wie Ihre Arbeit unmittelbar zum Erfolg des Unternehmens beiträgt. Systematische Aus- und Weiterbildungsmaßnahmen für unsere Mitarbeiter sowie zahlreiche Angebote im betrieblichen Gesundheitsmanagement sind Teil unserer Unternehmenskultur.

STECKBRIEF + JOBS-STUTTGART.COM

BRANCHE
Lackiertechnologie

GRÜNDUNG
1907

GESCHÄFTSFÜHRER
Albrecht Kruse

MITARBEITERZAHL
250

UNSER ANSPRECHPARTNER FÜR PERSONAL
Katja Tannhäuser-Fröhlich

ADRESSE
SATA GmbH & Co. KG
Domertalstr. 20
70806 Kornwestheim
Telefon +49 7154 811-0
Telefax +49 7154 811-196
E-Mail info@sata.com
www.sata.com

KARRIERE

FACH- UND FÜHRUNGSKRÄFTE
- Vertrieb und Marketing, national und international
- Entwicklung und Konstruktion, Produktinnovationen
- Patentingenieure
- Anwendungstechnik und Kundenservice
- Qualitätsmanagement
- Meister und Facharbeiter der Feinmechanik

AUSBILDUNGSANGEBOT
- Industriekaufmann/-frau
- Zerspanungsmechaniker/-in
- Fachlagerist (m/w)
- Fachkraft für Metalltechnik, Richtung Montagetechnik (m/w)

STUDIENANGEBOTE
(Duales Studium)
- Wirtschaftsingenieurwesen (Bachelor of Engineering)
- Maschinenbau (Bachelor of Engineering)

CAMPUS
Praktika	ja
Werkstudenten	ja
Studienabschlussarbeiten	ja
Schülerpraktika	ja
Einstiegsqualifizierung	ja

ARBEIT UND FAMILIE
Teilzeit	ja
Betriebliches Gesundheitsmanagement	ja

German Engineering

Die Nr. 1 für Automobil-Lackierer

Ob für edle Karossen, exklusive Musikinstrumente oder Designer-
möbel: Wo man auf glänzende Oberflächen größten Wert legt,
schwört man auf SATA. Denn SATA-Lackierpistolen, Atemschutz-
systeme, Druckluftfilter und vielfältiges Zubehör werden ausschließlich in Deutschland entwickelt und hergestellt. Anspruchsvolle Kunden weltweit erhalten so das perfekte Handwerkszeug.
Und damit beste Voraussetzungen für exzellente Arbeit.

Mehr Informationen unter: **www.sata.com**

Friedrich Scharr KG
SCHARR bringt Energie ins Leben

ENERGIEVERSORGUNG

Mit mehr als 500 Mitarbeitern und über 200.000 Kunden in Privathaushalten, Gewerbe und Industrie zählt SCHARR zu den Top-Adressen für Energieversorgung in Südwestdeutschland. Wir bringen Energie ins Leben – und das tun wir nicht allein. Zusammen mit unseren Tochterunternehmen SCHARR WÄRME, SCHARR TEC und SCHARR CPC bieten wir ein umfassendes Leistungsspektrum: Heizöl, Flüssiggas, Erdgas, Autogas, Pellets, Aerosole, Schmierstoffe und Chemieprodukte sowie Anlagenbau, Sanitär- und Heiztechnik. Als unabhängiger, mittelständischer Familienbetrieb wird die Friedrich Scharr KG in der vierten Generation von Mitgliedern der Gründerfamilie geführt. Sie stehen mit ihrem Namen dafür, dass die Werte des Unternehmens Tag für Tag gelebt werden. Das zeigt sich an der aktiven Förderung zahlreicher regionaler Sport-, Kultur- und Bildungsprojekte ebenso wie am respektvollen Umgang mit Geschäftspartnern, Kunden und Mitarbeitern. Die über 130-jährige Tradition des Unternehmens stellt für seine Mitarbeiter Sicherheit dar und gibt allen Grund, voller Zuversicht in die Zukunft zu schauen. Gute Arbeitsbedingungen, das familiäre Betriebsklima und gegenseitige Wertschätzung tragen zur langfristigen Bindung der Mitarbeiter bei. Wir bauen auf die Stärken unserer Mitarbeiter auf und fördern ihre Sozial-, Methoden- und Fachkompetenz. Ihre Qualifikation und Leistungsbereitschaft sind die Basis unseres Erfolgs.

KARRIERE

GESUCHTE FACHRICHTUNGEN
Wir bieten Arbeitsplätze im kaufmännischen sowie im technisch/gewerblichen Bereich. Unsere aktuellen Stellenangebote finden Sie auf unserer Homepage www.scharr.de.

AUSBILDUNGSANGEBOTE
- Kaufmann/-frau im Groß- und Außenhandel
- Informatikkaufmann/-frau
- Servicefachkraft für Dialogmarketing (m/w)
- Bürokaufmann/-frau
- Anlagenmechaniker (m/w) – Sanitär-, Heizungs- und Klimatechnik
- Berufskraftfahrer/-in
- Fachlagerist/-in

DUALES HOCHSCHULSTUDIUM
An der DHBW Stuttgart
- Bachelor of Arts, Studiengang BWL – Handel
- Bachelor of Science, Studiengang Wirtschaftsinformatik

BERUF UND FAMILIE/ BETRIEBLICHE LEISTUNGEN
- Betriebliche Altersvorsorge
- Attraktive Sozialleistungen
- Flexible Arbeitszeiten
- Teilzeit
- Zuschuss zur Ferienbetreuung für Mitarbeiterkinder
- Unterstützung bei der Suche nach Kita-Plätzen
- Soziale Events, Betriebssport
- Betriebskantine

STECKBRIEF + JOBS-STUTTGART.COM

LEISTUNGEN
Energieversorgung (Heizöl, Holzpellets, Erdgas, Flüssiggas, Autogas), Heizungs- und Sanitärtechnik, Anlagenbau, Vertrieb von Schmierstoffen und Chemieprodukten, Produktion und Vertrieb von Treib-, Bläh- und Kältemitteln

GRÜNDUNG
1883

MITARBEITERZAHL
530

AUSZUBILDENDE
48

UMSATZ
850 Mio. € (2012)

STANDORTE
Stuttgart (Hauptsitz), Ulm, Metzingen, Karlsruhe, Friedrichshafen, Schwäbisch Hall, Freiburg, Bad Säckingen, Nürnberg, Leipzig, Krefeld

ADRESSE
Friedrich Scharr KG
Personalabteilung
Liebknechtstraße 50
70565 Stuttgart
Tel. +49 711 7868-0
personal@scharr.de
www.scharr.de

Schnorr GmbH

SCHNORR®
DISC SPRING ENGINEERING

METALLVERARBEITUNG

Die SCHNORR GmbH ist ein international führendes Unternehmen für die Auslegung und Herstellung von Tellerfedern, Spannscheiben und Sicherungsscheiben. Diese kommen in unterschiedlichsten Anwendungen in Automobil- und Flugzeugbau, Maschinen- und Anlagenbau, Energieerzeugung und vielen anderen Hi-Tech-Branchen zum Einsatz. Die Kunden der Firma SCHNORR werden bei der Auswahl der passenden Lösung aus lagerhaltigen Normfedern oder bei der Entwicklung maßgeschneiderter Produkte durch erfahrene Ingenieure und Techniker beraten.

Wir bieten unseren Kunden eine einmalige Variabilität und die richtige Lösung für jeden Anwendungsfall. Mit unseren Spezialisten aus Versuch, Entwicklung und Konstruktion sowie dem eigenen Werkzeug- und Sondermaschinenbau sind wir auch für besonders anspruchsvolle Herausforderungen hervorragend aufgestellt.

Schnorr auf einen Blick:

- Technologieführer im Bereich Tellerfedern
- Gegründet 1908
- Produktionsstandorte in Sindelfingen und Engen
- ca. 280 Mitarbeiter (international)
- Weltweites Vertriebsnetz

Seit nunmehr über 100 Jahren können sich unsere Kunden auf Qualität made by SCHNORR verlassen – weltweit mit Repräsentanzen in 36 Ländern.

STECKBRIEF JOBS-STUTTGART.COM

STANDARDPRODUKTE
Tellerfedern, Sicherungsscheiben, Spannscheiben

LEISTUNGSSPEKTRUM
Vertrieb, Entwicklung, Produkte, Logistik, Qualitätssicherung

ANWENDUNGSGEBIETE
Automotive, Energie, Maschinen-/Anlagenbau, Sonstige

NIEDERLASSUNGEN IN DEUTSCHLAND
Sindelfingen (Hauptsitz), Engen

NIEDERLASSUNGEN IM AUSLAND
SCHNORR Corporation USA
SCHNORR Group Mexico
SCHNORR Shanghai Trading China
SCHNORR Korea
SCHNORR Italia
SCHNORR Group France
SCHNORR Espana
Vertriebspartner in weiteren 29 Nationen

MITARBEITER
243 in Deutschland

UNSERE ANSPRECHPARTNERIN FÜR PERSONAL
Adelheid Bolesch
personal@schnorr.de

ADRESSE
Hauptsitz
Schnorr GmbH
Stuttgarter Strasse 37
D - 71069 Sindelfingen

www.schnorr.de

KARRIERE

FACH- UND FÜHRUNGSKRÄFTE
- Konstruktion
- Forschung und Entwicklung
- Projektmanagement
- Vertrieb
- Produktion
- Logistik
- Kaufmännische Bereiche

- Zerspanungsmechaniker
- Fachkraft für Lagerlogistik
- DH-Studium

EINSTIEG BEI SCHNORR
Direkteinstieg	ja
Praktika/Ferienjobs	ja
Traineeprogramm	ja

AUSBILDUNGSANGEBOTE
- Industriekauffrau/-kaufmann
- Mechatroniker
- Werkzeugmechaniker

ARBEIT UND FAMILIE
Flexible Arbeitszeiten	ja
Betriebliches Gesundheitsmanagement	ja
Weiterbildungsmöglichkeiten	ja

HERMANN SCHERER

GLÜCKS KINDER

Lassen Sie sich berühren, wachrütteln und begeistern! Hermann Scherer zeigt auf, wie man chancenintelligent wird. Das heißt, wie man seine – sich täglich bietenden – Chancen erkennt und effizient nutzt. Hermann Scherer reflektiert, denkt quer sowie voraus, polarisiert, stellt in Frage, provoziert, öffnet Augen und beantwortet die Frage: »Warum suchen manche lebenslang Chancen, während andere sie täglich nutzen?« Das Buch ist ein Plädoyer für ein Leben vor dem Tod.

Warum manche lebenslang
Chancen suchen – und
andere sie täglich nutzen

science + computing ag

science + computing

| A Bull Group Company

Die science + computing ag (s+c), ein Tochterunternehmen der Bull-Gruppe, bietet IT-Dienstleistungen, Lösungen und Software für die effiziente Nutzung komplexer Rechnerumgebungen in Forschung, Entwicklung und Berechnung.

Unsere Kunden schätzen an uns unsere konsequente Fokussierung auf den Markt des „Technical Computing" (CAD, CAE, CAT). Unser Leistungsspektrum umfasst IT-Services, Middleware, Solutions, Software-Entwicklung.

Gegründet von Doktoranden der Theoretischen Astrophysik an der Universität Tübingen ist s+c bis heute ein Unternehmen mit wissenschaftlichem Hintergrund und hochqualifizierten Mitarbeitern. Forschungs- und entwicklungsrelevante Fragestellungen waren für uns stets von besonderem Interesse. Daher verstehen wir auch sehr genau die Probleme und Anforderungen unserer Kunden. Nur so lässt sich konsequente Kundenorientierung verwirklichen. Unsere Firmengröße wiederum hilft uns dabei, uns gleichzeitig schnell, flexibel und doch mit viel Know-how auf die unterschiedlichsten Wünsche unserer Kunden einstellen zu können.

Unsere Zertifizierungen: Qualitätsmanagement nach ISO 9001; Informationssicherheit nach ISO 27001.

„Ich war immer berufstätig. s+c hat mich dabei nach meinen Bedürfnissen unterstützt. Würde man meine Kinder fragen, würden Sie sagen 'Mama war immer für uns da'."

Sonja Göttler, Projektmanagerin

STECKBRIEF + JOBS-STUTTGART.COM

BRANCHE
IT-Dienstleistungen

GRÜNDUNG
1989

STANDORTE
Tübingen, München, Ingolstadt, Düsseldorf, Berlin

MITARBEITERZAHL
ca. 300

ANSPRECHPARTNER FÜR PERSONAL
Liesa Dölker

ADRESSE
science + computing ag
Hagellocher Weg 73
72070 Tübingen
Tel.: 07071-9457-0
Fax: 07071-9457-211
www.science-computing.de

ALLGEMEINE ANFRAGEN AN
info@science-computing.de

BEWERBUNGEN AN
jobs@science-computing.de

KARRIERE

DUALES HOCHSCHULSTUDIUM
Informationstechnik

STELLENANGEBOTE
Aktuelle Stellenangebote unter
www.science-computing.de/jobs,
Initiativbewerbungen sind ausdrücklich
erwünscht

CAMPUS	
Praktika	ja
Studienabschlußarbeiten	ja

ARBEIT UND FAMILIE	
Flexible Arbeitszeiten	ja
Individuelle Arbeitszeitmodelle	ja
Kinderbetreuungskostenzuschuss	ja
Geburtsbeihilfe	ja
Heiratsbeihilfe	ja

Sika Deutschland GmbH

BUILDING TRUST

CHEMISCHE INDUSTRIE

Offen aufeinander zugehen und jeden Tag hinzulernen – das verbindet die Mitarbeiterinnen und Mitarbeiter der Sika Deutschland GmbH. Wir sind ein gesundes und wachsendes Unternehmen. Deshalb verstärken wir regelmäßig unser kompetentes Team und bieten gute Chancen, mit uns einen erfolgreichen Weg in die berufliche Zukunft anzutreten und sich persönlich weiterzuentwickeln. Flache Hierarchien und ein kooperativer Führungsstil sind die Basis unserer pragmatischen Arbeitsweise, die durch hohe Transparenz, kollegialen Umgang miteinander und offene Kommunikation geprägt ist. Auch bei Entscheidungsfindungen ist die Meinung unserer Mitarbeiter gefragt. Sie können und sollen Verantwortung übernehmen und Dinge voran bringen. Es gehört zu unserer Unternehmenskultur, individuelle Leistungen und Engagement anzuerkennen.

Wir bieten mehr als nur einen interessanten und vielseitigen Arbeitsplatz. Flexible Arbeitszeiten sind bei uns selbstverständlich. Bedarfsorientierte Weiterbildungsangebote ermöglichen die stetige Erweiterung von Kenntnissen und Fähigkeiten. Neben einem fortschrittlichen Tarifvertrag erwarten Sie bei der Sika Deutschland GmbH zahlreiche betriebliche Sozialleistungen. Für alle Mitarbeiter haben wir eine Unfall- sowie eine Berufsunfähigkeitsversicherung abgeschlossen. Im Rahmen der betrieblichen Altersversorgung stehen Ihnen unsere Pensionskassen zur Verfügung. Mit Unterstützung des Unternehmens können sie bequem und individuell für Ihren Ruhestand vorsorgen.

Außerdem bauen wir auf talentierte Nachwuchskräfte. Deshalb bietet die Sika Deutschland GmbH zahlreiche Ausbildungsplätze in verschiedenen technischen und kaufmännischen Berufen an. An unseren 5 Standorten absolvieren insgesamt über 50 Auszubildende eine Ausbildung. Es ist unser Ziel, gute Nachwuchskräfte nach erfolgreichem Ausbildungsabschluss zu übernehmen.

Mit über 1.000 Mitarbeitern sind wir eine wichtige Säule des Schweizer Sika Konzerns. Als international führender Hersteller und Anbieter von hochwertigen bauchemischen Produktsystemen und industriellen Kleb- und Dichtstoffen ist Sika ein kompetenter Partner für Bauherren, Architekten, Planer, Handel, Handwerk und Industrie.

STECKBRIEF + JOBS-STUTTGART.COM

BRANCHE
Chemische Industrie

STANDORTE IN DEUTSCHLAND
Stuttgart, Bad Urach, Vaihingen/Enz, Leimen und Illertissen

MITARBEITERANZAHL
Über 15.000 weltweit,
über 1.000 in Deutschland

UMSATZ
Ca. 5 Mrd. CHF weltweit,
über 500 Mio. € in Deutschland

ADRESSE
Sika Deutschland GmbH
Kornwestheimer Str. 103-107
70439 Stuttgart
www.sika.de

Sika Deutschland GmbH

BUILDING TRUST

Unsere Chemie wird Sie begeistern!

KARRIERE

STUDIEN- UND AUSBILDUNGSAN-GEBOTE
- Bachelor of Arts, Fachrichtung Industrie (m/w)
- Industriekaufmann/-frau
- Chemielaborant/-in
- Lacklaborant/-in
- Produktionsfachkraft Chemie (m/w)
- Baustoffprüfer (m/w)

STELLENANGEBOTE
www.sika.de/Beruf und Karriere

SMARTRAC ((•))

SMARTRAC TECHNOLOGY GmbH
Der Marktführer in der RFID Industrie

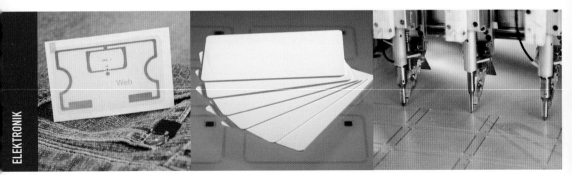

ELEKTRONIK

Im spannenden und dynamischen Wachstumsmarkt für kontaktlose Identifikation ist SMARTRAC der führende Entwickler, Hersteller und Zulieferer von RFID und NFC Transpondern. Das seit 2006 börsennotierte Unternehmen beschäftigt derzeit etwa 3.500 Mitarbeiterinnen und Mitarbeiter und besitzt weltweit Standorte für Forschung & Entwicklung, Produktion und Vertrieb.

Innovationskraft, Technologieführerschaft und ein hoch motiviertes internationales Team an Standorten auf vier Kontinenten sind nur einige unserer Stärken. Passion & Performance sind Kernelemente unserer Unternehmenskultur. Damit haben wir uns weltweit eine führende Marktstellung und einen hervorragenden Ruf erworben.

Wenn es bei Ihnen „gefunkt" hat, dann sind Sie bei uns richtig. Wir sind erfolgreich und streben nach weiterem Wachstum in einem Zukunftsmarkt. Wir bieten ein breites Tätigkeitsspektrum, kurze Entscheidungswege, Gestaltungsfreiräume und die Mitarbeit in einem hoch motivierten internationalen Team.

Unsere qualitativ hochwertigen, intelligenten und sicheren Produkte werden in elektronischen Reisepässen, kontaktlosen Kreditkarten, Bibliotheken, im Verkehrswesen, im Automobilbereich, bei der RFID-basierten Tieridentifikation sowie in Industrie und Logistik eingesetzt.

STECKBRIEF + JOBS-STUTTGART.COM

BRANCHE
Elektronik

GESCHÄFTSFELDER
RFID-Transponder

GRÜNDUNGSJAHR
2000

GESCHÄFTSFÜHRUNG STUTTGART
Christian Uhl

STANDORTE
SMARTRAC N.V., Amsterdam
SMARTRAC TECHNOLOGY GmbH, Dresden & Stuttgart
SMARTRAC TECHNOLOGY Wehnrath GmbH
SMARTRAC TECHNOLOGY Ltd., Thailand
SMARTRAC TECHNOLOGY Pte. Ltd., Singapur
SMARTRAC Tecnologia Industria e Comercio da Amazonia Ltda., Brasilien
SMARTRAC TECHNOLOGY U.S. Inc., USA

MITARBEITERZAHL
3.500

UNSERE ANSPRECHPARTNERIN FÜR PERSONAL
Claudia Rehkuh

ADRESSE
SMARTRAC TECHNOLOGY GmbH
Albstr. 14
70597 Stuttgart
Telefon +49 711 656 926-10
Telefax +49 711 656 926-11
E-Mail career@smartrac-group.com
www.smartrac-group.com

KARRIERE

FACH- UND FÜHRUNGSKRÄFTE
- Ingenieurwissenschaften bevorzugte Fachrichtung (Elektrotechnik, Informationstechnologie)
- Wirtschaftswissenschaften
- Vertrieb national und international
- Gewerblicher und kaufmännischer Bereich

ARBEIT UND FAMILIE

Teilzeit	ja
Flexible Arbeitszeit	ja

CAMPUS
- Werkstudenten
- Studienabschlussarbeiten
- Praktika

SMK Süddeutsche Online KG

SMK
Süddeutsche Online KG

JOBS-STUTTGART.COM
JOBS-MUENCHEN.COM
JOBS-ULM.DE
JOBS-AUGSBURG.COM
JOBS-BODENSEE.COM
JOBS-KEMPTEN.DE

INTERNETDIENSTE

Wer einen Job sucht, hat zahlreiche Hilfsmittel. Kaum ein Werkzeug ist jedoch so schnell, direkt und informativ wie die Plattformen Jobs-Stuttgart.com, Jobs-Muenchen.com, Jobs-Ulm.de und viele andere, gegründet 2005 von den Personalexperten Ingrid Marold und Ulrich Guntram Palm. Heute sind unsere Regionalportale dank der konsequenten Ausrichtung sowohl auf die Bedürfnisse der Arbeitssuchenden als auch der Arbeitgeber eines der am besten gepflegten Angebote der Regionen. Die Idee dahinter basiert auf zwei Säulen: dem exzellenten Stellenmarkt mit topaktuellen Angeboten, großer Bewerberdatenbank und extra Augenmerk auf Ausbildungsplätze, Praktika und Diplomarbeiten und zum anderen auf dem „Who is who" der regionalen Unternehmen – mit ausführlichen Porträts und Ansprechpartnern für Initiativbewerbungen.
Als Arbeitgeber prägt die SMK ihre Unternehmenskultur durch Flexibilität, Innovationskraft und der Vereinbarkeit von Familie und Beruf – die Kreativität jedes Mitarbeiters ist gefragt und Talente werden gefördert.

„Wer mit einer Plattform wie www.jobs-stuttgart.com erfolgreich ist, obwohl es über 1000 unterschiedliche Plattformen im Markt gibt, muss bemerkenswert anders sein. Daran arbeiten wir jeden Tag."

Ulrich Guntram Palm, Geschäftsführer

STECKBRIEF + JOBS-STUTTGART.COM

BRANCHE
Internetdienste

GESCHÄFTSFELDER
Unternehmens- und Stellenbörse

GRÜNDUNG
2005

GESCHÄFTSFÜHRER
Ulrich Guntram Palm
Ingrid Marold

STANDORTE
Ulm

MITARBEITERZAHL
17

UNSER ANSPRECHPARTNER FÜR PERSONAL
Ingrid Marold

ADRESSE
SMK SÜDDEUTSCHE ONLINE KG
Magirus-Deutz-Straße 10
89077 Ulm
Telefon: +49 731 399497-10
Telefax: +49 731 399497-11
info@smk-sueddeutsche-online.de
www.jobs-stuttgart.com

KARRIERE

FACH- UND FÜHRUNGSKRÄFTE
- Kaufmännische Berufe in Vertrieb und Marketing

ARBEIT UND FAMILIE

Teilzeit	ja
Homeoffice	ja
Flexible Arbeitszeiten	ja

AUSBILDUNGSANGEBOTE
Bachelor of Arts (B.A.), Studiengang BWL-Dienstleistungsmanagement/-marketing, Vertiefung Medien und Kommunikation

CAMPUS

Praktika	ja
Studienabschlussarbeiten	ja
Traineeprogramme	nein
Werkstudenten	ja

SOMMER

SOMMER Antriebs- und Funktechnik GmbH
Innovationen, die bewegen.

TORAUTOMATION/FUNKTECHNOLOGIE

SOMMER Antriebs- und Funktechnik GmbH ist ein führender Hersteller hochwertiger Garagentorantriebe, Drehtorantriebe, Schiebetorantriebe, Rollladen- und Markisenantriebe, Park- und Absperrsysteme sowie Funktechnik für die Home Automation. Ihre innovativen Produkte vertreibt die Firma SOMMER weltweit. Über 320 Mitarbeiterinnen und Mitarbeiter sorgen dafür, dass SOMMER international erfolgreich ist.

Die ausgezeichnete Qualität, die komplette und normgerechte Produktpalette, ein starker Service und die Fachhandelstreue zeichnen SOMMER aus. Das von SOMMER entwickelte Antriebsprinzip des mitfahrenden Motors an einer fest gespannten Kette, führt zu einem besonders langlebigen und zuverlässigen Garagentorantrieb bei wenig Verschleiß der Mechanik und einem effizienten Krafteinsatz zum Öffnen und Schließen des Garagentores.

Die individuelle und flexible Betreuung der Kunden und die hohe Motivation der Mitarbeiter sind weitere Vorzüge des Unternehmens. Ganz gleich, ob Sektional-, Schwing-, Kipp-, Seitensektional-, Rundum- oder Flügeltor, egal ob Einzel- oder Doppelgaragentor, ein Tor für eine Sammelgarage oder etwa ein Industrietor, ganz gleich ob es sich um ein neues oder ein altes Tor handelt: SOMMER hat die passende, normengerechte Automatisierungslösung für praktisch jeden Bereich, verbunden mit der zuverlässigen und sicheren Komfort-Funktechnologie.

„Der unschlagbare SOMMER Teamspirit unserer Mitarbeiter gepaart mit Fachwissen und absoluter Kundenorientierung sind die Basis und das zukünftige Kapital für den weitergehenden Erfolg unseres Unternehmens."

Gerd Schaaf, geschäftsführender Gesellschafter

STECKBRIEF + JOBS-STUTTGART.COM

BRANCHE
Torautomation und Funktechnologie

GRÜNDUNG
1980

STANDORT
Kirchheim (Teck)

NIEDERLASSUNGEN
Europa; USA; China

GESCHÄFTSFÜHRER
Gerd Schaaf, Werner Gollmer

MITARBEITERZAHL
320

UNSERE ANSPRECHPARTNER FÜR PERSONAL
Rainer Piesiur (R.Piesiur@sommer.eu)
Heiko Duss (H.Duss@sommer.eu)

ADRESSE
SOMMER
Antriebs- und Funktechnik GmbH
Hans-Böckler-Straße 21-27
73230 Kirchheim/Teck
Telefon 07021/8001-0
Telefax 07021/8001-100
info@sommer.eu

KARRIERE

STUDIEN-/AUSBILDUNGSANGEBOTE
- Industriekauffrau/-kaufmann
- Duales Hochschulstudium BWL-Industrie/Dienstleistungsmanagement

CAMPUS
Schülerpraktika ja
Praktika ja

FACH-UND FÜHRUNGSKRÄFTE
- Ingenieure der Fachrichtungen: Elektrotechnik, Industrieelektronik, Radio- und Fernsehtechnik, Kommunikationselektronik, Nachrichtentechnik, Mechatronik, Maschinenbau

STELLENANGEBOTE
Aktuelle Stellenangebote finden Sie unter www.sommer.eu/de/jobs.html

Staples Advantage
Easy – für Ihr Büro

Staples Advantage ist Teil des Staples-Konzerns, dem weltweit größten **Büroartikelhändler**. Staples hat sich dazu verpflichtet, seinen Kunden ein breites Angebot an Büroartikeln inklusive Verbrauchsmaterialien, Büroeinrichtungen, individuellen Werbemitteln, Technologien und Dienstleistungen zu bieten. Mit Staples Advantage werden Ihre Produkt- und Serviceanforderungen ganz einfach von einem vertrauenswürdigen Partner organisiert. Easy – für Ihr Büro.

Als Arbeitgeber sind wir überzeugt, Ihnen mit unseren vielfältigen Karrierechancen ein interessantes Angebot machen zu können. Schließlich haben sich schon mehr als 88.000 MitarbeiterInnen weltweit für eine berufliche Laufbahn bei Staples entschieden und uns zu dem gemacht, was wir heute sind: weltweit die Nummer 1!
Wenn Sie Freude am Handel haben, dann sind Sie bei uns genau richtig! Ob Ausbildung, Studium, Direkteinstieg oder neue Herausforderungen – starten Sie Ihre Karriere bei Staples. Nehmen Sie Ihre Zukunft selbst in die Hand und bewerben Sie sich bei Staples, dem führenden Arbeitgeber im Bereich der Büroversorgung.

KARRIERE

FACH- UND FÜHRUNGSKRÄFTE
- Nationale Vertriebspositionen im Innen- und Außendienst
- Kaufmännischer Bereich
- Gewerblicher Bereich in unserem Logistikzentrum

AUSBILDUNGSANGEBOTE
- Kaufmann im Groß- und Außenhandel (m/w) in Stuttgart und Berlin
- Fachkraft für Lagerlogistik (m/w) am Standort Waldlaubersheim

DUALES HOCHSCHULSTUDIUM
- Studium Bachelor of Arts (m/w), Trade Management in Kooperation mit der DHBW Stuttgart

ARBEIT UND FAMILIE
- Flexible Arbeitszeiten
- Teilzeit
- Homeoffice

WEITERE ANGEBOTE
- Tarifentgelt
- Betriebliche Altersvorsorge
- Attraktive Sozialleistungen
- Weiterbildungsmöglichkeiten

STELLENANGEBOTE
Aktuelle Stellenangebote finden Sie auf unserer globalen Karriereseite http://karriere.staples.de. Bitte bewerben Sie sich mit Ihren vollständigen Unterlagen (Lebenslauf, Anschreiben, Zeugnisse) über unser Online-Bewerbungssystem.

STECKBRIEF + JOBS-STUTTGART.COM

BRANCHE
Großhandel Bürobedarf

VERTRIEBSKANÄLE
Staples Einzelhandel mit Bürofachmärkten im B2B und B2C Bereich
Staples Advantage für mittlere und multinationale Unternehmen
Staples Direct als Katalog- und Versandgeschäft für kleinere und mittlere Geschäftskunden sowie Privatkunden

STAPLES WELTWEIT
Umsatz US$ 24,5 Mrd. (2012)
88.000 Mitarbeiter
Office Stores auf
5 Kontinenten und 27 Ländern

STAPLES DEUTSCHLAND GMBH & CO. KG
Umsatz ca. EUR 300 Mio. (2012)
800 Mitarbeiter
13 Standorte
ca. 30.000 B2B-Kunden

STANDORTE
Unternehmenszentrale Stuttgart, Niederlassungen in München, Langen (Frankfurt), Köln, Berlin, Hamburg u. a., Logistikzentrum Waldlaubersheim mit 45.000 qm Lagerfläche

ANSCHRIFT
Staples Deutschland GmbH & Co. KG
Gropiusplatz 10
70563 Stuttgart
Tel. +49 711 90 676-0
Fax: +49 711 90 676-196
www.staplesadvantage.de
http://karriere.staples.de

ANDREAS STIHL AG & Co. KG

**BRINGEN SIE IHRE KARRIERE
SELBST IN FORM.
STARK. STIHL.**

Die heutige STIHL Gruppe hat sich in ihrer über 85-jährigen Firmengeschichte, seit der Gründung durch Andreas Stihl 1926, von einem Einmannbetrieb zu einem international tätigen Motorsägen- und Motorgerätehersteller entwickelt. Als Weltmarktführer setzt STIHL auf Innovationen, Qualität und Kundenorientierung. Die internationale Vertriebsstruktur umfasst weltweit 32 eigene Vertriebsgesellschaften sowie 120 Importeure und rund 40.000 Fachhändler.

Innovationen sind die Grundlage des Unternehmenserfolges. Schon Firmengründer Andreas Stihl, häufig als „Vater der Motorsäge" bezeichnet, war stets auf der Suche nach innovativen Lösungen in der Produktentwicklung und hat mit seinen Erfindungen Maßstäbe gesetzt. Die Entwicklung von technologisch führenden Produkten ist auch heute ein wesentliches Unternehmensziel.

STIHL investiert in seine Mitarbeiter: Durch umfangreiche Aus- und Weiterbildungsmaßnahmen, hervorragende Sozialleistungen (z. B. jährliche Erfolgsprämie, Betriebliche Altersversorgung) und eine Beteiligung am Unternehmenskapital. Flache Hierarchien, kurze Entscheidungswege und teamorientierte Arbeitsstrukturen prägen den Arbeitsstil im Hause STIHL.

„Es ist eine ständige Herausforderung, die hohe Qualität unserer Produkte weiter zu verbessern und der Konkurrenz mit marktfähigen Innovationen immer einen Schritt voraus zu sein."

Wolfgang Zahn, Vorstand Entwicklung

KARRIERE

FACH- UND FÜHRUNGSKRÄFTE
- Maschinenbauingenieure
- Elektrotechnik-/ und Mechatronikingenieure
- Wirtschaftsingenieure
- Informatiker
- Naturwissenschaftler
- Wirtschaftswissenschaftler

AUSBILDUNGSANGEBOTE
- Industriemechaniker/in
- Mechatroniker/in
- Elektroniker/in für Betriebstechnik
- Industriekaufmann/frau
- Fachkraft(m/w) für Lagerlogistik

STUDIENGÄNGE:
- Elektrotechnik (B.Eng.)
- Mechatronik (B.Eng.)
- Maschinenbau (B.Eng.)
- Wirtschaftsingenieurwesen (B.Eng.)
- Betriebswirtschaftslehre/Industrie (B.A.)
- Wirtschaftsinformatik (B.Sc.)

CAMPUS
Vorpraktika	ja
Praktika	ja
Abschlussarbeiten	ja
Werkstudenten	ja
Technikerarbeiten	ja

ARBEIT UND FAMILIE
- Flexible Arbeitszeitmodelle
- Unterstützung bei der Kinderbetreuung
- Telearbeit

IHRE IDEEN VERÄNDERN DIE ZUKUNFT? **WIR HABEN DEN ANTRIEB SIE UMZUSETZEN.**

STECKBRIEF

BRANCHE
Maschinenbau

GESCHÄFTSFELDER
Motorbetriebene
Geräte für
Forstwirtschaft,
Landschaftspflege
und Bauwirtschaft

GRÜNDUNG
1926

VORSTANDSVORSITZENDER
Dr. Bertram Kandziora

STANDORTE
Waiblingen, Ludwigsburg, Dieburg,
Prüm, Wiechs am Randen
Produktionsgesellschaften in USA,
Brasilien, China, Österreich, Schweiz

MITARBEITERZAHL
ca. 12.000 weltweit
ca. 4.000 in Deutschland

UNSER ANSPRECHPARTNER FÜR PERSONAL
Carolin Buchmaier
Dennis Blöcher

ADRESSE
ANDREAS STIHL AG & Co. KG
Andreas-Stihl-Straße 4
71336 Waiblingen - Neustadt
Telefon +49 7151 26-2489
personalmarketing@stihl.de
www.stihl.de

SCMT
Steinbeis Center of Management
and Technology

Steinbeis Center of Management and Technology
Steinbeis University Berlin

 Steinbeis Center of Management and Technology – Steinbeis-Hochschule Berlin
Die 1998 gegründete private und staatlich anerkannte Steinbeis-Hochschule Berlin (SHB) ist eine Tochter der Steinbeis-Stiftung für Wirtschaftsförderung. Das Steinbeis Center of Management and Technology (SCMT) bietet als Business School der Steinbeis-Hochschule Berlin praxis- und anwendungsorientierte Studiengänge an.

Projekt-Kompetenz-Studium

Das von SCMT entwickelte Projekt-Kompetenz-Studium ist ein einzigartiges Studiensystem, das eine echte Win-Win-Situation für alle Beteiligten schafft – sowohl für die projektgebenden Unternehmen als auch für die projektbearbeitenden Studierenden: Als Student bearbeiten Sie während Ihres Studiums ein relevantes Projekt bei einem unserer Partnerunternehmen. In den Seminarphasen erlangen Sie die für die Projektbearbeitung notwendige methodische Kompetenz und werden dabei von Professoren und Dozenten aus Wissenschaft, Praxis und Beratung professionell betreut und unterstützt. Sie zeigen damit sich selbst und vor allem Ihrem Unternehmen, dass Sie das im Studium vermittelte Wissen nutzbringend in der Praxis anwenden können. In der Umsetzung des Projekt-Kompetenz-Studiums arbeiten wir mit national und international renommierten Partnerhochschulen und Partnerunternehmen auf der ganzen Welt zusammen.

KARRIERE

DAS FELLOWSHIPMODELL DER SCMT GMBH - FINANZIERT, BERUFSINTEGRIERT, INTERNATIONAL!
Sie arbeiten in einem durch das SCMT vermittelten Unternehmen und absolvieren gleichzeitig einen der berufsintegrierten Masterstudiengänge „Master of Business Engineering (MBE®)", „Master of Science in Controlling & Consulting (M.Sc.)" oder „Master of Business Administration (MBA)".

FINANZIERT
Für die Bearbeitung des zweijährigen Projektes erhalten Sie vom SCMT eine Vergütung in Höhe von EUR 42.000,-. Kosten für die Seminare und Reisen werden vom projektgebenden Unternehmen getragen.

BERUFSINTEGRIERT
Das erlernte Wissen aus den Vorlesungen wenden Sie unmittelbar innerhalb Ihrer Projektarbeit in der Praxis an. Damit erwerben Sie bereits während Ihres Studiums relevante Berufserfahrung.

INTERNATIONAL
Die Seminare an unseren internationalen Partnerhochschulen ermöglichen Ihnen fachliche als auch persönliche Erfahrungen zu sammeln und vertiefen Ihre sprachlichen Fähigkeiten. Neben der Vermittlung theoretischer Kenntnisse erhalten Sie während der Aufenthalte an den Partnerhochschulen ein umfangreiches Angebot an neuen Eindrücken über den „way of business" in anderen Kulturen.

AKTUELLE STELLENANGEBOTE
http://www.scmt.com/aktuelles/stellenangebote.html

STECKBRIEF + JOBS-STUTTGART.COM

BRANCHE
Hochschule

MASTERSTUDIENGÄNGE
Master of Business Engineering (MBE®), Master of Science in Controlling & Consulting (M.Sc.), Master of Business Administration (MBA)

STUDIENORTE
je nach Studiengang – Berlin, Stuttgart, Dresden

AUSLANDSAUFENTHALTE
je nach Studiengang – Japan, Korea, Schweden, UK, USA

ADRESSE
Steinbeis Center of Management and Technology
Studienberatung
Gottlieb-Manz-Straße 10
70794 Filderstadt
+ 0049 (0) 711 – 440808-21 oder -41

INTERNET
www.scmt.com
https://www.facebook.com/steinbeis.scmt

Storopack
Perfect Protective Packaging

VERPACKUNG

Storopack ist Spezialist für Schutzverpackungen. Das Versprechen an unsere Kunden lautet „Perfect Protective Packaging" - Verpackungslösungen, die genau an die individuellen Bedürfnisse angepasst und in den Verpackungsprozess des Kunden integriert sind.

Personalphilosophie
Für das Familienunternehmen bilden die Mitarbeiter das größte Potenzial. Ein ebenso offener wie respektvoller Umgang miteinander bildet die Basis für eine langfristig erfolgreiche Unternehmensentwicklung. Storopack fördert kontinuierlich die Entwicklung seiner Mitarbeiter und gibt Freiraum für Kreativität und Weiterbildung. Bei Storopack kann jeder Mitarbeiter seine Fähigkeiten gezielt einbringen, sodass es einfach Spaß macht die weitere Entwicklung der Unternehmensgruppe aktiv mitzugestalten.

Ausbildung bei Storopack - Verantwortung übernehmen
Nicht nur Produkte, sondern auch Deine Zukunft ist bei uns sicher verpackt. Von Anfang an hat Storopack sehr großen Wert darauf gelegt, seine Nachwuchskräfte selbst auszubilden. Viele ehemalige Auszubildende sind inzwischen in den verschiedensten Bereichen des Unternehmens erfolgreich tätig.

„Nur mit zufriedenen Mitarbeiterinnen und Mitarbeitern werden wir auch zufriedene Kunden haben. Gemeinsam wollen wir uns weiterentwickeln, um im globalen Wettbewerb noch erfolgreicher zu werden."

Rainer Nawroth, Leiter Personalwesen

STECKBRIEF + JOBS-STUTTGART.COM

BRANCHE
Verpackung

GESCHÄFTSBEREICHE
Flexible Schutzverpackungen, maßgeschneiderte Schutzverpackungen und technische Formteile aus EPS, EPP und Neopor

GRÜNDUNG
1959

STANDORTE
53 Standorte in Europa, Nord- und Südamerika sowie Asien

HAUPTSITZ
Metzingen (Deutschland)

MITARBEITERZAHL 2012
2.513 weltweit, 587 in Deutschland

ANSPRECHPARTNER PERSONAL
Rainer Nawroth
Rainer.Nawroth@storopack.com

KONTAKT
Storopack Deutschland GmbH + Co. KG
Untere Rietstr. 30
72555 Metzingen
Telefon: +46 (0) 7123/164 0
bewerbung@storopack.com
www.storopack.de

KARRIERE

STELLENANGEBOTE
Aktuelle Stellenangebote finden Sie auf der Jobbörse im Internet unter www.storopack.de.

ARBEIT UND FAMILIE
Teilzeit	ja
Betriebliche Altersvorsorge	ja
Berufliche Weiterbildung	ja
Soziale Events (z. B. Fußballturnier, Skiausfahrt, Familientag)	ja

CAMPUS
Praktika	ja
Ferienjob	ja
Studienabschlussarbeiten	ja
Praktische Studiensemester	ja

AUSBILDUNGSANGEBOTE
- Industriekauffrau/-mann
- Fachkraft für Lagerlogistik
- Kauffrau/-mann im Groß- und Außenhandel
- Maschinen- und Anlagenführer/in Metall- und Kunststofftechnik
- Verfahrensmechaniker/in für Kunststoff- und Kautschuktechnik

DUALES HOCHSCHULSTUDIUM
- Bachelor of Arts - Fachrichtung BWL (Beuth HS Berlin und DHBW Stuttgart)
- Bachelor of Engineering - Fachrichtung Wirtschaftsingenieurwesen oder Maschinenbau

STUTTGART

Landeshauptstadt Stuttgart

Wir sind schon da.

Wann kommen Sie?

Die Stadt Stuttgart ist einer der größten Arbeitgeber in Stuttgart und der Region mit rund 18.000 Mitarbeiterinnen und Mitarbeitern. Zudem bildet die Stadt jedes Jahr über 1.000 junge Menschen in rund 40 Berufen aus.

Wir suchen motivierte und engagierte Menschen, die gerne ihre Fähigkeiten und Kenntnisse für die Bürgerinnen und Bürger von Stuttgart einsetzen wollen.

Für Mitarbeiterinnen und Mitarbeiter unterschiedlicher Qualifikationen eröffnen sich vielfältige und abwechslungsreiche Arbeits- und Aufstiegsmöglichkeiten auf zukunftssicheren Arbeitsplätzen. Flexible Arbeitszeiten, variable Teilzeitangebote und ein gutes Fortbildungsangebot sind bei der Stadt Stuttgart selbstverständlich.

STECKBRIEF + JOBS-STUTTGART.COM

BRANCHE
Kommunalverwaltung

GESCHÄFTSFELDER
Komplettes Spektrum einer Großstadt: Politik & Verwaltung, Finanzen, Personal & IT, Soziales & Gesundheit, Kultur & Sport, Bildung & Betreuung, Bauen & Wohnen, Stadtentwicklung & Mobilität, Umwelt & Entsorgung, Wirtschaft & Arbeit/Wirtschaftsförderung

OBERBÜRGERMEISTER
Fritz Kuhn

STANDORT
Stadtgebiet Stuttgart

MITARBEITERZAHL
ca. 18.000

ADRESSE
Rathaus Stuttgart
Haupt- und Personalamt
Rathauspassage 2
70173 Stuttgart
Postanschrift:
Landeshauptstadt Stuttgart
70161 Stuttgart
Telefon +49 711 216-91801
Telefax +49 711 216-91803
E-Mail poststelle.10@stuttgart.de
E-Mail ausbildung@stuttgart.de
www.stuttgart.de

KARRIERE

FACH- UND FÜHRUNGSKRÄFTE
- Dipl.-Ingenieure
- IT-Kräfte
- Verwaltungsexperten/-innen
- Architekten/-innen
- Stadtplaner/-innen
- Sozialpädagogen/-arbeiter/-innen
- Dipl.-Psychologen/-innen
- Erzieher/-innen
- Ärzte/-innen
- medizinisches und pflegerisches Fachpersonal
- Verschiedene sonstige Spezialisten
- Gewerbliche Berufe

Stellenangebote unter www.stuttgart.de

AUSBILDUNGSANGEBOTE
Vielfältige Ausbildungsangebote unter www.stuttgart.de/ausbildung

ARBEIT UND FAMILIE

Vielfältige Teilzeitmöglichkeiten	ja
Telearbeit	ja
Unterstützung beim Wiedereinstieg	ja
Betriebskindertagesstätten	ja

CAMPUS

Praktika	ja
Studienabschlussarbeiten	ja
Duale Ausbildung, z.B. DHBW	ja

SÜDWESTBANK AG
Werte verbinden

SÜDWESTBANK ↗

Zertifikat seit 2007
audit beruf**und**familie

FINANZDIENSTLEISTUNGEN

Die SÜDWESTBANK AG ist eine mittelständische Privatbank mit dem Geschäftsgebiet Baden-Württemberg. 1922 in Stuttgart gegründet, stehen wir unseren Kunden heute mit rund 570 Mitarbeitern an 28 Standorten zwischen Mannheim und Bodensee bei allen Finanzfragen zur Seite. Die unabhängige privatwirtschaftliche Struktur, unsere starke regionale Verwurzelung und unsere langjährige Erfahrung machen uns zu einem zuverlässigen Partner. Wir setzen auf langfristige Beziehungen zu unseren Kunden – Privatpersonen und mittelständischen Unternehmen. Oft begleiten wir sie über Generationen hinweg. Wir kennen die Werte unserer Region und teilen sie mit den Menschen von hier. Es ist unser Ziel, sie nicht nur besser zu verstehen, sondern uns auch besser als andere um sie zu kümmern. Aufgrund der überschaubaren Unternehmensgröße ist die Zusammenarbeit unserer Mitarbeiter persönlich und intensiv. Die Atmosphäre ist familiär und wir pflegen regelmäßigen Austausch. Unsere Auszubildenden werden vom ersten Tag an in die Arbeitsabläufe eingebunden. So können ihre Wünsche hinsichtlich unterschiedlicher Fachabteilungen wahrgenommen und berücksichtigt werden.

„Das Vertrauen unserer Mitarbeiter zu gewinnen und zu bewahren, ist uns ein wichtiges Anliegen. Mit berufsbegleitenden Weiterbildungsmaßnahmen, flexiblen Arbeitszeiten und vielen Zusatzleistungen fördern und fordern wir sie bestmöglich."

Klaus Schwarz, Bereichsleiter Recht und Personal bei der SÜDWESTBANK

STECKBRIEF + JOBS-STUTTGART.COM

BRANCHE
Finanzdienstleistungen, Banken
Größte unabhängige Privatbank
Baden-Württembergs

STANDORTE
28 Standorte von Mannheim bis zum Bodensee, darunter Stuttgart, Karlsruhe, Ravensburg und Schwäbisch Hall.

MITARBEITER
rund 570

ADRESSE
SÜDWESTBANK AG
Rotebühlstraße 125
70178 Stuttgart
Telefon 0711/66 44-0
Telefax 0711/66 44-80 13 40
personal@suedwestbank.de

KARRIERE

Motivierte Mitarbeiterinnen und Mitarbeiter helfen der SÜDWESTBANK erfolgreich zu sein. Deshalb unterstützt sie ihre Arbeitskräfte vielfältig – sowohl in der Ausbildung als auch nach langjähriger Betriebszugehörigkeit.

NACHWUCHSFÖRDERUNG
Drei Ausbildungsberufe: Bankkauffrau/Bankkaufmann, Bankkauffrau/Bankkaufmann mit Zusatzqualifikation Finanzassistent, Bachelor of Arts an der DHBW (Studiengang: Bank)

FLEXIBILITÄT AM ARBEITSPLATZ
- Traineeprogramme
- Berufsbegleitende Weiterbildung (z.B. Certified Financial Planner/Bankfachwirt/Bankbetriebswirt)

- Flexible Arbeitszeitgestaltung
- Förderung der Teilzeitarbeit/Ausbildung in Teilzeit

ZUSATZLEISTUNGEN
- Gesundheitsfördernde Maßnahmen
- Unterstützung bei der Kinderbetreuung und Pflege von Angehörigen
- Entwicklung von alternativen Konzepten für die Elternzeit
- Coaching
- Tarifliche Leistungen (u. a. 13. Monatsgehalt, 39-Stunden-Woche, 30 Tage Urlaub)
- Leistungsorientierte Vergütung
- Zusatzleistungen (Essenszuschüsse, Bruttoentgeltumwandlung eigener Beiträge, Unfallversicherung)

TeamViewer GmbH
TeamViewer – die All-In-One Software
für Fernwartung und Online Meeting

SOFTWAREHERSTELLER

Die deutsche TeamViewer GmbH mit Sitz in Göppingen wurde 2005 gegründet und beschäftigt sich mit der Entwicklung und dem Vertrieb von Systemen für die webbasierte Zusammenarbeit und Kommunikation. Ein rasanter Start und schnelles Wachstum haben in kurzer Zeit zu mehr als 100 Millionen Installationen der TeamViewer Software und Nutzern in über 200 Ländern der Erde geführt. Die Software ist zurzeit in mehr als 30 Sprachen verfügbar.

Das Unternehmen ist eines der weltweit führenden Anbieter für Desktop-Sharing. Die von uns entwickelte Software unterstützt täglich internationale Top-Referenzen aus allen Ländern und Branchen beim Zugriff auf PC und Mac über das Internet. Zu den zentralen Funktionen unserer Anwendungen zählen Fernwartung, Fernzugriff, Online-Meetings und -Präsentationen.

„Unsere Stärke sind unsere Mitarbeiter. Entwickeln Sie mit uns gemeinsam den Erfolg."

Holger Felgner, Geschäftsführer

KARRIERE

EINSTIEGSMÖGLICHKEITEN
- Direkteinstieg für Absolventen und Berufserfahrene
- Praktika
- Abschlussarbeiten nach Absprache
- Werkstudententätigkeit

GESUCHTE STUDIENGÄNGE
- Betriebswirtschaftslehre
- (Angewandte) Informatik
- Marketing und Vertrieb
- Sprachwissenschaften
- Wirtschaftsinformatik
- Wirtschaftswissenschaften

FACH- UND FÜHRUNGSKRÄFTE
- Softwareentwicklung
- Qualitätssicherung
- IT
- Internationalen Vertrieb
- Technischer Support
- Administrativer Bereich (Personalwesen und Buchhaltung)

BENEFITS FÜR UNSERE MITARBEITER
- gesundes und dynamisches Unternehmen
- ein sympathisches und hochmotiviertes Team, welches einen respekt- und vertrauensvollen Umgang pflegt
- attraktiver Arbeitsplatz mit modernster Ausstattung in großzügigen, hellen Räumen
- erstklassige Einarbeitung und zahlreiche Weiterentwicklungs- und Weiterbildungsmöglichkeiten
- viel Gestaltungsspielraum und die Möglichkeit, in einem tollen internationalen Team etwas zu bewegen

STELLENANGEBOTE
Alle aktuellen Stellenangebote finden Sie unter: www.teamviewer.com/jobs Senden Sie uns bitte Ihre vollständigen Bewerbungsunterlagen (aussagekräftiges Anschreiben, tabellarischer Lebenslauf sowie Ihre Zeugnisse) per E-Mail an: jobs@teamviewer.com

STECKBRIEF

BRANCHE
Software

FIRMENHAUPTSITZ
Göppingen

WEITERE STANDORTE
Stuttgart
Tampa (USA)
Adelaide (Australien)

ANSPRECHPARTNER PERSONAL
Katrin Rössler (Personalleiterin)
07161/ 60692-630
jobs@teamviewer.com

ADRESSE
TeamViewer GmbH
Kuhnbergstr. 16
73037 Göppingen
www.teamviewer.com

www.teamviewer.com/jobs

MASCHINENBAU/MEDIZINTECHNIK

TRUMPF GmbH + Co. KG

TRUMPF ist ein weltweit führendes Hochtechnologieunternehmen mit Schwerpunkten in der Fertigungs- und Medizintechnik. Wir sind durch unsere internationale Präsenz eine feste Größe in allen Weltmärkten. Mit rund 60 Tochtergesellschaften und Niederlassungen ist die Gruppe in fast allen europäischen Ländern, in Nord- und Südamerika sowie in Asien vertreten.

Dass **TRUMPF** als Vorzeigeunternehmen gilt, liegt auch in unserer Unternehmenskultur begründet. Denn das Prädikat „Familienunternehmen" bezieht sich nicht nur auf unsere Unternehmensstruktur, sondern auch auf unsere wirtschaftliche Unabhängigkeit. Diese Beständigkeit gibt unseren Mitarbeitern Sicherheit. Wir stellen an unsere Mitarbeiter denselben erstklassigen Leistungs- und Qualitätsanspruch, dem das gesamte Unternehmen folgt. Arbeitsplatzsicherheit hat für uns hohe Priorität. Ebenso gute Entlohnung. Wir fördern die persönliche und fachliche Kompetenz unserer Mitarbeiter durch ein breites Weiterbildungssystem.

„Schwäbisches Vorzeigeunternehmen, Innovationsführer, Global Player oder Familienunternehmen – es gibt viele Möglichkeiten, TRUMPF zu charakterisieren. Unseren Mitarbeitern sind wir ein Arbeitgeber mit sicheren Arbeitsplätzen und interessanten Aufgaben."

Dr. phil. Nicola Leibinger-Kammüller, Geschäftsleitung

STECKBRIEF ✚ JOBS-STUTTGART.COM

BRANCHE
Maschinenbau, Medizintechnik, Optische Technologie

GESCHÄFTSFELDER
Werkzeugmaschinen, Lasertechnik, Elektronik und Medizintechnik

GRÜNDUNG
1923

VORSITZENDE DER GESCHÄFTSLEITUNG
Dr. phil. Nicola Leibinger-Kammüller

STANDORTE
Insgesamt rund 60 Tochtergesellschaften in Europa, Nord- und Südamerika und Asien

MITARBEITERZAHL
9.900

UNSER ANSPRECHPARTNER FÜR PERSONAL
Dr. Christiane Grunwald

ADRESSE
TRUMPF GmbH + Co. KG
71252 Ditzingen
Johann-Maus-Straße 2
71254 Ditzingen
Telefon +49 7156 303-0
Telefax +49 7156 303-930309
E-Mail bewerbung@de.trumpf.com
www.trumpf.com

KARRIERE

UNTERNEHMENSBEREICHE

- Einkauf
- Finanzen und Controlling
- interne Beratung (Struktur- und Prozessoptimierung)
- Personalwesen
- Vertrieb und Marketing
- Maschinenbau
- Elektrotechnik
- Physik
- Informatik
- Vertrieb/Marketing
- etc.

ARBEIT UND FAMILIE

Flexible Arbeitsbedingungen	ja
Sabbatical	ja
Kindergartenbelegplätze	ja
Kleinkindbetreuung ab sechs Monaten	ja
Betriebliche Gesundheitsvorsorge	ja

CAMPUS

Praktika, Werkstudenten	ja
Studienabschlussarbeiten	ja
Traineeprogramme	ja

DHBW-STUDIENGÄNGE

- Bachelor of Arts (w/m) – Industrie
- Bachelor of Science (w/m): Wirtschaftsinformatik, Angewandte Informatik
- Bachelor of Engineering (w/m): Wirtschaftsingenieurwesen, Maschinenbau, Mechatronik, Elektrotechnik

AUSBILDUNGSANGEBOTE

- Industriekaufmann/-frau
- Kaufmann/-frau für Bürokommunikation
- Fachinformatiker Systemintegration (w/m)
- Mechatroniker/in
- Produktionstechnologe (w/m)
- etc.

Der wichtigste Rohstoff bei der Herstellung von Hightech-Produkten: Herzblut.

Als weltweit führendes Technologieunternehmen mit Schwerpunkten in der Blechbearbeitung, Lasertechnik, Elektronik und Medizintechnik glauben wir daran, dass man Gutes immer noch besser machen kann. Nicht nur, wenn es um unsere Produkte geht, sondern auch im Hinblick auf Unternehmenskultur, Mitarbeiterförderung und gesellschaftliches Engagement. Für ein Umfeld, in dem neben Innovationen vor allem eines wachsen kann: Begeisterung.

www.trumpf.com

Hochschule für Technik Stuttgart

Hochschule für Technik Stuttgart

Hochschule für Technik Stuttgart

HOCHSCHULE

Tradition und Innovation – das charakterisiert die Hochschule für Technik Stuttgart. 1832 als Winterschule für Bauhandwerker gegründet und seit 1971 als Fachhochschule für Technik über die Landesgrenzen hinaus bekannt, bietet die HFT Stuttgart heute als Hochschule für Angewandte Wissenschaften ein breites Spektrum an akkreditierten Bachelor- und Master-Studiengängen an.

Studienbereiche sind Architektur und Gestaltung, Bauingenieurwesen, Bauphysik, Betriebswirtschaft, Vermessung, Informatik und Mathematik. In drei Fakultäten stehen insgesamt 14 Bachelor- und 13 Master-Studiengänge zur Wahl. Im Forschungs- und Entwicklungstransfer ist die Hochschule ein gefragter Partner der Wirtschaft.

Im Zentrum der Landeshauptstadt bietet die Hochschule für Technik Stuttgart attraktive und familienfreundliche Arbeitsplätze.

KARRIERE

Die Hochschule für Technik Stuttgart bietet in der Hochschulverwaltung, in den Fakultäten und in der Forschung attraktive und familienfreundliche Arbeitsplätze in Voll- und Teilzeit.

FACH- UND FÜHRUNGSKRÄFTE

- Professorinnen und Professoren
- Akademische Mitarbeiter
- Angestellte in den Bereichen Verwaltung, Technik und Wirtschaft

ARBEIT UND FAMILIE

- Vielfältige Weiterbildungsmöglichkeiten
- Hochschuleigenes Didaktikzentrum
- Kinderbetreuungsplätze
- Gesundheitsmanagement mit hochschuleigenen Gesundheitstagen

Aktuelle Stellenangebote unter
www.hft-stuttgart.de

STECKBRIEF + JOBS-STUTTGART.COM

BRANCHE
Hochschule/Bildung/Forschung

REKTORAT
Rektor	Prof. Rainer Franke
Prorektoren	Prof. Dr. Sabine Rein
	Prof. Dr. Wolfgang Huep
Kanzler	Gerhard Blöchle

STANDORT
Stuttgart

MITARBEITERZAHL
250 Mitarbeiter
125 Professoren

ANSPRECHPARTNER PERSONAL
Ulrich Maile
E-Mail: ulrich.maile@hft-stuttgart.de

ADRESSE
Hochschule für Technik Stuttgart
Schellingstr. 24
70174 Stuttgart
Tel: +49 711 8926-0
E-Mail: info@hft-stuttgart.de

HOMEPAGE
www.hft-stuttgart.de

Vector Informatik GmbH
Kopfarbeit mit Spaßfaktor

IT/AUTOMOTIVE SOFTWARE

Vector entwickelt und vertreibt an zehn internationalen Standorten Software für die Vernetzung elektronischer Systeme. Das Hauptaugenmerk der über 1.200 Vector Mitarbeiter gilt der Entwicklung und Vernetzung von Steuergeräten im Pkw. Auf die hierbei gewonnenen Erfahrungen setzen aber auch Kunden aus der Luft-, Raumfahrt und Nutzfahrzeugtechnik sowie aus anderen Bereichen.

80% der Vector Mitarbeiter arbeiten im direkten Entwicklungsumfeld. Immer wieder zeichnen sie ihr Unternehmen in unabhängigen Umfragen aus. So ist Vector 2013 zum fünften Mal unter den Besten im deutschlandweiten Wettbewerb „Great Place to Work" platziert. Einsteiger erwarten vielfältige Projekt-und Fachaufgaben, die einen hohen Gestaltungs- und Handlungsspielraum bieten. Vector investiert fortlaufend in Maßnahmen für eine ausgewogene „Work-Life-Balance". Dazu zählen moderne Arbeitsplätze mit großzügigen Büros, Kinderbetreuungsangebote für Kleinkinder und Arbeitszeitmodelle für individuelle Lebenssituationen.

„Vertrauen und Teamgeist sind seit 25 Jahren der Motor unseres Erfolges. Gemeinsam mit unseren Mitarbeiterinnen und Mitarbeitern wollen wir auch in Zukunft eine Kultur pflegen, in der Kopfarbeit mit dem gewissen Spaßfaktor verbunden ist."

Marcell Amann, Personalleiter Vector Informatik GmbH

KARRIERE

FACH- UND FÜHRUNGSKRÄFTE

Absolventen und Berufserfahrene der Fachrichtungen:
- Informatik
- Elektrotechnik
- Nachrichtentechnik
- Mechatronik
- Mathematik
- Wirtschaftsinformatik
- oder mit vergleichbaren Qualifikationen

EINSTIEGSMÖGLICHKEITEN
- Berufserfahrene
- Absolventen
- Abschlussarbeit
- Praktikum
- Werkstudententätigkeit
- Ausbildung

AUSBILDUNGSANGEBOTE
- Fachinformatiker/-in, Systemintegration
- Fachinformatiker/in, Anwendungsentwicklung (am Standort Regensburg)
- IT-Systemkaufmann/-frau
- Industriekaufmann/-frau

CAMPUS
Praktika	ja
Studienabschlussarbeiten	ja
Werkstudenten	ja

ARBEIT UND FAMILIE
Teilzeit	ja
Flexible Arbeitszeiten	ja
Kinderbetreuung	ja
Betriebliche Altersvorsorge	ja
Work-Life-Balance	ja

STECKBRIEF + JOBS-STUTTGART.COM

BRANCHE
IT, Entwicklung von Automobilelektronik

GESCHÄFTSFELDER
Steuergeräteentwicklung, Kalibrierung, Diagnose, Embedded Software, Process Tools, Beratungsdienstleistungen

GRÜNDUNG
1988

GESCHÄFTSFÜHRER
Dr. Thomas Beck, Eberhard Hinderer, Martin Litschel, Thomas Riegraf, Dr. Helmut Schelling

STANDORTE
Stuttgart, Braunschweig, Hamburg, Karlsruhe, München, Regensburg, Birmingham, Detroit, Göteborg, Paris, Pune, Seoul, Shanghai, Tokio, Wien

MITARBEITERZAHL
Über 1.200

UNSER ANSPRECHPARTNERIN FÜR PERSONAL
Maren Wagner

ADRESSE
Vector Informatik GmbH
Ingersheimer Straße 24
70499 Stuttgart, Deutschland
Tel. +49 711 80670 0
karriere@vector.com
www.vector.com

viastore systems GmbH

Der viastore-Weg: Ihre Begeisterung, Ihr Engagement, Ihre Ideen und Ihre Bereitschaft, Verantwortung zu übernehmen, sind bei uns gefragt. Damit tragen Sie entscheidend dazu bei, die Wettbewerbsfähigkeit und Innovationskraft von viastore im internationalen Wachstumsmarkt Intralogistik zu stärken. Wir sind ein modernes, in die Zukunft gerichtetes Familienunternehmen in fünfter Generation, das Werte wie Mitarbeiterorientierung, Kundenfokussierung, Innovation, Sicherheit und Zuverlässigkeit täglich nachhaltig lebt.

viastore systems zählt zu den weltweit führenden Anbietern von Intralogistik-Systemen, Warehouse Management Software und SAP Logistik-Lösungen. Wir begleiten unsere Kunden von der Beratung und Planung über die Realisierung bis zur Anlagenbetreuung und zum Retrofit. 400 Mitarbeiter weltweit erwirtschaften einen Umsatz von rund 100 Millionen Euro.

„Unser Familienunternehmen steht für finanzielle Stabilität und Unabhängigkeit. Langfristiger Erfolg ist uns wichtiger als kurzfristiger Gewinn. Die Sicherheit unserer Kunden, Mitarbeiter und Partner steht an erster Stelle."

Philipp Hahn-Woernle, Geschäftsführer

STECKBRIEF ⁺ JOBS-STUTTGART.COM

BRANCHE
Intralogistik

GRÜNDUNG
1988

STANDORT
Stuttgart, Bietigheim, Löhne

NIEDERLASSUNGEN
Brasilien, China, Dänemark, Frankreich, Israel, Kroatien, Polen, Russland, Schweden, Spanien, Tschechien, Türkei, Ukraine, USA

MITARBEITERZAHL
400

UNSERE ANSPRECHPARTNERIN FÜR PERSONAL
Frau Steinberg,
career.de@viastore.com

ADRESSE
viastore systems GmbH
Magirusstraße 13
70469 Stuttgart
Tel.: +49 711 9818-0
Fax: +49 711 9818-180
info.de@viastore.com
www.viastore.com

KARRIERE

AUSBILDUNGSANGEBOTE
- Mechatroniker

DUALES STUDIUM
in den Fachrichtungen:
- Informatik, Elektrotechnik, Maschinenbau

STELLENANGEBOTE
aktuelle Stellenangebote unter
www.viastore.de/karriere

CAMPUS
Schülerpraktika	ja
Praktika	ja
Studienabschlussarbeiten	ja
Werkstudenten	ja
Technikerarbeiten	ja

ARBEIT UND FAMILIE
flexible Arbeitszeiten	ja
Individuelle Arbeitszeitmodelle	ja
Betriebssport	ja
Schul- und Universitätskooperationen	ja

Merz Akademie
Hochschule für Gestaltung, Kunst und Medien, Stuttgart
staatlich anerkannt

Merz Akademie
Gestaltung studieren verändert.

HOCHSCHULE

An der Merz Akademie geht es nicht nur um Design. Die Studierenden verbinden Theorie, Kunst und Technologie auf neuartige Weise und werden zu Autoren, die ihre Erkenntnisse in innovative Medienprojekte umsetzen können.

Im siebensemestrigen Bachelorstudiengang Gestaltung, Kunst und Medien und im dreisemestrigen Masterstudiengang Wissensbildung in Gestaltung, Kunst und Medien können die Studierenden ihre sozialen, kulturellen, philosophischen oder wissenschaftlichen Interessen eng mit dem Gestaltungsstudium verbinden. Sie entwickeln als medial und gestalterisch versierte Autoren relevante Beiträge zur Wissensgesellschaft und insbesondere für die Kreativwirtschaft.

Zusätzlich zu den hochrangig besetzten hauptamtlichen Professuren werden regelmäßig internationale Gastdozenten aus Kunst, Kultur und Medienpraxis in die Studienprogramme eingebunden und gestalten in jedem Semester aufwändige Sonderprogramme. In einem wunderschönen Park gelegen, bietet die Merz Akademie beste Arbeitsbedingungen. Das internationale Professoren- und Dozententeam sowie eine hervorragende medientechnische Ausstattung und Betreuung ermöglichen die Realisierung anspruchsvoller Projekte und sichern das anerkannt hohe Niveau der Gestalterausbildung.

Mit regelmäßigen Veranstaltungen und Publikationen bringt die Hochschule die Arbeit ihrer Lehrenden und Studierenden an die Öffentlichkeit.

„Dass man an der Merz Akademie ein Gestaltungsstudium mit dem Interesse für Medienkultur und Kulturtheorie verbinden kann, ist ein wichtiges Kennzeichen der Hochschule. Ziel ist die Befähigung zur Autorschaft in Gestaltung, Kunst und Medien."

Markus Merz, Rektor

STECKBRIEF ✛ JOBS-STUTTGART.COM

GRÜNDUNG
1918, staatliche Anerkennung 1985, institutionelle Akkreditierung 2008

REKTOR
Markus Merz

STUDIERENDE
250

MITARBEITER
45

PROFESSOREN
10

LEHRBEAUFTRAGTE
60

STUDIENBERATUNG:
Tel.: 0711/26866-77/-78

ADRESSE
Merz Akademie
Hochschule für Gestaltung,
Kunst und Medien, Stuttgart
staatlich anerkannt
Teckstr. 58
70190 Stuttgart
www.merz-akademie.de

KARRIERE

STUDIENGÄNGE
- Bachelor of Arts: Gestaltung, Kunst und Medien
- Master of Arts: Wissensbildung in Gestaltung, Kunst und Medien

STUDIENRICHTUNGEN
- Film und Video, New Media, Visuelle Kommunikation

BEWERBUNGSTERMINE
- 15. Mai zum Wintersemester
- 15. November zum Sommersemester (nur B.A.)

Vinzenz von Paul Kliniken gGmbH
Marienhospital Stuttgart
Medizin von Menschen für Menschen.

GESUNDHEITSWESEN

Lust auf Veränderung ... Zeit zum Wechseln!

Menschlichkeit gepaart mit Professionalität, das ist der grundlegende Anspruch der rund 1.900 Mitarbeiter in den Einrichtungen der Vinzenz von Paul Kliniken gGmbH. Zur Klinikengruppe gehören neben dem Marienhospital Stuttgart mit knapp 800 Betten ein Medizinisches Versorgungszentrum für Nuklearmedizin und Strahlentherapie sowie die Rehakliniken Vinzenz Klinik und Luise von Marillac Klinik sowie die Vinzenz Therme. Gesellschafter ist die Gemeinschaft der Barmherzigen Schwestern vom Heiligen Vinzenz von Paul in Untermarchtal.

Das Marienhospital Stuttgart, Akademisches Lehrkrankenhaus der Universität Tübingen, ist eine zukunftsorientierte Klinik der Höchstleistungsmedizin mit einem innovativen und vielseitigen Spektrum in den verschiedensten Fachdisziplinen. Die von unseren hochqualifizierten Mitarbeitern erbrachten Leistungen haben zahlreiche Auszeichnungen und Zertifizierungen eingebracht. Nutzen Sie die Möglichkeit, mit uns gemeinsam unsere Spitzenmedizin, unseren modernen Pflegedienst sowie spannende Themen, z. B. in der IT, im Einkauf, Controlling, Finanzen oder Personal mit- und weiterzuentwickeln. Die beständige Investition in die Qualifikation der Mitarbeiter, in die Geräte- und Bausubstanz sowie in qualitätssichernde Maßnahmen tragen dazu bei, dass unsere Patienten und Mitarbeiter auch in Zukunft mit „uns" zufrieden sind.

„Liebe sei Tat"
Vinzenz von Paul

STECKBRIEF

BRANCHE
Gesundheitswesen
GRÜNDUNG
1890
STANDORTE
Stuttgart, Bad Ditzenbach,
Bad Überkingen
GESCHÄFTSFÜHRER
Markus Mord
MITARBEITERZAHL
ca. 1.900
UNSER ANSPRECHPARTNER FÜR PERSONAL
Doreen Trümper,
doreen.truemper@vinzenz.de
ADRESSE
Vinzenz von Paul Kliniken gGmbH
Marienhospital Stuttgart
Böheimstraße 37
70199 Stuttgart
Telefon 0711 6489-0
www.marienhospital-stuttgart.de

KARRIERE

AUSBILDUNGSANGEBOTE
- Diätassistent/in
- Gesundheits- und Krankenpfleger/in
- Anästhesietechnische/r Assistent/in
- Operationstechnische/r Assistent/in
- Kauffrau/-mann im Gesundheitswesen
- Fachinformatiker/in Systemintegration

DUALES HOCHSCHULSTUDIUM
in den Fachrichtungen
- Bachelor of Arts BWL-Gesundheitsmanagement
- Bachelor of Arts Wirtschaftsinformatik/ Medizinische Informatik oder Medizinisches Informationsmanagement

STELLENANGEBOTE
für unsere unterschiedlichen Bereiche und Berufsgruppen finden Sie unter www.marienhospital-stuttgart.de

VOITH

Voith GmbH

MASCHINEN- UND ANLAGENBAU

Voith setzt Maßstäbe in den Märkten Energie, Öl & Gas, Papier, Rohstoffe und Transport & Automotive und ist mit mehr als 42.000 Mitarbeitern sowie Standorten in über 50 Ländern der Welt eines der großen Familienunternehmen Europas. In Stuttgart befindet sich die Zentrale des Konzernbereichs Voith Industrial Services. Dieser Unternehmensbereich gehört zu den weltweit führenden Anbietern technischer Dienstleistungen für Schlüsselindustrien wie Automotive, Energie, Chemie und Petrochemie sowie Maschinenbau. Das Spektrum reicht von innovativen Konzepten für Anlagen und Komponenten über die Montage und Demontage von Produktionsanlagen bis zur Wartung und Instandhaltung von Gebäuden und Maschinen. Nicht weit von Stuttgart, in Rutesheim, ist der Sitz der Voith-Hydraulikexperten. Voith Turbo H+L Hydraulic steht für innovative Komponenten und Systeme der fluidtechnischen Antriebs-, Steuerungs- und Regelungstechnik. Unsere hydraulischen Lösungen sind weltweit in zahlreichen Bereichen des Maschinenbaus installiert.

KARRIERE

Ob im Raum Stuttgart, am Unternehmens-Stammsitz in Heidenheim, an vielen weiteren Voith-Standorten bundesweit oder auf der ganzen Welt: Voith bietet attraktive Arbeitsplätze und Karrierechancen. Wir suchen kontinuierlich Absolventen technischer und kaufmännischer Studiengänge sowie Fach- und Führungskräfte ohne akademischen Hintergrund. Mit flexiblen und individuellen Arbeitszeitmodellen unterstützen wir unsere Mitarbeiter insbesondere dabei, Beruf und Familie miteinander in Einklang zu bringen.

Die aktuellen Karriere-Angebote des Voith-Konzerns finden Sie unter: www.voith.com/karriere.

FACH- UND FÜHRUNGSKRÄFTE

- Maschinenbau, (Strömungstechnik, Fahrzeugtechnik, Antriebstechnik)
- Elektrotechnik/Automatisierungstechnik
- Servicemanagement/Instandhaltung
- Physikalische Technik
- Wirtschaftswissenschaften
- Wirtschaftsingenieurwesen

- Anlagenmechaniker
- Industriemechaniker
- Elektroniker
- Mechatroniker
- Metallbauer
- SPS-Programmierer
- Elektriker

STUDIERENDE

Studierende können bei Voith ein Praktikum machen oder ihre Abschlussarbeit schreiben.

BERUFSEINSTEIGER

Berufseinsteiger machen in der Regel als Direkteinsteiger ihren Weg. Zudem können Sie als Trainee anfangen oder praxisbezogen promovieren.

AUSBILDUNG

Wir bieten eine Ausbildung in technischen sowie kaufmännischen Berufen an. Zudem können Sie mit uns an dualen Hochschulen in technischen und wirtschaftlichen Studiengängen studieren.

STECKBRIEF + JOBS-STUTTGART.COM

BRANCHE
Maschinen- und Anlagenbau, Industriedienstleistungen

STAMMSITZ
Heidenheim an der Brenz

STANDORTE WELTWEIT
In über 50 Ländern

MITARBEITER WELTWEIT
42.000

KONZERN-UMSATZ
5,7 Mrd. € (Geschäftsjahr 2011/12)

KONTAKT
Voith GmbH
St. Pöltner Straße 43
89522 Heidenheim
Tel.: +49 7321 37-2092
Fax: +49 7321 37-7698
careers@voith.com
www.voith.com/karriere

Did you know our services could take you anywhere?

www.voith.com/careers

VOITH

Engineered Reliability

WIESHEU

WIESHEU GmbH

MASCHINENBAU

Die WIESHEU GmbH wurde 1973 von Karlheinz und Marga Wiesheu gegründet, die als Pioniere das Ladenbacken mit innovativen und leistungsstarken Backöfen etablierten. Heute beschäftigt das Unternehmen insgesamt 500 Mitarbeiter. In Affalterbach, dem Firmensitz mit Verwaltung, werden die Produktserien Dibas und Euromat gefertigt. In Wolfen befindet sich die Produktion der Etagenbacköfen Ebo, der Minimat-Serie und die Gärschrankmontage. Jährlich fertigt WIESHEU an den beiden Standorten über 10.000 Ladenbacköfen. In Deutschland als Marktführer für Innovationen im Bereich Ladenbacken fest etabliert, kann WIESHEU auch international mit Qualität „made in Germany" überzeugen. Mit Servicepartnern in ganz Europa und unter anderem in Australien, Brasilien, China, Japan, Kanada, Mexiko, Singapur, den USA sowie den Vereinigten Arabischen Emiraten kommt WIESHEU weltweit den Kundenbedürfnissen nach und bietet ein flächendeckendes Servicenetzwerk in den vertretenen Ländern. Serviceorientierte Kundennähe und hohes Engagement zeichnen uns aus und erwarten wir deshalb auch von unseren Mitarbeitern

KARRIERE

AUSBILDUNGSANGEBOTE
- Industriekauffrau/-mann
- Konstruktionsmechaniker/in
- Maschinen- und Anlagenführer/in

DUALE HOCHSCHULE
- BWL/Industrie
- Maschinenbau, Fachrichtung: Produktionstechnik, Konstruktion & Entwicklung

CAMPUS

Praktika	ja
Abschlussarbeiten	ja
Traineeprogramm	nein

STELLENANGEBOTE
Aktuelle Stellenangebote unter www.wiesheu.de und www.facebook.com/ladenbackofen

STECKBRIEF + JOBS-STUTTGART.COM

BRANCHE
Maschinenbau
GESCHÄFTSFELD
Ladenbacköfen
GRÜNDUNG
1973
GESCHÄFTSFÜHRER
Volker Groos
STANDORTE IN DEUTSCHLAND
Affalterbach, Wolfen
MITARBEITERZAHL
500
UMSATZ 2012
100 Millionen Euro
UNSER ANSPRECHPARTNER FÜR PERSONAL
Andreas Christmann,
andreas.christmann@wiesheu.de
ADRESSE
WIESHEU GmbH
Daimlerstraße 10
71563 Affalterbach
Tel.: +49 (0)7144 303-0
info@wiesheu.de
www.wiesheu.de

 www.facebook.com/ladenbackofen

Heiße Öfen
brauchen kühle Köpfe.

Bei uns stimmt nicht nur das Betriebsklima!
Lernen Sie Deutschlands Marktführer für Ladenbacköfen kennen! Als wirtschaftlich gesundes, mittelständisches Unternehmen bieten wir beste Zukunftsaussichten für Auszubildende, DHBW-Studenten und engagierte Menschen mit Berufserfahrung.

Mehr Informationen über uns, unsere innovativen Produkte und aktuellen Stellenangebote in einem spannenden Umfeld, finden Sie auf **www.wiesheu.de**

 www.facebook.com/ladenbackofen

winkler Unternehmensgruppe
Profis rund ums Nutzfahrzeug

HANDEL/LOGISTIK

Wir sind heute erfolgreich – und wollen es auch morgen sein. winkler kann auf mehr als 100 Jahre Firmengeschichte zurückblicken. Heute ist die Unternehmensgruppe an 30 Standorten einer der führenden europäischen Großhändler im Nutzfahrzeugteilebereich. Über 1200 Mitarbeiter sorgen für die erfolgreiche Fortsetzung des Expansionskurses. Unsere Stärken liegen im Vollsortiment, dem Know-how unserer Fachberater sowie dem Lieferservice, den unsere Lager- und Logistikfachkräfte sichern. Zur Unternehmensgruppe gehören neben den Handelsbetrieben das Logistikunternehmen winkler Logistik, die Spezialisten für Landwirtschaft von RiTec agrar, die Nutzfahrzeuginstandsetzung durch winkler Fahrzeugtechnik sowie winkler Truck and Trailer Parts für den Export.

winkler in der Region Stuttgart. Die Zentrale der winkler Unternehmensgruppe sowie winkler Truck and Trailer Parts sind in Stuttgart ansässig. Über 180 Mitarbeiter arbeiten in den Zentralabteilungen wie z. B. Produktmanagement, Marketing, Personal, Finanz- und Rechnungswesen, Organisation sowie EDV. Zum Standort in Ludwigsburg gehören der winkler Handelsbetrieb mit Shop und Lager sowie der Technikbetrieb von winkler Fahrzeugtechnik mit insgesamt rund 120 Mitarbeitern.

„Flexible und zukunftsorientierte Menschen mit ihren Ideen sowie unternehmerischem Denken und Handeln sind die Basis für unseren Erfolg."

Rüdiger Hahn, Geschäftsführer der winkler Unternehmensgruppe

KARRIERE

EINSATZBEREICHE FÜR FACH- UND FÜHRUNGSKRÄFTE
- Vertrieb Innen- und Außendienst
- Einkauf/Produktmanagement
- Finanz- und Rechnungswesen/Controlling
- EDV
- Marketing
- Organisation
- Personal
- Nfz-Instandsetzung
- Hydraulik

AUSBILDUNGSANGEBOTE
- Kaufmann/-frau im Groß- und Außenhandel
- Bürokaufmann/-frau
- Kaufmann/-frau für Marketingkommunikation
- Kaufmann/-frau für Dialogmarketing
- Fachkraft für Lagerlogistik (m/w)
- Kfz-Mechatroniker (m/w)
- Karosserie- und Fahrzeugbauer (m/w)
- Feinwerkmechaniker (m/w)
- Fachinformatiker/in

DUALES STUDIUM
- Bachelor of Arts, Fachrichtung BWL – Handel
- Bachelor of Arts, Fachrichtung RSW-Accounting & Controlling
- Bachelor of Science, Fachrichtung Wirtschaftsinformatik

CAMPUS

Praktika	ja
Schülerpraktika	ja
Werkstudenten	ja

Als **Mitarbeiter bei winkler** erwarten Sie neben interessanten und verantwortungsvollen Aufgabenfeldern auch attraktive Sozialleistungen sowie Raum für Ihre persönliche und berufliche Weiterentwicklung an einem sicheren Arbeitsplatz. Dabei legen wir besonderen Wert auf eine individuelle Einarbeitung, in der Sie das Unternehmen intensiv kennen lernen. Unser umfangreiches Schulungs- und Seminarangebot fördert die fachliche Weiterbildung und die persönliche Entwicklung unserer Mitarbeiter.

Auch das Thema **Ausbildung** spielt bei uns traditionell eine große Rolle: Insgesamt absolvieren derzeit über 130 Auszubildende in 13 verschiedenen kaufmännischen und technischen Ausbildungsberufen sowie dualen Studiengängen ihre Ausbildung bei winkler.

STECKBRIEF

JOBS-STUTTGART.COM

BRANCHE
Handel/Logistik

GESCHÄFTSFELDER:
Werkstatt- und Betriebsbedarf
Fahrwerks- und Bremsenteile
Fahrerhaus, Motor, Antrieb
Beleuchtung und Elektrik
Fahrzeugbauteile und Ladungssicherung
Hydraulik
Tank- und Siloteile
Transporterteile
Omnibusteile
Ersatzteile für den landwirtschaftlichen
Fuhrpark
Fachschulungen
Nutzfahrzeug-Instandsetzung

GRÜNDUNG
1901

STANDORTE:
Stuttgart, Ludwigsburg sowie
europaweit über 30 Standorte

MITARBEITERZAHL
>1.200

UNSERE ANSPRECHPARTNERIN FÜR PERSONAL:
Frau Sabine Zinke

ADRESSE:
Christian Winkler GmbH & Co. KG
Heilbronner Straße 314
70469 Stuttgart
Telefon: +49 711/85999-511
bewerbung@winkler.de

ADRESSE LUDWIGSBURG:
Carl-Benz-Str. 4
71634 Ludwigsburg

Weitere Informationen zur winkler
Unternehmensgruppe sowie aktuelle
Stellenangebote finden Sie unter
www.winkler.de.

MAROLD
PERSONALBERATUNG

Fokus: Strategische Partnerschaften mit Unternehmen und Kandidaten

SEIT 1995

Strategien für den Erfolg:

Profunde Prozesskenntnis bei breiter

Branchenexpertise als Basis zur Identifika-

tion der richtigen Mitarbeiter

Strategien für die Zukunft:

Aktive Karriereberatung und exzellente

regionale Marktkenntnis für den richtigen

beruflichen Schritt

RECRUITMENT - NEWPLACEMENT - PERSONALENTWICKLUNG - POOL OF PROFESSIONALS

MAROLD Personalberatung | 89077 Ulm | Magirus-Deutz-Str.10 | Tel. 0731 - 931 60 60 | marold@marold.de

www.marold.de

Wüstenrot & Württembergische
Der Vorsorge-Spezialist

wüstenrot württembergische
Der Vorsorge-Spezialist

Unsere rund sechs Millionen Kunden der W&W-Gruppe schätzen die Service-Qualität, die Kompetenz und die Kundennähe der Wüstenrot & Württembergische-Gruppe (W&W). Als „Der Vorsorge-Spezialist" stützen wir uns auf die vier Bausteine moderner Vorsorge: Absicherung, Wohneigentum, Risikoschutz und Vermögensbildung und zählen mit rund 8.500 Mitarbeiterinnen und Mitarbeitern zu einem der großen Arbeitgeber in Baden-Württemberg.

Unseren Mitarbeiterinnen und Mitarbeitern bieten wir vielfältige Aufgaben, in einem Arbeitsumfeld, in dem sie ihre Kenntnisse und Fähigkeiten einsetzen und sich persönlich und fachlich weiterentwickeln können. Die Basis unseres Erfolges bilden hochqualifizierte, motivierte und engagierte Leistungsträger, die Verantwortung übernehmen – ganz gleich, ob Auszubildende, Praktikanten, Berufseinsteiger oder Berufserfahrene. W&W legt deshalb einen besonderen Schwerpunkt auf eine qualitative Aus- und Weiterbildung.

Als leistungsorientiertes und familienfreundliches Unternehmen bietet die W&W-Gruppe nicht nur attraktive Karriere- und Einkommenschancen, sondern auch zahlreiche Möglichkeiten zur Vereinbarkeit von Beruf und Privatleben. Auch die Gesunderhaltung der Belegschaft ist W&W als „Der Vorsorge-Spezialist" ein wichtiges Anliegen. So entstehen auch für Sie neue Chancen, Ihre berufliche Zukunft zu gestalten.

STECKBRIEF JOBS-STUTTGART.COM

BRANCHE
Finanzdienstleistung

GESCHÄFTSFELDER
Versicherung, Bausparen, Bank

GRÜNDUNG
1999

VORSTAND
Dr. Alexander Erdland (Vors.), Klaus Peter Frohmüller, Dr. Michael Gutjahr, Dr. Jan Martin Wicke, Jens Wieland

STANDORTE
bundesweit, Hauptstandorte in Stuttgart, Ludwigsburg, Karlsruhe

MITARBEITERZAHL
14.500 (Innen- und Außendienst)

UNSER ANSPRECHPARTNER FÜR PERSONAL
Melanie Heckel

ADRESSE
Wüstenrot & Württembergische AG
Gutenbergstraße 30
70176 Stuttgart
Telefon +49 711 662-0
Telefax +49 711 662-722520
www.karriere.ww-ag.com

KARRIERE

FACH- UND FÜHRUNGSKRÄFTE AUS DEN BEREICHEN
- Betriebs- bzw. Wirtschaftswissenschaften
- Bank- und Versicherungswirtschaft
- (Wirtschafts-)Mathematik bzw. Aktuarswissenschaften
- (Wirtschafts-)Informatik
- Sonstige Naturwissenschaften (z.B. Physik, Geologie)
- Immobilienwirtschaft bzw. Architektur
- Jura

AUSBILDUNG UND DUALES HOCHSCHULSTUDIUM
Wir bieten eine Vielzahl an Ausbildungsberufen und verschiedene Studiengänge an der Dualen Hochschule an. Mehr dazu unter: www.ausbildung.ww-ag.com

ARBEIT UND FAMILIE

Flexible Arbeitsbedingungen	ja
Betriebliche Kindertagesstätte	ja
Angebote zur Vereinbarkeit von Privatleben und Beruf	ja
Betriebliches Gesundheitsmanagement	ja
Talentprogramm	ja

CAMPUS

Praktika	ja
Abschlussarbeiten	ja
Traineeprogramm	derzeit nicht
Direkteinstieg	ja

We make it visible.

ZEISS

Optik für Wissenschaft und Technik – Fortschritt für den Menschen. Mit ZEISS erfolgreich ins Berufsleben.

Die ZEISS Gruppe ist international führend in Optik und Optoelektronik. Die rund 24.000 Mitarbeiter erwirtschafteten im Geschäftsjahr 2011/12 einen Umsatz von rund 4,2 Milliarden Euro. In den Märkten Industrial Solutions, Research Solutions, Medical Technology und Consumer Optics trägt ZEISS seit mehr als 160 Jahren zum technologischen Fortschritt bei und verbessert die Lebensqualität vieler Menschen.

Der Konzern entwickelt und fertigt Planetarien, Brillengläser, Foto-/Filmobjektive und Ferngläser sowie Lösungen für die biomedizinische Forschung, die Medizintechnik, die Halbleiter-, Automobil- und Maschinenbauindustrie. In über 40 Ländern der Welt ist ZEISS präsent, mit rund 40 Produktions- und über 50 Service- und Vertriebsstandorten sowie rund 20 Forschungs- und Entwicklungsstandorten. Die Carl Zeiss AG ist zu 100 Prozent im Besitz der Carl-Zeiss-Stiftung. Sitz des 1846 in Jena gegründeten Unternehmens ist Oberkochen.

„Asien und Lateinamerika sind Motoren der Weltwirtschaft. Die Dynamik dieser neuen Märkte inspiriert uns, und wir arbeiten hart daran, dass ZEISS die Position als Innovationsführer in seinen Märkten weiter ausbauen kann."

Dr. Michael Kaschke, Vorstandsvorsitzender der Carl Zeiss AG

STECKBRIEF + JOBS-STUTTGART.COM

BRANCHE
Optische und optoelektronische Industrie

GESCHÄFTSFELDER
Optische Systeme für die Mikroelektronik
Messtechnik für die Industrie
Optische Systeme für Biologie und Medizin
Optik rund ums Auge

MITARBEITER
Rund 24.000 weltweit
Rund 10.000 deutschlandweit

STANDORTE
12 Produktionsstandorte in Deutschland (Zentrale in Oberkochen)
weitere 40 Produktionsstandorte weltweit
sowie über 50 Service- und Vertriebsstandorte auf der ganzen Welt

UMSATZ
Weltweit 4,163 Mrd. Euro
(Geschäftsjahr 2011/12)

ANSPRECHPARTNER
Carl Zeiss AG
Talent Attraction
73446 Oberkochen
Tel: 07364/20-8271
www.zeiss.de/karriere

KARRIERE

GESUCHTE FACHRICHTUNGEN
▪ Ingenieur- und Wirtschaftsingenieurwesen
▪ Natur- und Wirtschaftswissenschaften

EINSTIEGSMÖGLICHKEITEN
Praktika, Abschlussarbeiten, Duales Studium, Direkteinstieg, Global Graduate Program, PhD Program

EINSTIEGSBEREICHE
▪ Forschung und Entwicklung
▪ Produktion und Produktionsplanung
▪ Vertrieb und Marketing
▪ Logistik und Einkauf
▪ Finanzwesen und Controlling
▪ Personal- und Sozialwesen

ERWÜNSCHTE ZUSATZQUALIFIKATIONEN
▪ Sozialkompetenz
▪ Kommunikationsfähigkeit
▪ Überdurchschnittliche Studienleistungen

▪ Hervorragende Fach- und Methodenkenntnisse
▪ Beherrschen der Konzernsprachen Deutsch und Englisch

WEITERENTWICKLUNGSMÖGLICHKEITEN
▪ Systematische Weiterentwicklung nach persönlichen Kompetenzen
▪ Bereichsspezifische Schulungsprogramme
▪ Internes Schulungszentrum
▪ MBA-Studium an Partner-Universitäten

AUSLANDSEINSATZ
Möglich

EINSTIEGSGEHALT
Marktüblich (tarifgebunden)

Alle unsere vakanten Positionen finden Sie unter www.zeiss.de/karriere. Wir freuen uns auf Ihre Bewerbung!

Der Moment, in dem Sie wissen: Ernst Abbe gehört zu unserer Geschichte. Und Sie sind unsere Zukunft. **Für diesen Moment arbeiten wir.**

PIONIERGEIST UND
BODENHAFTUNG
MADE BY ZEISS

Welcome to Your Future

ZEISS ist ein weltweit führendes Unternehmen der Optik und Optoelektronik mit rund 24.000 Mitarbeitern. Zusammen mit den Besten ihres Fachs arbeiten Sie hier in einem kollegialen Klima für technologisch bahnbrechende Produkte. Mitarbeiter von ZEISS stehen leidenschaftlich dafür ein, immer wieder etwas zu schaffen, das die Welt ein bisschen besser macht.

Starten Sie Ihre Karriere bei uns: www.zeiss.de/karriere

We make it visible.

FOM Hochschule für Oekonomie & Manageme
Job und Studium verbinden –
an der FOM Hochschule in Stuttgart

Die FOM Hochschule für Oekonomie & Management ist mit über 21.000 Studierenden die größte private Hochschule Deutschlands. Sie wendet sich an Berufstätige und Auszubildende, die sich neben ihrer betrieblichen Tätigkeit akademisch qualifizieren wollen. Im Fokus der Lehre stehen praxisorientierte Bachelor- und Masterstudiengänge aus dem wirtschaftswissenschaftlichen Bereich. In Stuttgart steht den rund 1200 FOM-Studierenden ein modernes Studienzentrum für Forschung und Lehre zur Verfügung. Auch die Lage der FOM Hochschule ist exzellent: Das Gebäude in der Rotebühlstraße liegt an der Stammlinie aller S-Bahnen an der Haltestelle Schwabstraße. Zu Unternehmen und Verbänden der Region pflegt die FOM Hochschule enge Kontakte. Das belegt auch das prominent besetzte Kuratorium mit hochrangigen Vertretern der Stadt Stuttgart, der Börse Stuttgart Holding GmbH, der Südwestbank Stuttgart, des LVI Landesverbands der Baden-Württembergischen Industrie e.V. und der AFFM Akademie für Finanzmanagement. Gemeinsames Ziel: sicherzustellen, dass die Inhalte des berufsbegleitenden Studiums aktuell sind und am Bedarf der Wirtschaft ausgerichtet bleiben.

„Das Studium bietet eine optimale Verbindung von Theorie und Praxis. Die Studieninhalte sind auf den Bedarf der Wirtschaft abgestimmt und werden gleichzeitig hohen wissenschaftlichen Standards gerecht.“

Diplom-Betriebswirtin (BA) Melanie Tondera,
Geschäftsleiterin der FOM Hochschule in Stuttgart

STECKBRIEF **+** JOBS-STUTTGART.COM

BRANCHE
Private Hochschule

SCHWERPUNKT
Berufs- und ausbildungsbegleitende Studiengänge

GRÜNDUNG
1991 in Essen, 2007 Eröffnung des Stuttgarter Studienzentrums

REKTOR
Prof. Dr. Burghard Hermeier

STUDIERENDE
Über 21.000 bundesweit,
1200 in Stuttgart

MITARBEITERZAHL
Mehr als 1000 Professoren und Lehrbeauftragte bundesweit

ADRESSE
FOM Hochschule für Oekonomie & Management gGmbH
Rotebühlstraße 121
70178 Stuttgart

STUDIENBERATUNG
Tel. 0800 1959595 (gebührenfrei)
studienberatung@fom.de

KARRIERE

FOM HOCHSCHULE
Bachelor-Studiengänge
- Banking & Finance
- Business Administration
- International Management
- Gesundheits- und Sozialmanagement
- Steuerrecht
- Betriebswirtschaft & Wirtschaftspsychologie
- Wirtschaftsrecht
- Wirtschaftsinformatik
- Wirtschaft und Kommunikation
- Wirtschaft und Management

Master-Studiengänge
- Business Administration MBA
- Management
- Corporate Communication

- Finance & Accounting
- Human Resource Management
- IT-Management
- Sales Management
- Technologie- und Innovationsmanagement
- Wirtschaftspsychologie
- Unternehmensrecht, Mergers & Acquisitions

FOM SCHOOLS
- FOM Open Business School
- FOM School of Dual Studies
- FOM School of Engineering
- FOM School of Health & Social Management

ZF Lenksysteme GmbH

ZF Lenksysteme

Als Gemeinschaftsunternehmen der Robert Bosch GmbH und der ZF Friedrichshafen AG sind wir Tempomacher und Richtungsgeber auf dem Gebiet der Lenksysteme für Pkw und Nkw. Kurven, Serpentinen, Parklücken, Bodenwellen, rutschiger Fahrbahnbelag, plötzliche Ausweichmanöver: Das ist unsere Welt. Wir nennen es Faszination Lenken.

Ob geschwindigkeitsabhängige Zahnstangen-Hydrolenkung ZF-Servotronic oder energiesparende Elektrolenkung ZF-Servolectric, ob Aktivlenkung, Lenksäulen mit Gedächtnis oder verbrauchsarme Lenkungspumpen – wir gestalten den Technologiewandel und sind ein ebenso erfahrener wie leistungsfähiger Partner für die Automobilindustrie.

„Dank innovativer Spitzentechnologie gehören wir zu den Weltmarktführern für Lenksysteme. Dies ist das Ergebnis der Arbeit unserer motivierten und engagierten Mitarbeiter."

Hermann Sauter, Leiter Personal & Dienstleistungen bei
ZF Lenksysteme GmbH

KARRIERE

EINSTIEGSMÖGLICHKEITEN
- Schülerpraktika, Praktika
- Werkstudenten
- Studienabschluss- & Projektarbeiten
- Internationales Traineeprogramm
- Direkteinstieg
- Ferienarbeit

GESUCHTE STUDIENRICHTUNGEN
- Betriebswirtschaftslehre
- Elektrotechnik
- Fahrzeugtechnik
- Informatik
- Maschinenbau
- Mechatronik
- Wirtschaftsingenieurwesen

AUSBILDUNGSANGEBOTE
- Elektroniker/-in
- Fachkraft für Lagerlogistik
- Industriekaufmann/-frau
- Industriemechaniker/-in
- Maschinen- und Anlagenführer/-in
  (nur in Bremen)
- Mechatroniker/-in
- Zerspanungsmechaniker/-in
  (nur in Bietigheim)

DHBW-STUDIENGÄNGE
- BWL-Dienstleistungsmarketing (B. Arts)
- BWL-International Business (B. Arts)
- Elektrotechnik (B. Eng.)
- Fahrzeug-System-Engineering (B. Eng.)
- Informatik (B. Eng.)
- Maschinenbau (B. Eng.)
- Mechatronik (B. Eng.)
- Wirtschaftsingenieurwesen (B. Eng.)
- Wirtschaftsinformatik (B. Sc.)

BERUF UND FAMILIE

Teilzeit	ja
Telearbeit	ja
Flexible Arbeitszeiten	ja
Gesundheitsmanagement	ja
Betriebskrippe	ja
attraktive Sozialleistungen	ja
Betriebsrestaurant	ja
Weiterbildungsmöglichkeiten	ja

STECKBRIEF + JOBS-STUTTGART.COM

BRANCHE
Automobilzulieferer

STANDORTE IN DEUTSCHLAND
Schwäbisch Gmünd (Hauptsitz)
Bietigheim
Berlin
Bremen

STANDORTE IM AUSLAND
14 Standorte in 7 Ländern

MITARBEITER
über 6.000 in Deutschland
weltweit über 13.000

UMSATZ
knapp 4 Mrd. € in 2012

KONTAKT
ZF Lenksysteme GmbH
Richard-Bullinger-Str. 77
73527 Schwäbisch Gmünd
Tel.: +49 7171 31-0
www.zf-lenksysteme.com

AKTUELLE STELLENANGEBOTE
www.zf-lenksysteme.com/karriere